Abrir un Restaurante
Para Emprendedores

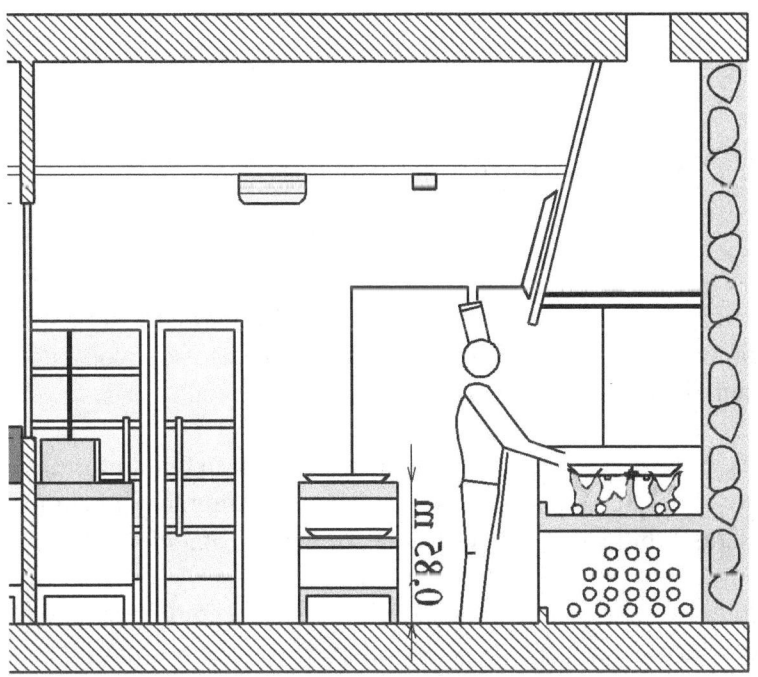

Jose María Cal

© 2017 Autor de la obra: Jose María Cal Carvajal
Diseño de la cubierta: Jose María Cal Carvajal
Fotografías y dibujos del interior: Jose María Cal Carvajal

Idioma: Castellano

© Copyright V–1140–16

by Coral Ediciones

Printed by CreateSpace, An Amazon.com Company

Dedico este libro a mis grandes amores de juventud, ...presentes siempre en mis recuerdos: Amparo Guanter Peris, Cristina Boira Talens, Anita Gallach Benavent, Begoña Sanz Gonzalez y Virginia Cerdán Aparicio.

Dedico también este obra a mis cuatro amigas de adolescencia de Tuéjar: Sefa, Rita, Kater y Reyes. «Tan alegres y naturales, tan sencillas y a la vez tan puras y salvajes. Todos los días deseadas secretamente».

Tavernes Blanques, Septiembre 2017

INTRODUCCIÓN

EL OFICIO DE EMPRESARIO HOSTELERO

Para definir con certeza al empresario autónomo en servicios de comidas y bebidas o emprendedor hostelero es conveniente enumerar varias características que lo identifican. Gracias al desarrollo de dichas descripciones, intentaremos acercar y orientar de un modo más eficaz a los nuevos profesionales que deseen incorporarse a este apasionante mundo de la gastronomía, la restauración y coctelería.

1. Servicio a los demás. Citada como la vocación que más sobresale de entre todas las existentes, es, sin duda, uno de los cometidos fundamentales del sector hostelero. Los servicios en barra y mesa se elaboran de forma creativa para deleite y disfrute de los comensales. Se habilitan entonces, salas, barras o terrazas como un espacio diseñado para el entretenimiento y para la diversión.

2. El riesgo. Para emprender hay que arriesgar. La palabra riesgo va unida a la de negocio. Cualquier iniciativa empresarial necesita de una inversión o gasto inicial. Dependiendo de su correcta gestión, este desembolso inicial puede traducirse en éxito o en fracaso.

3. Capacidad creativa. No hay emprendimiento en nuestra actividad económica si esta ausente la imaginación. Es un rasgo que define nuestra mente: un laboratorio de ideas nuevas, de hiperactividad, de iniciativas que hacen trabajar nuestras neuronas sobre las nuevas posibilidades de negocio futuro. Desde un recién diplomado en las mejores escuelas de hostelería con amplios conocimientos de cocina, o, ¿porqué no?, un camarero autodidacta que siente pasión por la cocina.

4. Autoconfianza. Especialmente resaltable es esta actitud tan definitoria de los emprendedores: la confianza que en si mismos. Ninguna de las contrariedades que van surgiendo les hace perder la fe en su emprendimiento. En su cerebro no existe la posibilidad de fracaso. Pero cuidado, antes debe y esto es lo que enseñamos en nuestro manual– preparar un plan de negocio serio y eficaz. Una vez nuestro "empresario decidido" venza sus propios miedos y dudas se hará imbatible. Su pensamiento agitado desarrolla constantemente la generación de nuevas estrategias. Este pequeño comerciante pertenece a esa raza especial, a esa raza de personas apasionadas por su trabajo, valientes, sin miedo al riesgo y al futuro; luchadoras sin descanso, en realidad, verdaderos "supervivientes".

5. Generar empleo. Realmente no es imprescindible esta característica identificadora de un emprendedor hostelero ya que el autoempleo esta ampliamente extendido dentro de esta actividad empresarial, pero, una vez se generen beneficios, éstos deben compartirse creando otros empleos.

En definitiva, el empresario/emprendedor desea y persigue la independencia laboral. Sus sueños van encaminados hacia la libertad profesional, entendiendo como libertad, a la total autonomía en la toma de decisiones convirtiéndose en su propio jefe.

Sin embargo, el autónomo con experiencia no es demasiado optimista, sabe que si lo es, su negocio fracasará. Debe estar informado, preparado y ser realista. Los problemas no previstos llegarán continuamente y deber estar listo para encontrar nuevas soluciones.

Por ello, antes de iniciarse en la apertura de un negocio o empresa hostelera conviene dominar tres cuestiones fundamentales: el oficio de pequeño empresario o emprendedor, la actividad elegida (hostelería) y el plan de negocio.

Para la primera se obtendrán buenos resultados desde el aprendizaje *online* por internet, el estudio de bibliografía y la lectura de libros como este. La oferta actual es enorme y de un gran nivel.

El dominio de la segunda, provendrá de nuestras titulaciones y formación académica o la formación autodidacta (experiencia profesional dentro de la actividad). Profundizaremos en la actividad con estudios sobre la competencia y las informaciones recabadas de los actores del sector como proveedores, gestores, ingenieros o incluso clientes.

Para entender mejor el oficio de un emprendedor, autónomo o pequeño empresario vamos a representar gráficamente un triángulo unido y entrelazado por tres vértices:

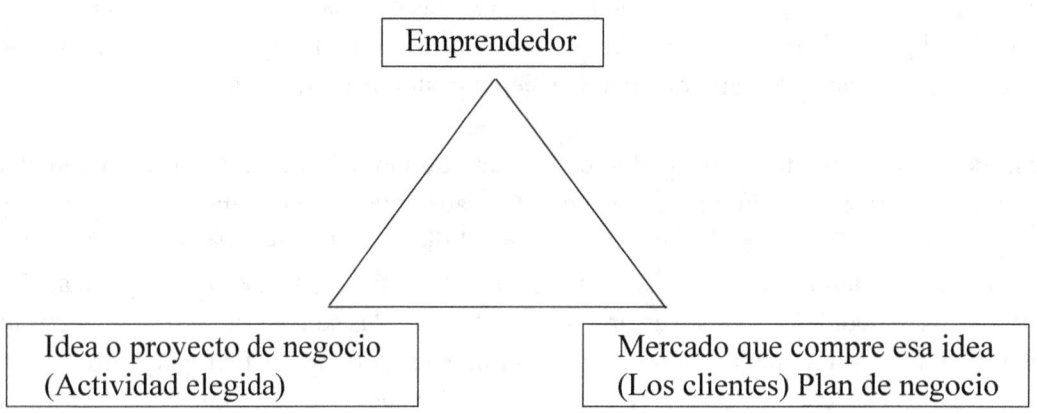

4

El mercado que compre esa idea desde el plan de negocio, será la tercera. Realizar una serie de estudios previos al inicio de la actividad nos ayudará a no fracasar. Esta sería la estructura para su puesta en marcha:

– Plan de empresa. Capítulo 1. Como configurar la idea del negocio.
– Plan financiero. Capítulo 2. Elaboración de presupuesto inicial. Reserva monetaria. Inversión total necesaria.
– Plan de proyecto. Capítulo 4. Diseño y organización del restaurante o bar.
– Plan de marketing. Capítulo 7. La carta. Capítulo 8. Horarios de apertura y cierre. Capítulo 13. Atención y captación de clientes.
– Plan comercial. Capítulo 12. Publicidad y estrategias comerciales.
– Plan de proveedores. Capítulo 10. Compras.

Una vez abordemos la puesta en marcha de la microempresa es primordial generar "cultura de marca". Por ello es necesario resaltar la importancia de la "continua creatividad". El mantenimiento del éxito a largo plazo de un emprendedor se producirá gracias al desarrollo de continuas ideas innovadoras, imaginativas y alternativas hacia sus clientes. Desarrollaremos propuestas como: – Invención de platos incorporados a la carta, renovada al menos cada 6 meses; mejoras en la bodega de vinos o coctelería. – Nuevo menú diario. Ofertas y sugerencias del "plato del día". – Modificaciones en la decoración del local, actualización de mobiliario, cubertería y vajilla. – Inclusión de elementos innovadores como pantallas adhesivas de retroproyección en cristales terraza, calentadores externos, toldos o carpas eléctricas y pulverizadores de ambiente microclimas para refrescar las terrazas en verano. – Pizarras digitales para exteriores con ruedas móviles: fotografías, rotación de imágenes y vídeos. – No a las columnas de sustentación vacías, al pintarlas de color negro o caoba las cubriremos de *grafitis* divertidos con color y movimiento. – Renovación de la jardinería en la entrada. Adquisición de nuevas plantas con los cambios de estaciones del año. – Velas encendidas al caer la noche o músicas exóticas como la *indie* o años 60.

En el contexto actual, quizás sea más importante vender una experiencia –ofreciendo una velada inolvidable en un ambiente único, original y divertido– que la propia cocina, vinos o coctelería.

Finalmente, las nuevas incorporaciones deben ser convenientemente expresadas, plasmadas y anunciadas en la web, blog y redes sociales. El objetivo: nuestras páginas deben aparecer en los primeros puestos de las búsquedas gracias a que sus contenidos de valor se renuevan con frecuencia.

ÍNDICE

1. COMO CONFIGURAR LA IDEA DEL NEGOCIO.

Configurar la idea del negocio es, en realidad, elaborar un plan de negocio. El plan es fundamental antes de iniciarse en la actividad y debería realizarse al menos con seis meses de antelación. Hemos querido desgranar el plan de negocio no resumido en un capítulo sino a lo largo de este libro. Básicamente esta idea de la empresa debe responder a una serie de preguntas previamente fijadas por nosotros. Deben ser claras y concisas y serán la guía a seguir en el momento de iniciar el nuevo oficio.

A modo de cuestionario, los interrogantes nos ayudarán a investigar y encontrar las respuestas; de su estudio aprenderemos aspectos nuevos no tenidos en cuenta con anterioridad pero que posteriormente van a resultar primordiales para vertebrar la iniciativa empresarial.

1. ¿Cuál va a ser el perfil del negocio?

Una vez familiarizados dentro los entresijos del actual y complejo gastrosector, nuestro perfil de negocio se va a decantar hacia un "restaurante tipo" con un aforo entre 24/28 comensales + 10 en barra. Estas discretas dimensiones son a nuestro parecer fundamentales para disminuir el riesgo, la inversión y el mantenimiento. Estará enfocado hacia un modelo de negocio dentro de un país estándar, con fuerte competencia y en la que cabrán todos los tipos de cocina imaginable y cocina de unión. El tamaño reducido será garante de su control y posibilitará con una mayor rapidez amortizar la inversión inicial, permitiendo en unos dos/tres años su adquisición o bien, dar el salto hacia un modelo físico de mayores dimensiones tratando de conservar a sus antiguos clientes. Deberá tenerse en cuenta que, el restaurante –en sus inicios– conseguirá llenos completos y vacíos estrepitosos. Sólo con constancia y después del reconocimiento por parte del público, de la carta que ofrezcamos, lograremos estabilizar, compensar y promediar mejor las entradas de clientes y caja.

El restaurante, *gastrogarito* o taberna va a proponer cocina nacional o cocina de unión y tapas de gran calidad con propuestas variopintas seleccionando las mejores y más sencillas de su amplia geografía. Potenciación de la cocina local, adquiriendo productos de su propia "despensa". Desarrollo de nuevas propuestas/recetas basadas en esta gastronomía regional. Promoción de "ingredientes estrella" de la cocina autóctona. Cocina de unión como alternativa. En bebidas, desarrollo de la especialidad en coctelería creativa y potenciación de los vinos regionales de calidad.

Además de elaborar comida y bebida, sobre todo es fundamental materializar una experiencia, una experiencia única que logre el disfrute satisfactorio del cliente. Actualmente ya no funciona solo comercializar platos y copas sino que es necesario ofrecer "algo más".

Sus precios serán ajustados. Especial atención hacia el servicio al cliente procurando un acercamiento y confianza paulatinos e imprimiendo un trato amistoso y familiar. Resumiendo: negocio hostelero de calidad contrastada, precios ajustados, con "fórmulas" de cocina de nuestro país aunque incluyendo alguna propuesta de otras cocinas internacionales. Trato hacia el cliente, atento, paciente y familiar.

Control del presupuesto y del gasto. La gestión adecuada de las inversiones y del gasto en lo que se refiere al número de trabajadores y al estudio exhaustivo de las propuestas de la carta, harán posible con seguridad la rentabilidad de la empresa.

Analicemos el orden de prioridades: ¿Cuál es el objetivo nº 1 de una microempresa?: ganar dinero. Esta finalidad puede parecer codiciosa, si bien, no la destacamos en un afán de avaricia, sino para recalcar su importancia ya que gracias a la consecución de dicho objetivo obtendremos importantes beneficios:
– Liquidación a vencimiento de facturas a proveedores.
– Cumplimiento del pago de las nóminas a los trabajadores.
– Pagos puntuales para el mantenimiento y alquiler del local.
– Asignación de una partida destinada a investigación y desarrollo en cocina.
– Creación de nuevos puestos de trabajo.
– Partida económica para pequeñas inversiones y mejoras en instalaciones, maquinaria y decoración.
– Promoción en las redes sociales desde internet. Desarrollo de la web y del blog. Publicidad en medios escritos.

2. ¿Qué modelo de restaurante se adecúa mejor a nuestra idea del negocio?.

Descrito en el primer interrogante vamos a concretar la configuración de lo que será "nuestra casa". Debe poseer no más de 6 o 7 mesas para unos 24/28 comensales. Según la experiencia adquirida es preferible trabajar para tener la sala con una media de 18/24 clientes todos los días, que tener un comedor para 50 personas con porcentajes escasos en relación a su gran tamaño. Esta sensación de soledad y ausencia de personas es enormemente perjudicial para atraer clientes. Más tarde en el Capítulo 14 hablaremos ampliamente de este tema.

El diseño y decoración dependerá del formato elegido (es interesante estudiar como referencia los 6 proyectos propuestos y algunas de nuestras sugerencias de negocio). En cualquier caso debe disponer de taburetes en barra para disfrutar de aperitivos o momentos informales y relajados. Como pauta general es aconsejable basarse en ideas decorativas que potencien e inciten al consumo. Diseñaremos paneles bien organizados de nuestros productos con sus precios reflejados. Carteles de atractivos colores anunciando nuestras "especialidades".

Incluir la incorporación de una pequeña terraza de 4 mesas como complemento exterior debe ser un objetivo a tener en cuenta, sobre todo a la llegada de la primavera hasta el otoño.

3. ¿Cuál va a ser nuestra competencia y como se presenta el mercado?.

Como desarrollamos en el Capítulo 3. Búsqueda del local, es recomendable realizar una tabla o cuadro con varias de las propuestas de los competidores. Qué es lo que los mismos ofrecen a sus clientes dentro de la población o barriada donde proyectemos la instalación de nuestro negocio. A su vez, incluiremos algún que otro restaurante o cafetería del país con certeza de éxito.

La situación actual del gastrosector –aunque la rivalidad empresarial es abundante y siempre cercana– presenta infinidad de oportunidades para emprendedores con buenas ideas y con una clara apuesta hacia la excelencia en la relación calidad/precio. Nuestros competidores van a ser aquellos negocios que incluyan todas las posibilidades de horario y oferta gastronómica, es decir, la opción de elegir desayunos, almuerzos, comidas, meriendas y cenas.

Por otro lado, debemos tener en consideración una de las deficiencias que más se observan en el gremio: la atención al cliente. El sector de la hostelería (nuestra competencia), en un porcentaje a tener en cuenta, padece de los siguientes inconvenientes:
1. Excesivo tiempo de respuesta en los servicios de comandas solicitadas por el comensal.
2. Falta de amabilidad, presencia de nerviosismo y escaso autocontrol en el servicio de camareros.

Quizás en la alta cocina o restaurantes de cierto nivel encontraríamos una mejor atención, pero en líneas generales falta formación y actitud en el trato hacia el cliente. Por ello, nuestro restaurante podría destacar y liderar frente a los demás establecimientos, "desde un nuevo sello de servicio", un servicio eficaz y superior para con nuestros comensales al evitar estas dos anomalías.

4. ¿En que consiste nuestro plan de mercadotecnia (*marketing*)?.

Volvemos a resaltar que el plan de mercadotecnia vendrá desglosado en el Capítulo 13. Publicidad y estrategias comerciales. Básicamente en el ramo hostelero la "mejor publicidad" funciona a través de la recomendación personal. Es ajeno a nuestra voluntad y por tanto no es controlable. Es el llamado "boca a boca", el más efectivo de todos; es gratuito y solo necesitamos de tiempo y una prudente espera. Si nuestro restaurante va a ofrecer: un diseño atractivo, cocina sabrosa con precios ajustados y una estudiada atención al cliente, los resultados llegarán, es una cuestión de tiempo.

Si además de ello, deseamos acelerar la promoción de nuestra oferta, los canales disponibles serán los habituales: carteles publicitarios, revistas, anuncios, internet, ofertas.., la lista es interminable y la desglosaremos en el citado capítulo.

5. ¿Cuáles va a ser los riesgos y su análisis?.

Las posibilidades al abrir un establecimiento culinario o bar de copas son en general de riesgo medio. Las opciones de tener éxito vendrán condicionadas en cierta forma por el número de locales abiertos en cada área territorial. No será lo mismo intentar abrir una pizzería en una playa de la Riviera italiana, que una taberna de tapas españolas en la costa turística irlandesa del Atlántico. La competencia obviamente no será la misma.

Restando este condicionante, cualquier modelo de negocio en restauración ofrece unos márgenes de beneficios insuperables si el local esta bien gestionado y organizado. El amplio espectro de variables que pueden convertirse en factores de riesgo hacen difícil su cuantía. Diremos que las cargas directas, como el alquiler, créditos bancarios, plazos de compra de equipamiento y nóminas de empleados, pueden suponer un lastre a nuestro margen de beneficios. Por ello deberemos minimizar al máximo, sobre todo en el inicio de la actividad, la contratación de personal y la inversión en el equipamiento industrial. No adquiramos todo de golpe, al contrario, dejemos la maquinaria auxiliar y complementos de mobiliario para los semestres posteriores.

6. ¿Quiénes van a conformar nuestro equipo de trabajo?.

Las necesidades de un restaurante con aforo para 25-35 comensales, constarán del equipo humano siguiente: 1 camarero/a de barra/sala, 1 cocinero/a y 1 ayudante de cocina. Con tres trabajadores será factible atender sin apuros el quehacer diario (sala, barra y terraza).

No obstante, en situaciones en la que se requieran más atención en el salón y terraza, el ayudante de cocina puede asumir el rol de camarero. La opción alternativa podría ser contratar a tiempo parcial en los picos más altos de demanda. Evitemos el turno partido; solo conseguiremos "quemar" al trabajador, que abandonará irremediablemente la empresa y, por tanto, con la consiguiente perdida de esfuerzo y dedicación hacia él, al transmitirle nuestro valioso conocimiento o *know how*.

7. ¿Se necesita un plan financiero?.

Registrar la cuenta de resultados o cuenta de explotación es imprescindible. Una aproximación a ella la describiremos en el Capítulo 2. Elaboración del Presupuesto Inicial.

En nuestro caso y dependiendo del nivel de inversión: compra, traspaso o alquiler, no se recomienda realizar el desembolso inicial con capital propio, es preferible localizar subvenciones, bonificaciones oficiales, créditos a bajo interés para pequeños empresarios o capitalizaciones de prestaciones por desempleo. Por tanto nuestros ahorros o capital disponible se asignarán como mínimo para el fondo de maniobra o reserva (22.000 €). Si nuestro potencial es mayor, las cantidades sobrantes si que se pueden entonces destinarlas a adquisiciones.

8. ¿Cómo se va a gestionar la contabilidad?

Al ser un establecimiento de discretas dimensiones, la contabilidad será sencilla y gestionada a través de las dos opciones habituales que nos ofrece la Hacienda Pública en cualquier país occidental sobre las diferentes modalidades de autónomo o pequeña empresa.

Dependiendo de la legislación de cada Estado, la forma contable será diferente. La gestión puede ser mensual o semanal y la presentación trimestral, semestral o anual a través de las administraciones correspondientes; todo dependerá en que lugar se establezca el equipo profesional. En cualquier caso lo mejor es que toda la documentación y anotaciones las organice nuestro gestor habitual.

9. ¿Cuál va a ser nuestra relación con proveedores y la política de compras?.

Nuestra política de mercaderías se basará durante el primer año (sobre todo en alimentación y bebidas) en la adquisición personal de la mayoría de los componentes necesarios para elaborar la carta. Esta estrategia nos va a permitir ahorrar costes al adquirir el mejor producto al mejor precio. Es un método que obliga a una mayor dedicación en las búsquedas de ofertas pero con buenos resultados en los precios de base.

La política de adquirir los productos a proveedores que suministran directamente en el restaurante/bar nos ahorraría algo de nuestro tiempo, pero los precios de las mercancías serán superiores ya que dichas empresas deben cargar los costes de transporte y los salarios de comerciales.

Igualmente en la carta de vinos y licores la adquisición será propia, obteniendo mejores márgenes y libertad total a la hora de diseñar la carta.

Evitemos por tanto durante el primer año el abastecimiento a través de proveedores. Obtendremos dos ventajas: la primera, como hemos mencionado, precios más económicos y la segunda, liberarnos de la presión continua que ejercen los vendedores puesto que ellos, nos forzarían a adquirir sus productos y en consecuencia, tendríamos que aumentar innecesariamente nuestras existencias.

Posteriormente y cuando los consumos sean mayores y más regulares empezaremos a trabajar con suministradores negociando mejores precios y condiciones.

10. ¿Cuál va ser el horario?.

Propuesta: hora de apertura a las 8,00 h. y el cierre a las 23,00 h., excepto los viernes y sábados que será a las 24,00 h. No se cierra a mediodía. Días de descanso los domingos por la tarde y lunes.

De cualquier modo, el horario puede variar dependiendo de las costumbres de cada país. Lo único importante es el estricto cumplimiento de las horas de apertura fijadas.

Todo lo veremos desarrollado en el Capítulo 8. Definición de horarios de apertura y cierre.

11. ¿Cuál va a ser nuestro sistema de cobro a los clientes?.

Aunque parezca trivial, el sistema de cobro es importante sobre dos cuestiones fundamentales: una, ¿cuál va a ser el método de cobro? y dos, ¿opción de cobro fiador?.

Referente a la primera cuestión, es conveniente ofrecer los dos sistemas de pago habituales: al contado/metálico en el momento de la consumición y el pago a través de tarjeta de crédito o débito. Esta segunda posibilidad se gestionará desde de una terminal de tarjetas. El datáfono, así es llamado, estará en contacto continuo con la entidad bancaria que cobrará una pequeña comisión por cada transacción.

La segunda cuestión: ¿cobro fiador?, la respuesta es no. Fiar al cliente es entrar en una espiral llena de problemas. Hay clientes que pagan la deuda, pero desgraciadamente otros tardan mucho y los restantes no pagan nunca, llegando al extremo de dejar de venir a nuestro local para no tener que liquidar el adeudo.

12. ¿Toma de la decisión final en equipo?.

La decisión final de abrir un restaurante, bar o cafetería y cuales van a ser las cantidades a invertir repartidas entre las financiaciones privadas y ayudas públicas que se habrán definido en el plan de negocio, debe ser tomada no aisladamente sino en una decisión de equipo. ¿Quiénes deben participar en ese equipo?, es evidente que sus integrantes si el modelo es familiar: parejas y/o y/o descendientes; y en el supuesto de varios socios, la decisión deberá ser a partes iguales para minimizar los riesgos.

Con frecuencia el titular del restaurante que probablemente haya iniciado la idea, tiende a asumir toda la responsabilidad. Las opiniones y criterios del resto del equipo enriquecerán el planteamiento, pondrán límites al endeudamiento y asumirán su parte de las obligaciones. Otros participantes podrían ser los indirectos: familiares como los padres, cuñados o amigos cercanos pueden hacer variar sustancialmente la intención inicial. Su criterio puede acercarse más a la realidad ya que no están "contagiados" de nuestro entusiasmo y su visión será más objetiva y racional.

13. ¿Negocio compartido?. ¿Familiar o asociado?.

Los establecimientos pertenecientes al sector de la restauración, deberían, en todos los casos, gestionarse al menos entre dos personas. La responsabilidad debe ser compartida.

Puede que nuestra visión inicial sea la de asumir toda la dirección, pero en nuestra opinión es un grave error. Un error que puede forzarnos a la clausura del negocio, inclusive, en el caso de una buena rentabilidad. Desde fuera del sector, antes del inicio de la actividad, con frecuencia se desconoce la verdad de la hostelería. En realidad es de los trabajos más duros física y psicológicamente de cuantos existen; con muchas horas de dedicación (trabajaremos cuando los demás están de fiesta), estrés y ansiedad frecuentes. El horario es agotador, el esfuerzo corporal tanto de camareros como de cocineros es alto. Pero todo esto no es nada comparado con la ansiedad y el estado de nervios que produce una entrada masiva de clientes. Esta situación es de las más duras que hemos conocido en nuestra dilatada experiencia, sobre todo en las etapas como propietarios de restaurantes. No podemos asumir todos los compromisos en solitario. Debemos apoyarnos asignando las responsabilidades y ocupaciones con algún socio o profesionales del sector (chefs, jefes de sala, jefes de barra o responsables de la gestión). Tener que abrir el restaurante, realizar la compra diaria, dirigir la cocina, negociar y atender a proveedores, relacionarnos con los clientes, gestionar documentación, programar la publicidad o dirigir a los empleados, les aseguramos que podrá con ustedes. El riesgo es muy elevado ya que no sólo nos obligará a cerrar la empresa, sino que puede llegar a afectarnos gravemente a nuestra salud.

Esta serie de preguntas realizadas sobre nuestra idea, plasmada en un papel, no sólo nos ayudará a prevenir inconvenientes, definir las estrategias y concretar la organización, sino que una vez cumplimentadas, nos formará, nos permitirá conocer cuestiones y temas mucho más en profundidad que hasta entonces.

2. ELABORACIÓN DEL PRESUPUESTO INICIAL.

En la descripción del Capítulo 1 referente al Plan de Negocio, indicábamos la importancia de registrar una "cuenta de explotación" que permita diseñar un negocio sostenible. Debido a que, en esta "cuenta de resultados" se incluyen capítulos como el margen bruto, el coste de las ventas, flujo de caja (*cash flow*) y otros términos contables que hacen difícil su explicación en esta obra, dicha contabilidad debe llevarse a cabo a través de una gestoría o de profesionales cualificados.

Para una mejor comprensión de lo que queremos indicar en este capítulo hemos preferido elaborar un sencillo presupuesto inicial que, si bien, *a posteriori* puede que se aleje ligeramente del gasto real, nos aportará una visión del volumen total de desembolsos necesarios y por tanto, nos abrirá los ojos de lo que en realidad cuesta nuestra idea. Así comprobaremos si tenemos capacidad económica suficiente para llevarla a cabo o por el contrario desestimarla y dedicarnos a otra cosa.

Inversión necesaria y gastos generales.

El cuadro-ejemplo refleja una inversión tipo, donde se opta por la fórmula intermedia del alquiler de local vacío. (Adaptar la tabla y cálculos según nuestro modelo de negocio). Realizar búsquedas, bien a través de medios como internet, publicidad y sobre todo localizando espacios comerciales por las calles, serán los métodos para encontrar ofertas interesantes. El resto de las posibilidades también son válidas: compra de un local vacío, traspaso o el simple alquiler de un restaurante equipado, pero hemos elegido la solución intermedia para acercarnos a nuestro modelo más representativo. La tabla es muy sencilla para que cualquiera pueda entender todas las cifras. Se propone un pequeño restaurante (2 socios + 2 empleados a medio turno para disponer al menos de 3 trabajadores en continuo). 24/28 comensales en sala, 10 en barra y 15 en terraza. Las cantidades vienen reflejadas en euros sin IVA (convertir a la moneda de nuestro país).

INVERSIÓN INICIAL	CANTIDADES	GASTOS FIJOS MENSUALES	CANTIDADES
Fianza alquiler	2 meses 1.400 €	Alquiler + Impuesto Hacienda	850 €
Reforma local	15.000 €	Luz, agua, gas y teléfono	900 €
Maquinaria hostelería	8.000 €	Tasa de basuras	150 €
Mobiliario + TV	6.000 €	Impuestos 2 Autónomos	500 €
Iluminación	1.000 €	Alarma seguridad	80 €
Menaje servicios	800 €	Publicidad	80 €
Decoración	800 €	2 Nóminas (2 turnos)	1.900 €
Rótulos fachada	1.000 €	Gestoría	80 €
Vestuario	600 €	Vehículos y combustible	200 €
Licencia terraza	700 €	Mantenimiento general	50 €
Proyecto licencia activ.	2.000 €	Manutención en el local de los	300 €
Stock alimentac-bebidas	2.000 €	empleados/socios	
TOTAL	**39.300 €**	**TOTAL**	**5.090 €**

Según el cuadro-ejemplo anterior, la inversión inicial se sitúa cercana a los 40.000 euros incluidas las desviaciones en los cálculos (las cifras se han calculado con un 10% al alza, como factor de corrección, algo que ocurre en prácticamente el 100% de los casos. Resumiendo: al resultado de nuestros cálculos siempre deberemos añadirle un 10% más). En torno a esta cantidad deberemos de movernos, realizando un verdadero esfuerzo en no superarla bajo ningún concepto.

El resultado de numerosos estudios realizados refleja, que la mayoría de negocios hosteleros registran pérdidas durante el primer año de facturación. Sólo en contados casos y quizás debido a la suerte o a la coincidencia de numerosos factores como la moda, los flujos y movimientos de la población o el emplazamiento, obtendrán beneficios.

En el modelo estándar expuesto, los gastos fijos mensuales ascienden aproximadamente a 5.090 euros. Nuestro restaurante prototipo, de 110 m2, con 3 trabajadores y 24/28 comensales en sala, necesitará un promedio de facturación diaria en caja de unos 400 euros. Esta cifra es una cantidad elevada para un establecimiento que lleva unas semanas o meses abierto. Es una cifra soñada. Para 400 euros de caja, tienen que entrar diariamente muchos clientes. Aún así, este no será el objetivo después del primer año, ya que si el negocio funciona bien se pueden alcanzar perfectamente los 1.000 o 1.500 euros diarios.

Reserva monetaria para un año. Cálculo del fondo de maniobra. Primer año.

Facturación caja durante el primer año, calculamos una media de (300 € al día).

- 300 € x 6 días a la semana= 1.800 € de caja.
- Margen neto aproximado= 50% (después de aplicar los descuentos correspondientes al coste de compra y aplicación de escandallos)
  1.800 € x 50% = 900 €

x 4 semanas + 2 días restantes (1 mes) = 3.600 + (600 – 50% de costes) 300 = 3.900 € al mes

- Gastos según tabla de la página 15....................................... 5.090 € al mes
- Ingresos según "Margen de caja durante el primer año"...... 3.900 € al mes

En los cálculos se deduce que faltan 1.190 euros (5.090–3.900 Euros) para garantizar todos los gastos fijos mensuales. A estos 1.190 euros hay que añadir los gastos particulares del matrimonio con 1 hijo (como ejemplo de familia estándar; hacemos referencia a este punto en la siguiente página), o los dos socios de los cuales uno tiene un hijo o cualquier otro tipo de familiar; todo esto para cada mes. Resultarán unos 700 euros más. Es obvio que esta cifra puede variar sustancialmente ya que es difícil realizar un sumatorio fiable, en el que influyen tantas variables y personas. En cualquier caso es aplicable un factor de corrección del 20 cien, hacia arriba o abajo.

Gastos fijos Restaurante	*Gastos personales y familiares para 3 pers.	CAJA 1º AÑO
5.090 €	700 €	3.900 €

SUMA TOTAL GASTOS FIJOS	CAJA 1º AÑO	PÉRDIDAS MENSUALES
5.090 + 700 = 5.790 €	3.900 €	1.890 €

*Se refiere a los gastos de una unidad familiar comentados anteriormente (los dos padres y un hijo o los gastos de ambos socios: dos personas y una tercera que puede ser un hijo, otro cualquier familiar o incluso un tercer socio) como los días de descanso, gastos de hipotecas de la vivienda propia, créditos de automóviles, educación, ocio, etc. Es decir todo lo que rodea al mantenimiento de una familia/ socios tipo. Es primordial tener el cuenta este tipo de desembolsos puesto que forman parte de nuestra propia supervivencia y bienestar, si bien, la cantidad citada deberá computarse en contabilidades separadas. Son gastos particulares que no pueden cargarse a los gastos del negocio, pero es primordial tenerlos en cuenta, ya que no habrá otra fuente de ingresos que los provenientes del restaurante.

FONDO DE MANIOBRA NECESARIA PARA EL PRIMER AÑO

1.890 € (pérdidas mensuales) x 12 meses = 22.680 €

Como resumen diremos que, será necesario disponer de un capital inicial para realizar la inversión más el fondo de maniobra de 62.680 euros. (40.000+22.680).

La cantidad es razonable teniendo en cuenta de que dispondremos de subvenciones del Estado, subvenciones por contratación de personal y posibilidad de capitalización de la prestación por desempleo. (Se ofrece en la mayoría de países). En último lugar, esta cifra resultante también se puede financiar a través de créditos oficiales, con aportaciones familiares y modalidades de herramientas de financiación como, el micromecenazgo (microfinanciación colectiva), inversores financieros, inversores individuales (business angels) o prestamos participativos.

Una buena opción sería la de consultar, a empresas de estrategia y operaciones que realicen servicios de asesoría, sobre un Plan Financiero o dicho de otro modo, un Plan de Financiación.

Facturación neta en caja. Después del primer año.

Ejemplo de **caja después del primer año**, Se ha reflejado una cifra muy a la baja, es decir, no los 1.000 o 1.500 euros indicados inicialmente sino (600 € al día).

– 600 € x 6 días a la semana= 3.600 € de caja.
– Margen neto aproximado= 50% (después de aplicar los descuentos correspondientes al coste de compra y aplicación de escandallos) 3.600 € x 50% = 1.800 €

x 4 semanas + 2 días restantes del mes = 7.200 + (1.200 – 50% de costes) 600= 7.800 € netos al mes

SUMA TOTAL GASTOS FIJOS	CAJA 2° AÑO	BENEFICIOS MEN-SUALES
5.090 + 700 = 5.790 €	7.800 €	2.010 €

CONSEJO

Para las cantidades dedicadas a la inversión en maquinaria de hostelería y pequeño electro-doméstico, como neveras, congeladores, planchas, microondas o freidoras, una propuesta muy razonable y con importantes ahorros es adquirir equipamiento de segunda mano. La oferta en internet es enorme, sólo es necesario acudir al establecimiento y comprobar su estado, funciona-miento y fecha de factura.

2. BÚSQUEDA DEL LOCAL.

La ubicación física de los negocios, quizás en otras actividades empresariales no sea un condicionante esencial, pero en el caso de la hostelería si que lo es, y por tanto, el objetivo deberá ser, fijar localizaciones en enclaves de máxima idoneidad o calificación. Una decisión no apropiada en la elección del lugar puede dar al traste con toda la inversión realizada e incluso con la empresa. Para ello deberemos primero, simular, a modo de análisis de mercado, cuales son las razones de éxito en otros restaurantes que visitemos. El acierto puede deberse a numerosos factores: el diseño, el tipo de cocina, el renombre y prestigio del cocinero, la relación calidad-precio, trato al cliente, horario, número de años abierto, tradición, originalidad, publicidad, elaboración de la carta, rapidez de servicio, tamaño, número de mesas/comensales y finalmente dicho emplazamiento o lugar.

El análisis de la competencia será paso previo a la toma de cualquier decisión. Realizaremos un cuadro tipo Excel, en el que figurarán el nombre del lugar y todas las características que hemos descrito. Negocio 1. Junto al nombre una fotografía del exterior del restaurante y si nos da permiso el propietario –opción dudosa debido al celo por plagios o imitaciones– del interior. En cada casilla asignada anotaremos descriptivamente las características propias del lugar. No es necesario que realicemos anotaciones de negocios alejados de la "idea" de restaurante que hemos decidido sino, dentro del mismo ámbito, que negocios operan en nuestra zona y también otros ejemplos de nuestro país. No tiene sentido que si vamos abrir un pequeño restaurante como taquería mexicana y analizar un inmenso wok de cocina asiática.

Una vez realizado el cuadro desarrollado, seremos capaces de averiguar las claves de éxito o fracaso de alguno de ellos; sus fortalezas y debilidades. Para ello será necesario anotar no sólo los de buen funcionamiento sino aquellos que no tienen clientes. De esta forma valoraremos comparativamente entre los que marchan bien o los que son un fracaso, cuales ha sido las razones de ese comportamiento. Finalmente daremos puntuaciones con valores entre 1 y 10.

TABLA EJEMPLO. Observamos que uno de ellos tiene clientes a cualquier hora del día, ya sea en el desayuno, almuerzo, comida o cena. Podemos describir sus características:
– Diseño. Las ventanas son amplias, atractivas dando a dos calles diferentes. Permiten ver el interior del restaurante y no intimidan al cliente. Recordemos que al entrar por primera vez en un local muchas personas sienten timidez o aprehensión. Las cristaleras grandes facilitan la invitación a entrar y disfrutar.

Se ha estudiado en profundidad la instalación del suelo. Tanto si son azulejos –optando por texturas y tonos innovadoras– así como la opción de parquets en madera natural; ambos casos imprimen una imagen de buen equipamiento y calidad.

TABLA DE ANÁLISIS

FOTO NOMBRE	DISEÑO	CHEF	CALIDAD PRECIO	TRATO AL CLIENTE	HORARIO	AÑOS ABIERTO	TRADI-CIO NAL/ INNOVA DOR
NEGOCIO 1							
NEGOCIO 2							
NEGOCIO 3							
NEGOCIO 4							

DE LA COMPETENCIA

ORIGINA-LIDAD	PUBLICI-DAD	CARTA	SERVI-CIO	TAMAÑO	Nº DE MESAS	LUGAR	COCINA

La barra es lo suficientemente larga para permitir los dos tipos de clientes: el que le agrada tomar un pequeño aperitivo y bebida en compañía de amigos y el que prefiere tomar en solitario un simple vino o café. Su diseño es elegante, amplio y exento de objetos innecesarios con suficiente espacio para colocar varios emplatados e incluso leer un buen periódico.

Posee un expositor refrigerado que integra el motor y compresor debajo de la barra, la solución técnica obtiene una imagen ligera y elegante mostrando las tapas de forma cuidada, higiénica y ordenada.

El espacio de la sala esta bien aprovechado con la intención de que el comensal se encuentre cómodo y recogido. La decoración no es abigarrada, es innovadora y original aportando al unísono calidez y alegría.

El exterior se ha decorado con reclamos llamativos de lo que ofrece: carteles de la carta originales y atractivos. Toldos que protegen del sol e imprimen marca propia al restaurante. Puerta de entrada sólida con buenos cierres de apertura motorizada y materiales de calidad. Permite fácilmente la entrada a minusválidos.

Diseño de la terraza innovador enclavada sobre una amplia acera alejada del tráfico de vehículos. Destacan sus llamativas jardineras colgantes aseguradas con antirrobo y grandes plantas de macetero. Su iluminación es magnífica cuando llega la noche; los puntos de luz están bien colocados creando un ambiente acogedor y cálido.

– **Jefe cocina.** Aunque no es conocido es amplia su experiencia y profesionalidad. Buen ambiente de trabajo con su equipo. Sale con frecuencia a visitar a los clientes para comentar los platos servidos y entablar un trato paciente y afable. Trabaja para enriquecer la carta con nuevas propuestas. Su estrategia: platos sencillos de cocinar aplicando el correspondiente estudio de costes para rentabilizar los beneficios.

– **Relación calidad/precio.** La minuta final es asumible, sobre todo si se tiene en cuenta que de sus fogones surge una calidad contrastada y original, logrando con tesón un "pequeño patrimonio gastronómico". Su menú de carta varía completamente cada día y ofrece una propuesta para cada sección, cuyo coste podría estar rondando entre los 10 y 12 Euros (moneda de cada país).

– **Trato al cliente.** Los camareros son pacientes, condición indispensable a la hora de atender a los consumidores. Sus circunstancias personales no las transmiten al público ofreciendo siempre afabilidad y empatía. Tienen experiencia, conocen la carta y la oferta de vinos. Han adquirido templanza y aplomo cuando el local se llena de gente. Con frecuencia los propietarios atienden personalmente a las mesas, sugiriendo platos, entradas o bebidas e intentan un mayor acercamiento para crear un ambiente divertido y al mismo tiempo familiar.

– **El horario.** Abre a las 8 de la mañana para servir los desayunos. No cierra a mediodía. Permite que los comensales disfrutar de la comida hasta la hora que sea necesaria. Su sobremesa pausada tiene renombre: no hay prisas para el café o la copa. Cierra en las jornadas menos activas (domingos tarde y lunes).

– **Número de años abierto.** Desde su inauguración unos 2 o 3 años.

– **Tradición/Innovación.** Su aureola de éxito se ha irradiado gracias al buen servicio a lo largo de sus 3 temporadas. Los valores se han preservado con el paso de los años, definiéndose como estable en todos los aspectos. Tradición no implica una gastronomía vetusta, sino innovación desde una cocina sencilla de mercado, cocina de unión; basada en los mejores ingredientes y sin un excesivo protagonismo y lucimiento del cocinero. **«Cocina sencilla y creativa realizada con amor».**

– **Originalidad.** La innovación no sólo debe estar representada en la cocina, al contrario, se debe aplicar también a esos pequeños detalles como la decoración, la iluminación, suelos, barra, asientos y baños. Uniformes de diseño para camareros y resto de personal.

– **Publicidad.** La empresa anuncia regularmente menús especiales para celebraciones, actividades como cata y formación en vinos, degustaciones gratuitas, folletos en los propios domicilios, propaganda en automoción, carteles próximos al emplazamiento del restaurante, folletos realizados exclusivamente para días señalados como Navidad, Semana Santa, verano....Presentación de todas las actividades y novedades en su web y redes sociales.

– **Elaboración de la carta.** El folleto de presentación es primordial para concretar nuestra oferta. Diseñar una carta bien equilibrada y variada significa destacar los entrantes, los segundos, las tapas, buenos postres y una gama de vinos con buenas calificaciones. Creación de menús degustación. Menús vegetales para veganos. Precios ajustados y platos del día variados y novedosos.

– **Rapidez de servicio.** Una de las anomalías que presentan algunos locales al cabo de un prolongado éxito se refiere al servicio. Debido a la segura e infalible llegada de clientes, los propietarios tienden a desatenderlos. Ya no importa que esperen, que se enojen, puesto que como siempre la sala se va a llenar se desprecia la prontitud en servir a la mesa. Error imperdonable, esta nueva y negativa orientación puede transformar el éxito en fracaso en tan sólo unos meses. En nuestro ejemplo, el servicio es rápido, ágil y dispuesto. El camarero sabe dominar la situación de estrés, posee control de si mismo y además, es capaz de disfrutar de la alegría que siempre mantienen los clientes en el lugar: un espacio creado para el disfrute, la risa y por supuesto para el amor.

– **Tamaño.** Las características del local hacen posible el dominio de la entrada masiva de público. Su espacio oscila entre modelos con cotas de medio tamaño lo que posibilita su total control. Lo importante no es un vasto espacio destinado a 100 comensales, sino que con 30/40 se facturen buenas cajas. Los recintos excesivamente grandes que con frecuencia suelen estar medio vacíos no agradan al público, pues éste, se siente poco acogido, poco acompañado.

– **Número de mesas y comensales.** Posee no más de 6/7 mesas en sala, cantidad suficiente para atender celebraciones de al menos 24/28 invitados (sin contar barra y terraza). Gracias a este enfoque, si el local se presenta con media ocupación, la sensación de "vacío" tendrá un impacto menor. A su vez los costes de una superficie en metros cuadrados ajustada posibilitarán una reducción importante en su mantenimiento (alquiler o compra) para que la carga de débitos compense la de ingresos. Para finalizar sumaremos los 8 clientes de la barra + las 4 mesas de la terraza (unos 16). Total= 48/52 comensales.

– **Emplazamiento del lugar.** Este es el párrafo que describe el éxito de nuestro ejemplo y el primero que ha motivado este capítulo. El local se sitúa sobre dos fachadas a dos calles diferentes: la primera da a una avenida con tráfico de vehículos aunque alejada la terraza de los mismos y, la segunda calle a una acera peatonal. Dicha configuración hace posible asentar una amplia terraza con numerosas ventajas: tranquilidad para fomentar la charla, disfrutar de la noche y sin peligro para los niños.

– **Cocina.** Desde la sala se puede ver el interior cuyo espacio esta construido con grandes cristaleras para una visualización total. La organización esta bien estructurada. Mobiliario cuidado e higiénico. Los ayudantes de cocina, cocineros y chef trabajan con el uniforme reglamentario y completamente limpio.

3.1 COMPRA.

De las cuatro opciones referidas en el Capítulo 2. Elaboración del Presupuesto, ésta sería la más resaltable desde el punto de vista de la propiedad y gastos generados. La inversión para un restaurante pequeño o taberna –que es nuestro modelo seleccionado– variará entre los 100 y 150 metros cuadrados, es decir, 6 y 7 mesas respectivamente. Los precios son difíciles de definir en función de las fluctuaciones del mercado y de la ubicación de "la casa"; ya que no será lo mismo la compra en una de las calles principales de la población con grandes aceras donde colocar nuestra terraza o una calle periférica y estrecha. Igualmente no será lo mismo la adquisición en una capital que en un lejano pueblo.

Para realizar un cálculo aproximado diremos que los precios oscilarán entre los 1.000 € hasta 4.000 € por metro cuadrado y dependiendo del país donde vayamos a invertir. Desde esta valoración, nuestro local de 100 metros cuadrados, puede salir entre 100.000 € y 400.000 €, aparte impuestos.

En este supuesto, los ahorros y ventajas son importantes; vamos a enumerar los siguientes: **1.** Sin pagos de alquiler. **2.** En caso de hipoteca, la inversión revierte hacia la titularidad definitiva de la propiedad. **3.** Adquisición ciertamente segura pudiendo revender a más alto precio o realquilar para poder pagar el plazo del crédito bancario. **4.** No dependencia de propietarios ajenos al negocio propio de hostelería **5.** Posibilidad de grandes reformas sin necesidad de autorizaciones por parte de terceros.

Sólo resta decir que a la hora de realizar el cálculo inicial sobre la inversión necesaria en el supuesto de compra, deberemos de tener en cuenta los siguientes gastos:

Adquisición directa sin préstamo.
– Precio del local.
– Comisión de la inmobiliaria (la mayoría de los locales se ofrecen a través de estas empresas). Puede variar entre el 3 y el 5%.
– Un tanto por cien de IVA en Europa, si la propiedad es nueva (para el resto del mundo cada país aplicará su impuesto correspondiente). Impuesto de Trasmisiones Patrimoniales si el local es de segunda mano (el impuesto que corresponda en cada país).
– Gastos de Notaría, Registro de la Propiedad y gestoría.

Gastos con préstamo-hipoteca.
(A añadir a los gastos anteriores).
– Tasación del local.
– Comisión de apertura del banco.
– Seguro multirriesgo.
– Seguro de vida.
– Notaría, Registro de la Propiedad y gestión de la propia hipoteca.

Ventajas:
1. Propiedad del establecimiento.
2. Cotización al alza en los precios del mercado, siempre que no estemos en crisis económica.
3. Ausencia de dependencia bajo otra titularidad.
4. Ahorro de rentas de alquiler.

Inconvenientes:
1. Elevada inversión y financiación.
2. Mayor riesgo en el emprendimiento.
3. Implicación de varios socios o inversores.

CONSEJO

1. Revisar en el Registro de la Propiedad la situación legal del local a adquirir, si está libre de cargas e hipotecas y si está debidamente registrado. **2.** Situación del emplazamiento con respecto a las normativas a cumplir por el ayuntamiento en relación a la hostelería. Posibilidad legal y técnica de inclusión de un sistema de extracción de humos para la cocina industrial de acuerdo con el vecindario del edificio donde este situado el local. Insonorización.

3.2 TRASPASO.

Definición.

Entendemos por traspaso, a la compra entre particulares de la actividad que se estaba realizando con anterioridad incluyendo las instalaciones que posea el propietario de un espacio gastronómico o coctelería y copas. El titular del negocio vende el contenido del local; dichas propiedades se componen en líneas generales, de un equipamiento hostelero (cocina, barra), instalaciones industriales (sistema de humos, montaje de gas ciudad, conexiones a plancha, paelleros, freidoras, etc..), electrodomésticos, mobiliario, sistema de iluminación, reformas de albañilería, diseño de la carta, cartera de clientes, facturación de caja diaria y ¿porqué no?, prestigio. Resumiendo, todo lo que ha sido reformado por el propietario hostelero en el local, más instalaciones y equipamiento. Como ejemplo, diremos que, si el hostelero se encuentra con una instalación eléctrica realizada por el propietario del local y cambia el cuadro eléctrico por uno más seguro y moderno modificando la red, todo pasará a ser de su propiedad y por tanto se incluirá en los bienes del traspaso.

Propietario del local.

En todos los casos, el traspaso entre particulares, necesita de la aprobación –en la operación de compra/venta– del propietario del local; con su beneplácito, se deberá negociar la subrogación del correspondiente contrato de alquiler vigente.

Regulado por ley.

Es un formato ampliamente utilizado que, aunque nació hace realmente mucho tiempo de las relaciones entre particulares y no regulado por la ley, actualmente es necesario la declaración a Hacienda tanto de la venta como de la compra; esta grabado con el Impuesto sobre el Valor Añadido (o el impuesto correspondiente en el país donde se realice la operación). Cuando no se incluya este impuesto se declarará como gasto o ingreso en el Impuesto de la Renta de las Personas Físicas.

Realización de contrato.

Imperativo será redactar contrato formalizado a través de gestor y pactado entre ambas partes. También es posible la fórmula de documento privado donde se indique el precio, adjuntando en el mismo, la declaración de inventario de todo lo que se adquiere y vende. En este documento se aconseja resaltar a su vez que este libre de cargas y al corriente de cualquier gasto de mantenimiento como los pagos de agua, luz y electricidad.

No solo se reflejará en el documento del traspaso que este libre de cargas y al corriente de los pagos de luz, gas, agua y basuras, sino que se deberá adjuntar copia de certificado del ayuntamiento correspondiente en el que se nos comunicará que está al corriente de todos los pagos posibles. Igualmente se deberá acompañar copia de los últimos recibos pagados de agua, luz, gas y basuras. Por último, se debe acompañar un documento de Hacienda en el que muestre por escrito la puesta al día todos los pagos sobre IVA, retenciones, gravámenes o impuestos de cualquier tipo.

INVENTARIO TRASPASO

MOBILIARIO
- 40 sillas de madera color vengue
- 1 Estantería metálica almacén
- 1 Escalera
- 3 Pizarras enmarcadas publicidad
- 2 Macetas ext. Madera
- 2 Colgaderos hierro para macetas
- 4 Lámparas bajo consumo fachada
- 3 Toldos exteriores + manivela
- 4 Focos exteriores restaurante
- 2 Rótulos exteriores restaurante
- 4 Lámparas colgantes barra
- 4 Puertas madera maciza con marquetería

- 1 Lavabo baño
- 2 Inodoros
- 1 Secamanos baño
- 2 Espejos baños
- 2 Jaboneras manos
- Estantería barra color vengue
- 2 Estanterias de 1 estante decoración color vengue
- Soportes de madera con fotografías decoración
- 2 taburetes rígidos
- 11 Mesas
- 1 barra realizada en albañilería con mostrador en silestone blanco

EQUIPAMIENTO HOSTELERÍA
- 3 Campanas extractoras de humos
- 2 Mostradores frío industrial
- 9 filtros campanas extractoras
- Paellero gas natural
- 2 Muebles cafetero, estantería
- 2 Botelleros
- 1 Freidora
- Congelador 1, puerta superior con apertura giratoria
- Congelador 2, puertas deslizantes con apertura superior
- 1 Calentador de agua eléctrico
- Horno industrial + 2 fuegos gas natural
- 2 Microondas
- 2 Cortadoras industrial fiambres
- 2 Cubas reciclado aceite
- 1 Plancha
- 1 Cubo basura
- 1 Tabla plástico para cortar
  Caja 6 espacios
  Utensilios en general(paellas, cacerolas, sartenes)
- Vajillas completa (platos, convoys, cristalería, servilleteros)
- Mantelería, bolsas de basura
- Vajillas máquina de café
- Bebidas alcohólicas y refrescantes, vinos
- Instalación de gas natural (Cegas)
- Instalación fontanería general

ELECTRODOMÉSTICOS
- 2 Aparatos aire acondicionado + 2 Compresores exteriores + 2 Mandos a distancia.
- 1 TV Samsung 40" Plasma + 1 mando a distancia
- 1 Mando a distancia luces
- Máquina registradora
- 1 Calculadora
- Sistema de alarma Seguritas (2 cámaras +1 Panel control con teclado + 1 detector magnético incrustado +2 llaves encriptadas + 1 llave central)
- Jamonero
- 1 Teléfono fijo marca Movistar
- 1 Juego llaves persiana metálica entrada

MOBILIARIO HOSTELERÍA
- Mesa de trabajo acero inox. 1500 x 600 x 800
- Mesa soporte acero inox. 600 x 600 x 500
- Mueble cafetero acero inox 1500 x 600 x 800
- Contrabarra acero inox. 2000 x 600 x 800...
- Estante acero inox. 40 x 40
- 6 Estantes metálicos cocina
- 1 Portarollos
- Colgador de jamones
- Archivador 5 cajones
- Botiquín - 2 Extintores - Abridor botellas
- Tablón corcho
- 2 Fregaderos acero inox.

Deudas acumuladas.

A nuestro juicio, es recomendable estudiar las posibles cargas o deudas acumuladas. Sobre todo si adquirimos el traspaso a una sociedad o comunidad de bienes ya existente en el negocio. Si no lo hacemos, las deudas pasarán a ser de nuestra propiedad. En cualquier caso y aunque entremos en el negocio como simples autónomos independientes el local estará grabado por estas deudas y la licencia de actividad o apertura que forzosamente tendrá que pasar a nuestro nombre, también.

ATENCIÓN

Especial cuidado con préstamos que hayan concedido las empresas de "máquinas de juegos" ya que suelen dar dinero "muy goloso" al propietario hostelero a cambio de tener una de sus máquinas. Dicha cantidad se irá amortizando con los beneficios generados del juego. Si el préstamo no está liquidado totalmente en el momento del traspaso, la deuda pasará a ser nuestra.

Licencia de apertura o actividad.

En la opción de traspaso es necesario revisar si el propietario del restaurante posee en esos momentos, licencia de apertura. Aunque se dan muchos casos en los que la operación se realiza de forma afirmativa, existen otros en los que se acepta el traspaso sin disponer de la licencia preceptiva, corriendo el riesgo del cierre de la actividad y negocio por parte del ayuntamiento correspondiente.

Sobre este punto insistimos, es muy importante –si no dispone de licencia de actividad y aún así deseamos adquirir el traspaso– informarnos previamente en el ayuntamiento sobre cual es la situación de dicha licencia, que requerimientos técnicos son necesarios en las instalaciones de cocina, aireación, construcción, insonorización, sistema antifuegos, sistema de evacuación, sistema de iluminación, etc; y finalmente cuales son deficitarios con respecto a la norma.

Gracias a la elaboración de una revisión del estado del traspaso, será fácil calcular que inversión es necesaria para obtener la licencia de actividad y cuanto capital se tendrá que añadir al precio del traspaso o negociar una rebaja del mismo.

Garantías.

Requeriremos de forma obligada, antes de la firma del contrato privado de compraventa, todas las facturas (con o sin garantía) de los elementos a adquirir, refiriéndonos en este caso a facturas de instalaciones, como maquinaria, ordenadores, televisores, equipos de aire acondicionado, luz, agua y gas. A ello uniremos el requerimiento de todos los manuales de uso de la maquinaria para aprender a manejar equipos como freidoras, planchas u hornos.

Obligaciones y derechos con el propietario del local.

Nuestras obligaciones en el contrato de alquiler serán las habituales en estos casos: hablamos de los pagos mensuales en los días y plazos pactados con el arrendador, la conservación adecuada de las instalaciones de agua, luz y gas, si son propiedad del mismo y finalmente la solicitud previa al propietario del local, de cualquier modificación, instalación o reforma de obra-albañilería tanto en el interior como en el exterior.

Hemos descrito nuestras obligaciones, ahora toca el turno de enumerar nuestros derechos:

1. El propietario debe tener las instalaciones interiores de gas, electricidad (cuadro eléctrico) y agua en perfecto estado, con equipamientos seguros, renovados y haciéndose responsable de cualquier fallo, reparación o reforma.

2. Todas las zonas exteriores y fachada del local son de su propiedad, siendo su cometido el correcto funcionamiento de persianas metálicas con sus sistemas de bloqueo y antirrobo.

3. Igualmente es responsable del sistema de tuberías de desagüe que conecten a la red general de las vías públicas.

Ventajas del Traspaso.

1. Apertura de la empresa y actividad en un tiempo abreviado.

2. Aprendizaje de los errores cometidos en el negocio anterior y como evitarlos.

3. Absorción de conocimientos de todo lo que rodea al mundo de la hostelería, sobre todo si somos noveles.

4. Facilidad en la relación con los proveedores anteriormente existentes.

5. Cartera de clientes habituales que lo visitaban.

6. Posibilidad inmediata de facturación de caja, producto del negocio anterior.

Inconvenientes del Traspaso.

1. Riesgo de repetición del fracaso anterior. Existen numerosos clientes que rechazan un establecimiento en el que periódicamente se cuelga el cartel de "Se Traspasa".

2. Posibilidad de que el local no posea la licencia de actividad preceptiva o tenga deficiencias en la misma.

3. Heredar clientes no adecuados para nuestro nuevo modelo de negocio.

4. Riesgo moderado en deficiencias de instalaciones ocultas o antiguas.

CONSEJOS

1. Indagar discretamente acerca de las razones del traspaso ya que una de las posibilidades podría ser debido al fracaso y nula rentabilidad del negocio. Por tanto tener la precaución de poner todos los medios para que no ocurra lo mismo o finalmente rechazar esa oferta y buscar otra opción menos problemática. Desconfiar de las razones que esgrime el propietario sobre, ¿por qué realiza el traspaso?. La mayoría son falsas y solo pretenden esconder las verdaderas razones, que no son otras que la nula rentabilidad.

2. Nunca adquirir un traspaso y mantener el mismo modelo de negocio. Seguro que nos conducirá tarde o temprano al mismo fracaso. Así le ocurrió al segundo propietario en el ejemplo real que describimos aquí:

«Nos viene a la memoria un negocio que destacaba por su buen funcionamiento, así al menos lo percibíamos nosotros....Era una gran cafetería para unos 80 comensales (incluyendo los de la terraza) con bastante movimiento y clientes. Ofrecían bollería, pastelería y pan recién cocinados en sus hornos. Trabajaban muy bien los desayunos, almuerzos y meriendas. Para comidas y cenas tenían una buena oferta de bocadillos y platos combinados.

¿Dónde entonces estaba el problema o el error?, ¿en que área o actividad se generaban las pérdidas?... Nada más entrar a la sala se encontraba a la derecha un largo y extenso mostrador de charcutería. En realidad la cafetería era también una charcutería. Ese era el problema. ¿A quién se le ocurre introducir en un negocio de hostelería una especialidad fuera de su actividad, una especialidad en alimentación de embutidos, fiambres, salazones, ahumados y quesos y con precios poco competitivos?. No tiene ningún sentido mezclar negocios totalmente diferentes. No se puede ser un especialista de ambas cosas. El cliente que va a comprar este tipo de productos se va al especialista, es decir, a una charcutería o a la sección de charcutería de un mercado o de un gran almacén de alimentación a los que todos acudimos asiduamente. Nunca va a ir a comprar el fiambre de sus hijos a una cafetería.

Las pérdidas se generaban al tener productos rápidamente perecederos, como los fiambres, ahumados o incluso los jamones. Para mantener una charcutería a su nivel tienes que tener gran cantidad de alimentos frescos expuestos al público para su venta. Y en el momento en que nos los vayas sacando con regularidad de la misma forma irán cayendo a la basura. Sólo en jamones, entre curados, reserva, ibéricos o de recebo, tendría al menos 40 o 50 ejemplares. ¿Cuánto capital hay inmovilizado o en riesgo?.

La sangría en forma de pérdidas que le ocasionaba la nula rentabilidad y funcionamiento de la charcutería, le obligó a cerrar un negocio que funcionaba y era rentable como cafetería. No podía eliminar la charcutería y sustituirla por nuevas mesas, puesto que excedería en número y capacidad de la cocina, barra y de sus trabajadores. Además, la charcutería le obligaba a instalarse en un local muy grande cuyo alquiler sobrepasaba con creces las cargas sobre la caja que se facturaba.

El negocio se traspasó y el segundo nuevo propietario cometió el mismo error: mantuvo el mismo modelo (cafetería y charcutería). En año y medio cerró».

3. Revisar que está al corriente de los pagos de la tasa de basuras que aplica el ayuntamiento y que en el caso del sector de la hostelería son elevados.

4. Mantener unas relaciones cordiales con voluntad de trabajo y respeto hacia el arrendador o propietario del local.

5. Mantener buenas relaciones con los establecimientos del barrio que sean nuestra competencia. Si les ayudamos, si somos amables con ellos, siempre podremos acudir a sus restaurantes en caso de urgencia o necesidad (que las habrá). Nunca los veamos como agresores que nos quitan clientes y negocio. Les aseguramos que hay siempre trabajo y consumidores para todos si sabemos gestionar bien nuestro nuevo oficio.

6. Conservar unas relaciones cordiales con el vecindario. Tenemos que verles siempre como potenciales clientes. Todos, absolutamente todos, nos deben conocer.

3.3 ALQUILER CON INSTALACIONES.

Dicha modalidad de alquiler se refiere a la opción de arrendamiento sobre restaurantes o bares con todas sus instalaciones y equipamiento listos para iniciar la actividad restauradora. Esta fórmula es la menos usual y sólo se da en los casos en que el propietario del local es a su vez propietario del negocio; pero ello no será óbice para tenerla en consideración. Las razones habituales son el de retiro, jubilación o cansancio de sus titulares.

A priori esta sería la opción más ventajosa para nosotros donde no habría que realizar inversiones y el contrato de alquiler unificará el uso del local y el uso de las instalaciones, sin embargo, como decimos, se da en muy pocos casos y localizar estas superofertas es harto difícil. Los precios de los arrendamientos pueden alcanzar cifras altas o muy altas, donde la decisión estará condicionada a, si el negocio, que debe estar en funcionamiento, demuestra altos ingresos de caja.

Ventajas
1. Ausencia de inversión
2. Continuidad en la gestión y funcionamiento del restaurante o bar y cartera de clientes.
3. Traspaso de conocimientos y manejo de las instalaciones.
4. Inmediatez en el inicio de la actividad y registro de ingresos.

Inconvenientes

1. Precio del alquiler alto.

2. Ausencia de propiedad. Dependencia de la duración del contrato.

3.4 ALQUILER DE LOCAL VACÍO*.

Último de los posibles modelos de comercio. El propio título nos indica su significado. No es más que la búsqueda de un local vacío con opción de alquiler en el que tendremos en cuenta los siguientes condicionantes:

– El equipamiento debe disponer de instalaciones de al menos agua y electricidad y estar al corriente de sus pagos.

– Factibilidad de conexión de gas ciudad desde la red ya que en una inversión nueva no sería adecuado colocar bombonas de gas industrial por su mayor riesgo e incomodidad en las recargas.

– Viabilidad de instalación de un sistema de extracción de humos que necesariamente deberá atravesar toda la edificación de vecinos (permiso de la comunidad).

– Autorización y visto bueno del ayuntamiento donde se sitúe el establecimiento para iniciar una actividad hostelera.

– Aprobación previa del propietario para iniciar las reformas necesarias en la puesta en marcha del negocio.

Ventajas

1. El precio del arrendamiento se puede negociar a la baja dada la ausencia de cualquier tipo de instalación. Incremento de la duración del contrato de alquiler por razones de necesidad de amortización.

2. Proyecto y diseño del negocio desde cero. Construcción e instalaciones de nuevo uso.

3. Ausencia de problemas y condicionantes derivados de un traspaso.

4. Posibilidad de elección de un buen emplazamiento con grandes posibilidades de actividad económica.

Inconvenientes

1. Inversión media.

3. El coste del alquiler puede variar bastante según la tipología de la ubicación del local. No será lo mismo un polígono industrial, un centro comercial o un barrio solitario.

2. Necesidad de espera hasta finalizar obras de construcción y trámites (al menos entre 4 y 6 meses).

*Los 6 modelos propuestos de proyectos innovadores en el Capítulo 6, pertenecen a la opción de alquiler de local vacío.

CONSEJO GENERAL

A la hora de tomar la decisión final sobre todas las modalidades posibles: compra, traspaso, alquiler de local vacío o alquiler con instalaciones, el emplazamiento es la característica más condicionante. De todos los lugares, el que seguro que deberemos rechazar serán calles solitarias y sobre todo poco iluminadas. Nuestro establecimiento encendido y abierto en medio de la oscuridad será un foco de enorme atracción y tentador para atracadores y ladrones. A nada que tengamos pocos clientes o incluso en algún momento del día (por ejemplo las tardes) en que se presente vacío, tendremos altas probabilidades de ser atracados.

4. DISEÑO Y ORGANIZACIÓN.

Definitivamente, apostamos por la opción de alquiler de local vacío, mencionada ya, como la mejor por su marcada versatilidad. Procedemos entonces a analizarla en su globalidad como un proyecto de ingeniería. La inversión no es elevada y siempre dejaremos la puerta abierta para que, pasados unos años se pueda negociar con el propietario la compra del local. Inclusive, podríamos sugerir al arrendador la fórmula de un alquiler con derecho a compra, pactando entonces, un plazo determinado de tiempo para hacerla efectiva. El modelo elegido es mixto: concepto estándar que tiene como nexo de unión a todos ellos, la construcción de una barra. Puede ser un restaurante/bar, taberna/casa de comidas, mesón/tapas, cantina/cocina fusión, cafetería/bollería. A nuestro juicio, son los que mejor resultados y rentabilidad ofrecen.

4.1 PROYECTO.

Como toda concepción bien estructurada y organizada primeramente se deben listar los objetivos que se han propuesto. Para ello realizaremos la siguiente lista:

Necesidades y Objetivos.
4.1.1 ¿Cuáles son los espacios necesarios?.
4.1.2 Disposición del mobiliario en relación con la ergonomía.
4.1.3 Organización de las existencias.
4.1.4 Sistema de iluminación.
4.1.5 Planteamiento de la terraza exterior.
4.1.6 Terraza interior.

4.1.1 ¿Cuáles son los espacios necesarios?:
1. Sala. 6/7 mesas para 24/28 comensales. Mobiliario creado con intervención del diseño industrial. Decoración con fuerte imagen de marca. Paredes –con cuadros originales– en tonos cremas, mostazas, ocres, óxidos con acabados lisos pero también, aguadas, emborrachados, papel rasgado o esponjado. En cuanto al espacio, tiene cabida para alojar una máquina de juego, máquina de tabaco, mesa auxiliar para servicio camareros y armario para vinos. Doble puerta de entrada.

2. Barra. Sus medidas son de 6 x 0,60 metros. Dicha longitud permite colocar 6 banquetas y alojar hasta 10 comensales. El ancho de 0,60 metros es suficiente para colocar una vitrina refrigerada de comida y al unísono, comer en barra o extender ampliamente, por ejemplo un periódico.

El pasillo entre la barra y los mostradores traseros es de 1 metro de ancho, espacio suficiente para poder girar y para dar paso a dos trabajadores que se crucen. El mostrador trasero tiene un ancho de 0,50 metros proyectado para soportar la colocación de una cafetera profesional y máquina TPV.

3. Cocina. La maquinaria de cocina se sitúa pegada a una pared para aprovechar el espacio. Se ha incluido una ventana que comunica la cocina con la barra para servir las comandas.

4. Almacén. Elemento de mención destacada del que carecen numerosos bares y restaurantes. Esta conectado a la cocina por medio de una puerta.

5. Baño caballeros. Consta de lavabo empotrado en larga encimera e inodoro. Es amplio para permitir libertad de movimientos.

6. Recibidor baños. Rellano diseñado con el fin de aislar la entrada a los baños desde la sala. Mantiene el restaurante libre de olores y su paso hace más discreto el acceso a los servicios. Imprescindible en un restaurante o bar de calidad.

7. Baño señoras y minusválidos. Cumpliendo la normativa, el aseo está habilitado para minusválidos. Se ha proyectado para dar espacio a un círculo inscrito cuyo diámetro es de 1 metro. Simula una silla de ruedas que puede girar libremente 360 grados. Incorpora dos lavabos con larga encimera, inodoro y bidé.

8. Ventana cristalera. De una sola pieza, el cristal principal se extiende hasta ras del suelo. Permite una amplia visión desde el exterior que invita a los clientes. Es cristal fijo y de grueso grosor; de fabricación laminado para en el caso de rotura los trozos permanezcan adheridos a una lámina plástica intermedia entre ambos vidrios.

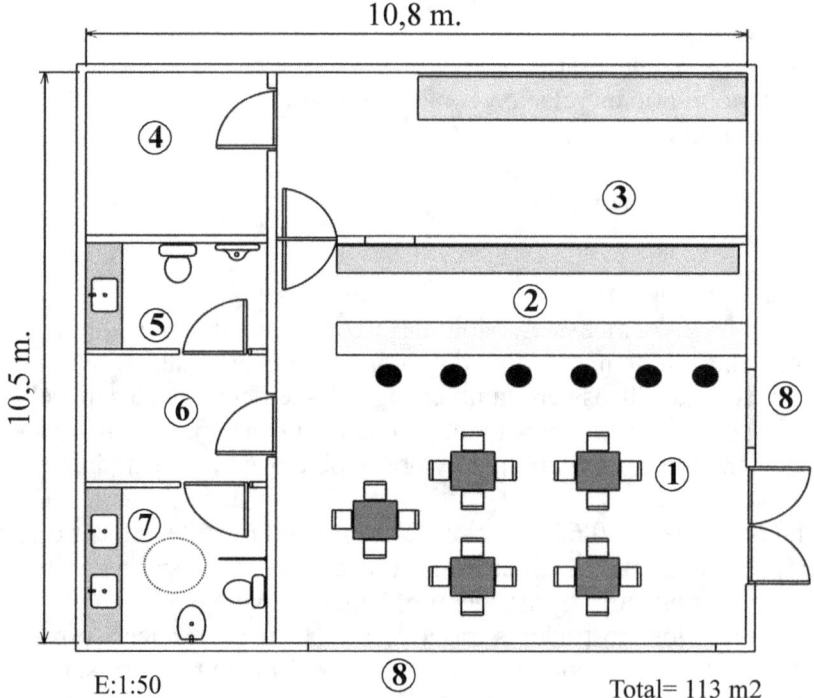

E:1:50   Total= 113 m2

4.1.2 Disposición del mobiliario en relación con la ergonomía:

1. Entrada principal. El acceso directo a la sala y barra facilitan visualizar en poco tiempo todo el espacio del restaurante; también su decoración y ambiente. Sin obstáculos en la entrada se accede con facilidad a las mesas y a la barra. Es amplia y diáfana.

2. Pasillo barra. Es amplio y cómodo. Dos trabajadores se cruzarán a la vez sin interferirse.

3. Espacio de la cocina. El número de metros cuadrados es válido para trabajar al mismo tiempo en la zona de fuegos, alcanzar fácilmente los alimentos de neveras y congeladores. Dispone de una puerta batiente que mejora la interrelación ágil entre cocina y barra.

4. Almacén. Comunica con la cocina al disponer de una puerta de acceso directo donde existe un amplio espacio central para moverse con libertad y manipular cajas, barriles de bebida o alimentos, con cómodos accesos a las existencias organizadas en estanterías metálicas.

5. Baño caballeros. Visualización directa desde la entrada. Facilidad en el cerrado de la puerta sin tener que apartarse. Disponer de inodoro, urinario y amplio lavabo.

6. Recibidor baños. Entrada directa desde la sala con rápida localización de las dos puertas de los baños: caballeros y señoras. Aísla el área de servicios de la sala evitando un acceso directo a la sala y posibles olores.

7. Baño señoras y minusválidos. La ley permite integrar dentro del baño de señoras, el correspondiente a minusválidos. Hace posible la movilidad y giro completo de la silla de ruedas en el centro, ofreciendo al minusválido el acceso al inodoro o lavabos fácilmente. Se incorpora barra móvil de ayuda junto al inodoro.

8. Armario vinos y mesita auxiliar para camareros. Se ha colocado en una esquina para localizarlo desde cualquier ángulo del salón. Existe suficiente amplitud de movimientos en el manejo del menaje y vinos.

9. Máquina expendedora de tabaco. No obstaculiza el paso al lateral de la sala. Proyectado con suficiente pasillo entre la pared y las mesas. Un círculo de 1 metro de diámetro libre confirma el espacio de manejo de la máquina.

10. Máquina de juego. Situada a la derecha de la entrada principal. A su vez, debido al amplio hueco no impide el paso a la barra. Un círculo de 1 metro de diámetro libre confirma las holguras en el manejo de la máquina.

11. Ventana cocina. La instalación está concebida para comunicar directamente la cocina con la barra sin necesidad de utilizar la puerta. Su diseño funcional es ideado para pasar platos y comandas directamente entre ambas estancias. Evita accidentes de caídas y rotura de vajilla que, con frecuencia se da en la acción de apertura de la puerta debido al peso y a la extrema rapidez con que se entrega las comandas a clientes de sala. En el proyecto se acota a la altura del mostrador trasero de la barra para colocar directamente platos y bandejas en el acero inoxidable y no, como es costumbre en algunos restaurantes de colocar los platos en el borde que contornea la propia ventana.

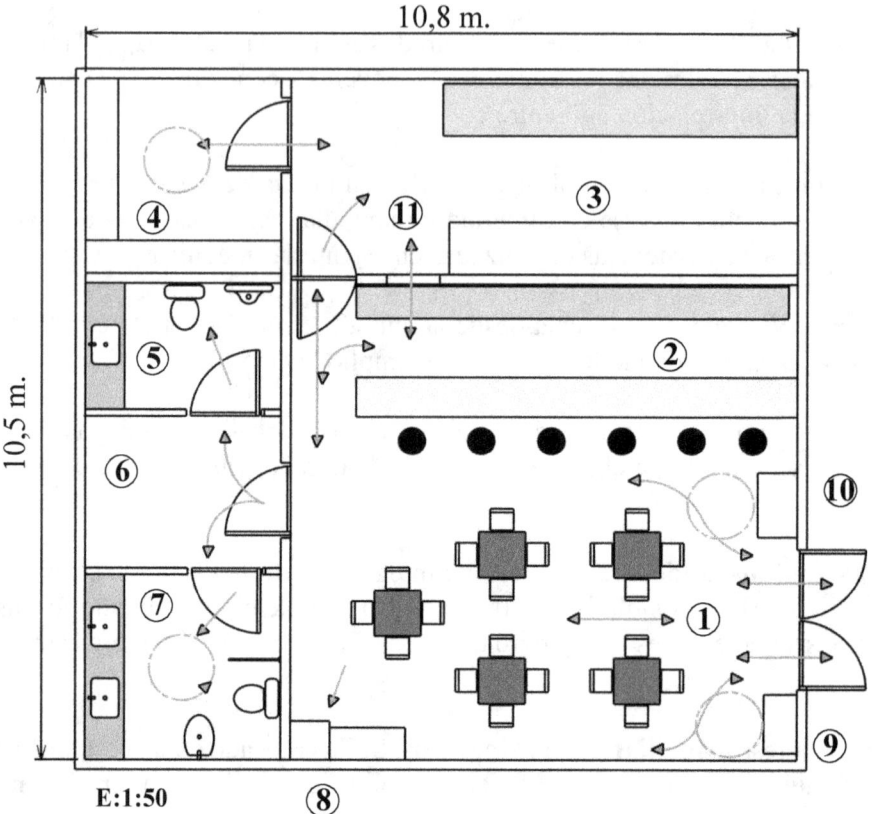

E:1:50

4.1.3 Organización del stock y bebidas:

1. Almacén. La organización de los espacios en todas las áreas del recinto es un objetivo prioritario. Lo definimos más ampliamente en el Capítulo 12. Los Tres Pilares Básicos: Orden, Limpieza y Calidad. El volumen de las existencias de alimentos y bebidas debe estar correctamente almacenado. Dicha dimensión permite apilar en estanterías metálicas. Se guardarán envases de comestibles, barriles de cerveza, cajas de botellas de vidrio llenas y vacías, sombrillas y mobiliario de terraza. Nunca deben estar en otro lugar del establecimiento apiladas sin orden y a la vista de los clientes.

2. Armario refrigerado para vinos y cavas. La vinoteca es esencial como elemento que clasifica y guarda nuestros caldos. En el rincón que se sitúa se expone a los clientes y trabajadores. Iluminado con luces LED de bajo consumo sin aumentar la temperatura interior. Mínimo ruido.

3. Neveras y congeladores. Colocados dentro de la cocina en la zona más alejada del calor producido por los fuegos. Separación de productos frescos y elaborados en estantes. Congelador vertical elevado con puerta de cristal para visualizar los diferentes estantes con sus productos etiquetados.

4. Estantería de vinos. Situada encima del mostrador trasero de la barra; su lugar se ha diseñado para que los clientes puedan observar y distinguir todos los vinos y licores que ofrece el restaurante. Las botellas tienen que estar perfectamente ordenadas y sólo servirán de reclamo y decoración manteniéndolas en correcto estado de limpieza. Estantes gruesos y robustos para evitar su combado con el paso del tiempo.

5. Botelleros y cámaras de refrigeración. Aprovechando el espacio inferior que deja la encimera de la barra colocaremos varias cámaras de refrigeración para enfriar todas clase de botellas de alcohol y refrescantes. Así mismo darán cabida a algún tipo de congelador para helados y postres.

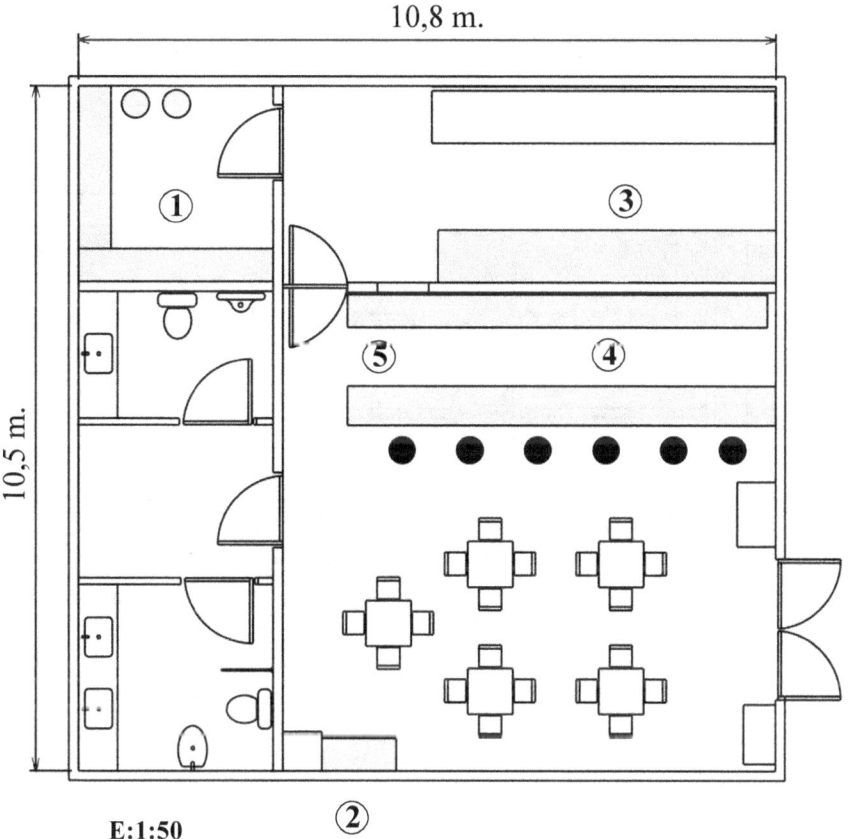

10,8 m.

10,5 m.

E:1:50

4.1.4 Sistema de iluminación.

El concepto de diseño es siempre subjetivo y dependerá de la idea de empresa que uno quiera llevar a cabo. Necesidades y objetivos: **1. Ahorro en costes.** No hay que desdeñar la factura mensual. Ésta se puede disparar alcanzando cifras iguales e incluso muy superiores a la mensualidad por alquiler. Dicha elevada carga puede llegar a ser insuperable. Las reducciones drásticas en el consumo provendrán de la construcción de amplios ventanales al exterior que minimizarán el uso de iluminación en horas diurnas, ausencia de hornos o maquinaria eléctrica en cocina y bombillas de bajo consumo. **2. Iluminación cálida** que proyecte intimidad pero también dinamismo, logrando que el cliente se sienta a gusto, se sienta como en casa; obteniendo, por tanto, una vinculación emocional con nuestro negocio.

1. Iluminación general para todos los techos: empotrables de ojos de buey con bombilla halógena LED.

2. Lamparas colgantes que acerquen la luz a las mesas de los comensales. Luz cálida que de tonos amarillentos. Bombillas LED wifi. **3. Luces de tubos LED** para la cocina. Bajo consumo. **4. Lámparas colgantes de luz blanca** y media potencia, de bajo consumo sobre la barra. 4 unidades de LED SMD. **5. Televisión LCD** con *full* HD. Colocada sobre la pared de uno de los lados de la sala para que el conjunto de los clientes pueda visualizarla. Irá colocada a una altura media y sin cableado ni soporte visible.

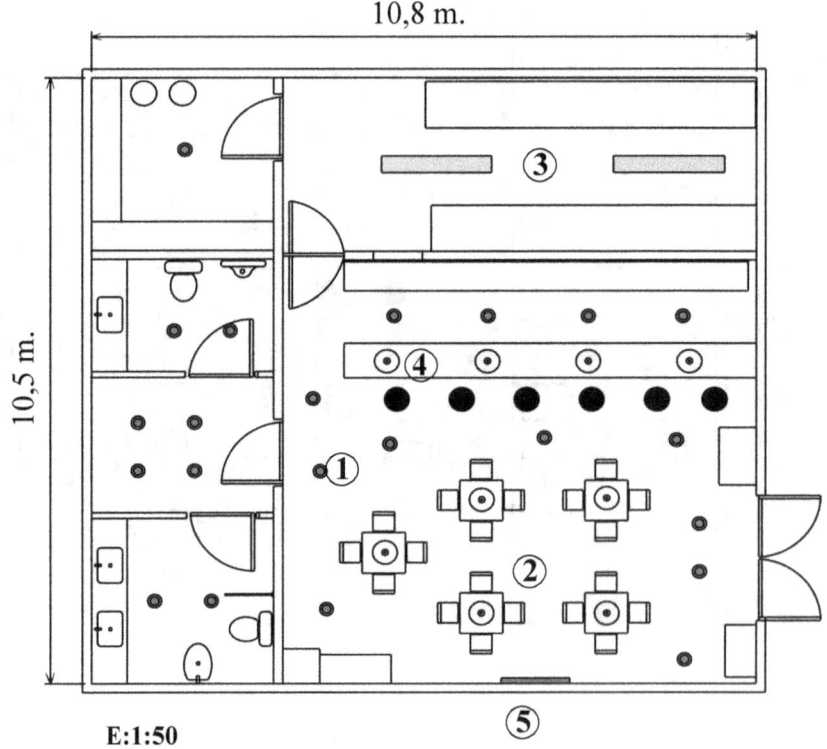

E:1:50

4.1.5 Planteamiento de la terraza.

A. Localización.

Sobre el asfalto. A la hora de tomar la decisión sobre que local va a ser el idóneo para abrir nuestro negocio, la elección de una buena ubicación de la terraza, llegará a convertirse en condicionante. Se observa con frecuencia que ciertos establecimientos al no disponer de acera para colocar las mesas, solicitan permiso al ayuntamiento

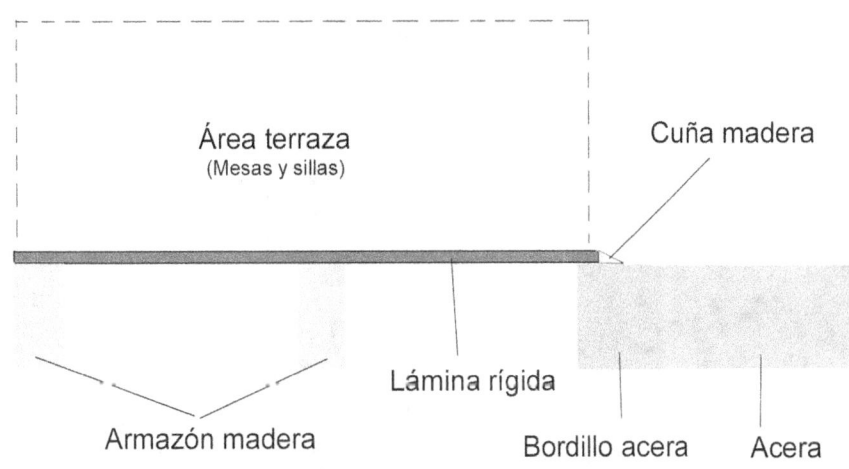

para asentarlas en la zona asfaltada; algo incorrecto ya que su aspecto es bastante penoso. En cualquier caso, vamos a proponer una solución magnífica y muy económica para el asfalto. Simplemente depositaremos una lámina de 1 o 2 cm. de grosor con el ancho y largo de las propias medidas de la terraza. Se comercializan en diferentes acabados y colores. Esta lámina rígida irá sobre unas estructuras sencillas de madera tipo "palé", que elevarán la plataforma hasta enrasar con la acera de la calle. La lámina se montará sobre el mismo bordillo de la acera. Finalmente, para anular el escalón que se produce entre la citada lámina y la acera, atornillaremos al bordillo una pequeña cuña de madera. Solo nos restará presentar el proyecto de terraza sobre el asfalto y pedir el correspondiente permiso al ayuntamiento que nos lo concederá sin problemas.

Sobre la acera. ③ Óptimo asentamiento: será aquel que disponga de una acera suficiente para situar las mesas de la terraza y permita el paso de peatones. Su número inicial será de 4 mesas (16 comensales). Posteriormente se puede ir ampliando el número pero, recordemos los objetivos de minimizar costes pues, no será lo mismo lo que cobre cada año el ayuntamiento por una licencia para cuatro mesas que para ocho. Insistimos y recordemos que, el primer año prácticamente estarán medio vacías.

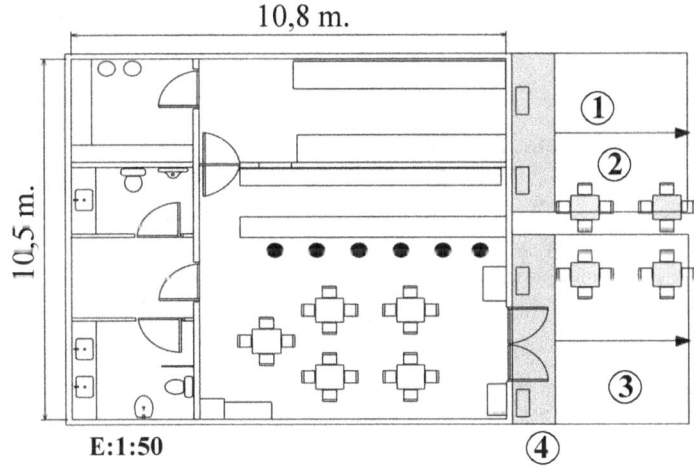

Retomando la idea de la ubicación, además de poner el foco sobre la importancia de la acera, intentaremos dar con calles peatonales con movimiento de gente (las mejores zonas las encontraremos en los barrios medievales antiguos de las ciudades, en el centro de las mismas y en barrios clásicos de principios del siglo XX). Descartemos lugares solitarios o apartados y poco iluminados (serán una gran tentación para hurtos y robos). Sólo serán resaltables por su potencial de futuro las citadas localizaciones si pertenecen a un barrio nuevo de reciente construcción.

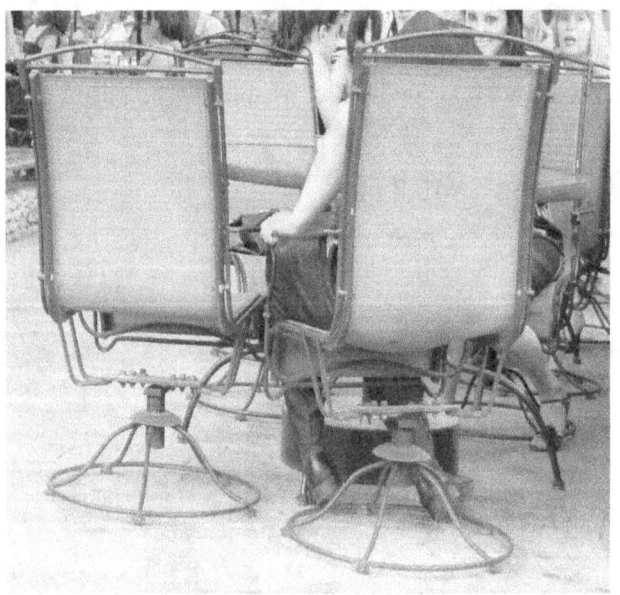

B. Mobiliario. ②

Fase 1er año. Probablemente el apartado de 6.000 € asignado a mobiliario en nuestro cuadro de inversión perteneciente al Capítulo 2. Elaboración Presupuesto Inicial, no sea suficiente para adquirir el mobiliario para la terraza. Tanto las mesas como las sillas las obtendremos de forma gratuita a través de los proveedores de bebidas. Si negociamos bien con los distribuidores, por ejemplo, de cerveza, adquiriendo su marca y colocando su grifo, estos nos las ofrecerán sin ningún coste.

Fase 2do año. Adquisición de mobiliario propio de marcado diseño y personalidad, con sello identitario que defina nuestra imagen como restaurante, bar de copas o cafetería. Debe estar acorde con el estilo general tanto en barra como en sala unificando todo el conjunto. No tienen porqué ser ostentosas, la imagen inferior nos enseña originales sillas de color añil muy típicas en Grecia.

C. Toldos. ④

Así mismo estos agentes comerciales nos ofrecerán sombrillas para la terraza. Si bien, en este caso, es conveniente decantarse por instalar unos buenos toldos que alcancen y cubran la estancia exterior inscribiendo el nombre de nuestro restaurante en la bambalina de la capota. Los mejores toldos serán de poliéster y de apertura extensible con fuertes brazos. La imagen que ofrecen estos establecimientos es magnífica cuando se incluyen estas atrayentes lonas. ①

Otras propuestas de toldos personalizados

La excelencia

D. Jardinería.

Ese espíritu innovador "de emprendedor urbano" también debe reflejarse desarrollando una actividad con frecuencia ignorada, aunque, no menos valiosa que puede marcar impronta como empresa diferenciada: la floricultura. Imprescindibles las macetas con plantas a ambos lados de la puerta de entrada, a ser posible de madera. Otra propuesta interesante puede ser la de colocar tiestos colgantes a lo largo de las paredes. (Tanto jardineras como los colgantes se guardarán en el interior al finalizar la jornada laboral. Las escuadras metálicas que sujetan los colgantes deben ser antirrobo). En las imágenes inferiores es fácil comprobar el aspecto de alguna de esta decoración natural en restaurantes fotografiados en las Islas Británicas donde se cuida mucho la visión y aspecto exterior de los locales.

Colgantes de piel de coco

E. Cartel anunciador del restaurante. Una solución alternativa al clásico rótulo pintado en el frontal de la entrada puede ser una placa de acero colgando de un bello soporte y dibujado sobre ambas caras. Imprime una elegancia especial y potencia nuestra imagen de marca. En la instalación añadiremos luces halógenas para la noche y así facilitar la visión desde cualquier ángulo.

F. Calentadores de terraza. Sistemas de nueva generación que nacieron para el aprovechamiento del espacio exterior en los días frescos del otoño o del mismo invierno consistentes en una estructura metálica que aloja en su interior una bombona de gas y que aporta calor producto de la combustión. Pueden ser de porte alto o situados a la altura de los comensales. Alternativamente en los catálogos se ofrecen de consumo eléctrico.

Diseños como "columnas de cristal con base de piedras de las que salen llamas o fuego provenientes de la bombona de gas", son otras alternativas muy atractivas que aportan no solo calor sino "calidez y ambiente".

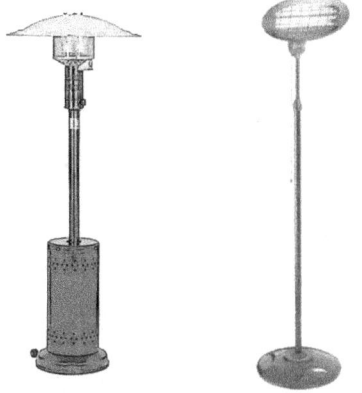

G. Pizarras anunciadoras de la carta con las ofertas del día o de la semana y sus respectivos precios. Cuanto más creativos sean, mejor. Dibujos, colores, letras artísticas y originales. Tan solo con este tipo de carteles lograremos originalidad en la apariencia de empresa. Existe todo un mundo profesional alrededor de estos diseños gráficos con unos resultados absolutamente sorprendentes. Consultar webs especialistas.

4.1.6 Terraza interior.

Además de hosteleros, como proyectistas que somos, la realización de propuestas opcionales es uno de nuestros prioritarios cometidos. Alternativa a una terraza exterior: terraza interior como solución a un espacio abierto aunque integrado en la estructura del restaurante/bar; ofrecerá servicios para invierno e incluso verano y para dar cabida a los fumadores.

Ventajas:
– Este concepto poco común aporta una enorme versatilidad frente a una terraza convencional. Es posible aplicar infinidad de elementos decorativos en continuidad con el estilo de los espacios interiores. Ambiente acogedor: el cliente se va a sentir más arropado y relajado frente a una terraza asentada en la calle.
– Posibilidad de instalación de todo tipo de equipamientos como aire acondicionado (como sugerencia: un chorro de aire en la entrada para evitar que pierda algo de frío por estar abierta). Otras dotaciones de interés: televisión, equipo de música, grandes plantas, etc..
– Seguridad ante posibles robos (de todo el espacio) puesto que al bajar las persianas metálicas la terraza interior quedará dentro.
– Ahorro de la licencia anual de la terraza exterior que es necesaria facturar al ayuntamiento correspondiente.
– Economía en tiempo, trabajo y esfuerzo al no tener que montar y desmontar, apilar y encadenar todo el mobiliario de una terraza exterior. No tendremos que tocar nada.
– Ahorro de inversión de complementos como sombrillas, toldos extensibles o carpas exteriores, así como de calentadores exteriores a gas o eléctricos.
– Ausencia de riesgo de vandalismo. Nulo mantenimiento por desgaste debido a las condiciones meteorológicas (sol, viento, granizo, lluvia, etc..).
– Ausencia de ruidos producidos por el tráfico de coches o molestias por los humos de los tubos de escape.
– Grandes posibilidades en la búsqueda del local adecuado puesto que ya no necesitaremos encontrar bajos que dispongan de una gran acera para colocar nuestra terraza exterior.
– Solución 100% para los fumadores.
– Sin duda, la solución perfecta con tiempo ventoso, húmedo, revuelto y lluvioso.

Inconvenientes:
– Se reduce el espacio interior de la sala.
– Este inconveniente en realidad es relativo. Debemos pensar que la sala y dicha terraza interior en realidad van a funcionar como un solo salón que, dividido por una cristalería y puertas correderas formará todo un conjunto permitiendo a la vez estancias para no fumadores y fumadores y estancias de interior o al aire libre.

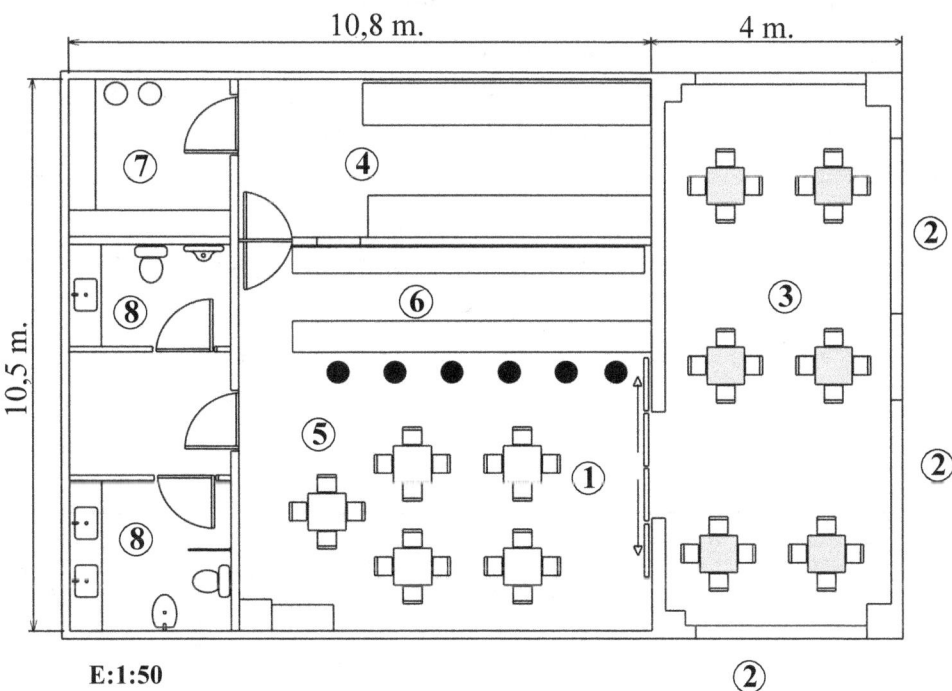

E:1:50

1. Puertas de cristal correderas para el acceso a la sala.

2. Entradas a la terraza interior (3 entradas, dos frontales y una lateral).Se cerrarán con persianas metálicas.

3. 6 mesas para 24 comensales.

4. Cocina con dos mostradores para elaborar las ofertas de la carta.

5. Sala (5 mesas para 20 comensales, situadas en forma de "V", cuatro y una).

6. Barra y mostrador interior.

7. Almacén de alimentos en conserva, bebidas y barriles.

8. Baños (señora y caballero incluyendo la adaptación para minusválidos).

Superficie total= 155,5 m2

4.2 DISEÑO Y ORGANIZACIÓN DE LA COCINA.

Corazón y cerebro del restaurante. Las instalaciones adecuadamente proyectadas, su organización, limpieza y equipamiento son elementos que facilitarán el trabajo y producirán una mayor calidad y presentación de las propuestas y platos que componen la carta. Equipamiento básico:

1. Estanterías metálicas para depositar menaje, sartenes y cacerolas. Añadir varias a distintas alturas hasta ocupar todo el espacio que nos permite la pared.

2. Bancada de trabajo de acero inoxidable con esquinas redondeadas que evitarán accidentes. Zona para colocar microondas.

3. Paellero de doble fuego con regulación independiente. Conexión en la pared a gas ciudad.

4. Cocina de dos fuegos sin horno. Gas ciudad.

5. Campana de extracción de humos que abarca todo el largo de la zona calorífica y generadora de humos.

6. Plancha industrial de cromo provista de tres fuegos. Gas ciudad.

7. Freidora de doble cesta con regulador de temperatura y fácil evacuación del aceite usado. Sistema eléctrico.

8. Bancada de trabajo construida en acero inoxidable. De espacio amplio para cortar y preparar todos los alimentos y emplatados.

9. Fregaderos. De doble cuerpo o seno con grifos industriales de chorro móvil e independiente.

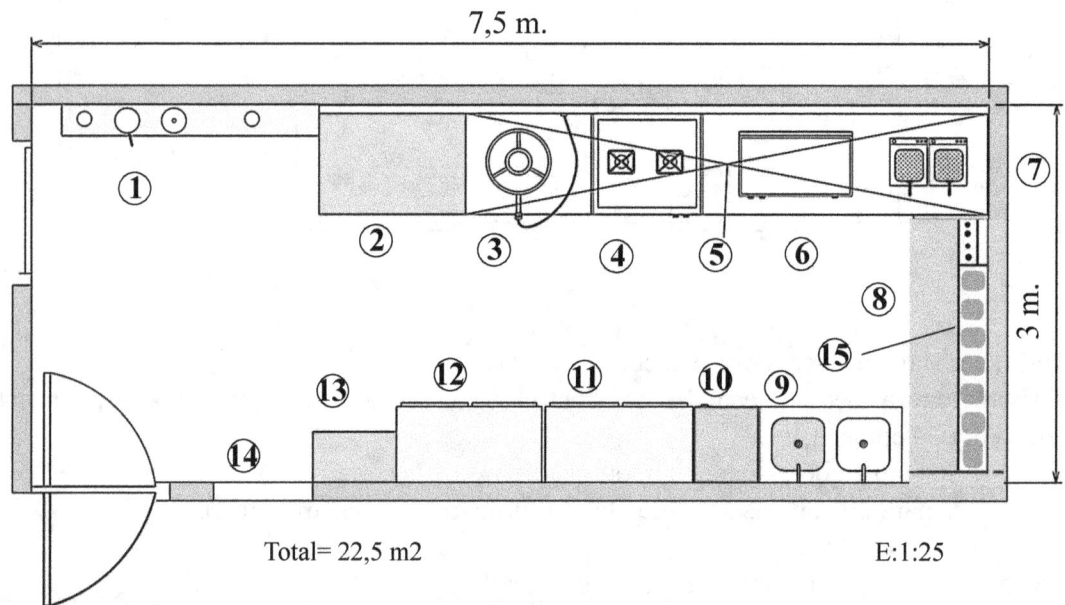

Total= 22,5 m2   E:1:25

10. Friegaplatos industrial.

11. Congelador industrial de doble cuerpo vertical. La apuesta vertical ofrece magníficas soluciones de manejo del producto que se presenta en estantes de fácil acceso y visualización. Organización por tipos de alimentos: carnes, pescados, vegetales, frescos o procesados.

12. Nevera industrial de acero inoxidable de doble cuerpo y gran capacidad. Con diferentes departamentos, para carnes, pescados, vegetales, postres y salsas.

13. Banco mini de trabajo y servicio de las comandas.

14. Ventana de conexión con la barra para servir las comandas. Imprescindible.

15. Vitrina-refrigerador con tapa. Conserva fríos dentro de sus cubetas ciertos ingredientes picados y cortados: ajo, cebolla, perejil, pimientos, rúcula, cilantro, pepinillos, zanahoria, puerro, calabacín, romero, tomillo, otras especias, salsas y aderezos habituales. Realmente eficaz para el *mise en place*.

4.3 LICENCIA DE OBRAS. OBTENCIÓN DE LA LICENCIA DE APERTURA.

Todo lo anteriormente citado no será garante al iniciar la actividad si no disponemos de la licencia de apertura concedida por el ayuntamiento. El primer paso en nuestra agenda sobre la reforma del local es solicitar la licencia de obras; previamente, eso sí, de habernos dado de alta como autónomo, alta en la actividad y comunicación a la corporación municipal del tipo de empresa que se va a emprender. A la petición de licencia de obras se adjuntará el proyecto. Probablemente tengamos que solicitar permiso para colocar un contenedor: necesario para volcar los escombros generados. Tengamos en cuenta que, aparte del alquiler a la empresa de contenedores, deberemos pagar una tasa diaria al consistorio por ocupar parte de la calzada. Otra partida a dedicar será la de sufragar los gastos de solicitud de la licencia de obras al ayuntamiento que cobra según los metros y otra serie de factores como en nuestro caso, la de local dedicado a la hostelería.

Proyecto y licencia de apertura.

Ciertamente la fase más compleja y difícil de obtener. Nuestra recomendación es buscar pequeñas empresas habitualmente compuestas por un equipo de dos ingenieros técnicos que son los titulados homologados para esta actividad. Solicitar presupuesto a varias para comparar precios.

Preferiblemente proyectistas que estén ubicados y que trabajen con asiduidad en el ayuntamiento que nos tiene que conceder la licencia. Éstos están acostumbrados a tratar con el consistorio y conocen las pequeñas exigencias y los modos de hacer de la localidad. Gracias a este enfoque abreviaremos seguro los plazos para su concesión. El equipo se encarga de todo: elaboración del proyecto, trámites y gestiones para cumplimiento de las ordenanzas municipales.

Exigencias en cualquier proyecto de restaurante o bar:
– Plano de la obra general, con tabiquería, espacios, sala, equipamiento cocina, baños etc.
– Plano instalación eléctrica e iluminación.
– Plano instalación sistema de fontanería.
– Estudio evacuación de humos cocina e irradiación calórica según la suma de la potencia de cada uno de los elementos de calor: plancha, freidoras, horno, fuegos. Sistema de refrigeración.
– Estudio de protección contra incendios.
– Estudio aislamiento acústico.
– Estudio de prevención de riesgos laborales.
– Plan de evacuación.
– Informe público del proyecto para posibles alegaciones de vecinos sobre la influencia que puede ejercer la actividad: calor, instalación del sistema de extracción de humos, olores y nivel de ruidos.

5. NUESTRO MODELO DE NEGOCIO. BASES PARA EL ÉXITO.

Definición de las 5 premisas sobre las que debe girar nuestro modelo empresarial exitoso:
– **5.1** Orden en las prioridades. – **5.2** Un modelo extraordinario. – **5.3** Vender una experiencia culinaria. – **5.4** Máximo horario laboral. – **5.5** Simplificaciones en las elaboraciones y cocinados.

5.1 ORDEN EN LAS PRIORIDADES.

Una de las te situras en la que nos vamos a encontrar al iniciar un proyecto inmerso en el ramo de la hostelería es definir claramente el orden de los objetivos o prioridades. La pregunta sería: ¿cual es nuestro primer objetivo?. Sin lugar a dudas, la rentabilidad. ¿Y la segunda prioridad?, quizás y tan solo decimos quizás, la gastronomía. El error, a nuestro juicio, que cometen con frecuencia los propietarios –ya sean los chefs o empresarios con experiencia en cocina– es invertir el orden de prioridades. Orientan el negocio hacia una cocina con aspiraciones, o dicho de otro modo, una cocina muy confeccionada, sofisticada y de cierto nivel, sin reflexionar realmente sobre las consecuencias que a buen seguro va a tener esta decisión. La innovación no solo se basa en crear productos nuevos, sino que los mismos sean rentables. ¿De que le sirve a un diseñador industrial crear un nuevo proyecto de lámpara si la misma es muy difícil de fabricar, o si, técnicamente tiene coste de producción tan elevado que no resulta rentable?. Este camino elegido (cocina elaborada y maridajes de componentes con alto precio) va a incrementar el factor riesgo de modo exponencial. El aumento desmesurado de número de ingredientes, procesos de cocinado, elaboraciones enrevesadas de larga duración, refuerzo del número de trabajadores en cocina y por tanto incremento de los costes por plato (escandallo), supondrán una pesada carga al inicio de la apertura del establecimiento.

Resumiendo, su primera prioridad es la gastronomía y la segunda la gestión y rentabilidad. No se adquiere una mentalidad empresarial, al contrario se prioriza el sentido creativo y artístico del trabajo. Dicha actitud nos convierte inmediatamente en "no empresarios" y si en "investigadores y artistas de la comida". Ambas actividades deben estar separadas física y financieramente en los modelos de empresa que permitan estas estructuras e inversiones: 1. El restaurante y 2: Departamento de creación e innovación. Recordemos: un chef de prestigio no es garante de éxito, el éxito provendrá de un buen equipo de profesionales y de una buena gestión.

En cualquier caso, queremos recalcar que respetamos algunos de los aspectos que posee la alta gastronomía como generadora de vanguardia y creatividad.

CONSEJO

Una vez seamos capaces de ir encauzando las deudas y créditos en forma de amortizaciones periódicas y por tanto la empresa inicie el camino de los beneficios, entonces y solo entonces, se puede ir paulatinamente introduciendo en la carta platos más arriesgados o realizar pequeñas incursiones innovadoras para lucimiento de los cocineros, siempre y cuando mantengamos nuestro modelo de negocio.

5.2 UN MODELO EXTRAORDINARIO.

Frente al inmenso y mastodóntico sector de la hostelería, la pequeña empresa que acabamos de inaugurar "debe brillar" por todos los medios y evitar que desaparezca entre la maraña de locales que competirán con el nuestro. Para evitar su invisibilidad es necesario por tanto, destacar a "toda costa" a base de crear una oferta diferenciadora y extraordinaria (adjetivo no referido en este caso a algo maravilloso y muy bello, sino a algo único, nunca visto hasta ahora, provisto de una cocina divertida y realmente suculenta). Recordemos, nuestro restaurante, taberna o cafetería debe ser especial y original. Debe diferenciarse del resto con una fuerte marca empresarial en todos los aspectos: grafismo alrededor de la entrada, decoración, diseño del proyecto del local, mobiliario, instalaciones, publicidad, promoción, web, redes sociales, etc...

Por último, también debe ser extraordinario en lo que respecta a la gastronomía: platos sencillos pero suculentos, cocina variada o de fusión, raciones ajustadas artísticamente presentadas y a buenos precios. Evitar las raciones abundantes en los platos. Ciertos restaurantes tienen la creencia de que al cliente se le satisface sirviéndole gran cantidad de comida en cada ración. Dicha estrategia es realmente perjudicial para nuestro negocio puesto que está demostrado que más de el 70% de los comensales se deja comida en el plato. Dichos alimentos irán a la basura con la consiguiente pérdida para nosotros. Como promedio se tira un 20 o 30% de la comida, este porcentaje se podría ahorrar completamente y pasar a computarlo como beneficio. Por tanto, recordemos: **no a las raciones abundantes y exageradas, no a las raciones escasas y ridículas; si a las raciones ponderadas.**

5.3 VENDER UNA EXPERIENCIA CULINARIA.

Como apuntábamos brevemente en la pregunta nº 1: ¿Cuál va a ser el perfil del negocio?, del Capítulo 1, referente a, ¿qué se va a encontrar el cliente al entrar en nuestra estancia? o, ¿qué es lo que vendemos?, vamos a definir o extraer esas experiencias de los 6 proyectos propuestos desarrollados en el Capítulo 6:

– 1. Arrocería a leña.

Vendemos la experiencia de cocinar a fuegos de leña. Uno de los aromas culinarios más deliciosos creados antaño por las manos expertas de las gentes del campo fue el olor de arroces cocinados con fuego de leña. Los clientes al entrar quedarán impactados por los efluvios que flotan en el aire, por las magnéticas imágenes de multitud de hogueras encendidas; de caldos hirvientes sobre fuegos de naranjo o sarmientos. «Este perfume maravilloso avanzará ondulando suavemente por todos los entresijos de la arrocería». Arroces antiguos y contemporáneos realizados con métodos ancestrales.

– 2. Freiduría.

Vendemos la experiencia del mundo de la fritura de calidad.
Un menú compuesto a base de las especies presentes en el entorno marino de nuestro país. La apuesta gastronómica aquí propuesta se ha elaborado en base a los mariscos y pescados de las costas españolas. Adaptar la carta a los productos de cada región o país.

La fritura es una especialidad que engrandece el sabor de mariscos y pescados. Un buen aceite de oliva, harina de maíz o *tempura*, elevarán estos pequeños bocados a la categoría de sublimes. Ofreceremos al cliente "la excelencia" en nuestra freiduría. ¡Todos los días se revisa y se cambia el aceite de oliva!.

«Probar las crujientes y sabrosas frituras de marisco va a ser una de las más gratas experiencias gastronómicas».

– 3. Taberna sin cocina.

Vendemos la experiencia del ambiente de una taberna medieval.
«Cruzamos el umbral de la puerta..., ya se huele a madera vieja de aromas a vinos de barrica y mistelas, a jamones de serranía y quesos curados, a lomos embuchados y chorizos...».

Ese sabor de las antiguas bodegas, aquellas cantinas y mesones de nuestros abuelos; tan populares por servir caldos de solera y suculentas viandas a carreteros y comerciantes, cansados ya, de recorrer tanta vereda entre pueblo y campo. Disfrutaremos de la solariega decoración que adornaba estas vetustas tascas. Además del tapeo buena opción es adquirir vinos de crianza y reservas tanto en botella como "a granel" del propio barril. Venta de quesos curados en aceite o al romero; salchichones, morcones y chorizos a la "vieja usanza" en orzas de barro.

– 4. Local Tenderete de Cocina Callejera.

Vendemos la experiencia de la cocina callejera, llamada en inglés "*street food*". Enormemente popular en ciudades como Londres, Berlín, Nueva York, México D.F., Pekín, Johannesburgo o Singapur.

El ambiente informal y callejero, la cocina rápida e internacional, ¡tan apetitosa y humeante!, ¡tan incitadora de saborearla inmediatamente!. Nuestra experiencia va a ser la cocina de la pasta en forma de *noodles*: especie de tallarines orientales que combinan a la perfección con todo tipo de ingredientes. Tiras de pollo, lomo de cerdo, verduras salteadas, setas, marisco, pescados; todo ello aromatizado con las ricas especias y condimentos *thais* y sabrosas salsas como la soja, masala o *curry*.

– 5. Albondiguería.

Vendemos la experiencia de la especialidad en albóndigas. Una oferta gastronómica presente en numerosos países del mundo; una gran tradición: "bolitas crujientes a base de carnes, pescados o verduras picadas".

Se ofrecerán todas las propuestas y variedades imaginables. Albóndigas a la brasa, en cazuela, en salsa. En pan de pita, en bocadillo, en pan *lavash*, en pan de mini hamburguesa.

La mejor carne y los más originales ingredientes que acompañarán a las popularísimas albóndigas. Una magnífica alternativa a las aburridas hamburgueserías.

– 6. El Bar de la Langosta.

Vendemos la experiencia del "rey del marisco". ¡Qué mejor lugar para probar el mejor marisco del mundo!. De entre todos los existentes en los cinco continentes el más exquisito y poseedor de más abundancia de carne es la langosta. A la plancha, a la brasa, en brocheta, con ensalada, en cazuela, en cebiche, disfrutaremos de una jornada culinaria y marina única en nuestro país. Ni siquiera es producto ultrafresco, ¡está vivo!.

Sumaremos el sabor de sus múltiples recetas con la admiración hacia el mundo marino. Con sus 4 acuarios de agua salada en el salón se podrán observar langostas vivas en su entorno y especies de peces, crustáceos y moluscos nadando entre corales, plantas y algas de los mares tropicales.

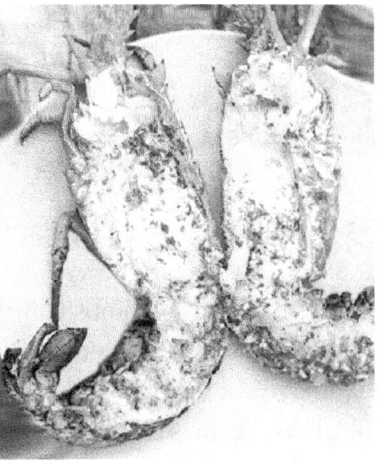

– 7. Cama y Desayuno (*Bed & Breakfast*).

Vendemos la experiencia de "el modo de vida casero". Habituados a pernoctar en fríos y desolados hoteles donde comunicarnos y conocer a otras personas es escasa por no decir imposible, proponemos la alternativa de descubrir el modo de vida de sus vecinos, de alojarse en casas de campo o casas rurales sobre pueblos rodeados de naturaleza para hacer de esta experiencia la mejor entre todas las posibles.

«Levantarse por la mañana, oír el canto de los pájaros del jardín, disfrutar de un aromático desayuno casero junto a los propietarios de la casa y en compañía de unos pocos clientes más, van a hacer de nuestra estancia, una de las más relajantes y reconfortantes en nuestra ruta vacacional o en las pernoctaciones por trabajo».

5.4 MÁXIMO HORARIO LABORAL.

El horario elegido puede ser válido para muchos de los modelos que integran el gastrosector si introducimos en él la flexibilidad necesaria como para aprovechar al máximo la jornada del día, es decir, desde el momento de la apertura del establecimiento (que sería las 8.00 h.) y la hora del cierre (las 23.00 h o 23.30 h.).

Dicha flexibilidad es necesaria hasta en ejemplos opuestos como los modelos de hamburguesería o pizzería. Dos modalidades que, en prácticamente el 100% de los casos aplican un horario muy reducido y específico. Por lo general abren a mediodía, normalmente a las 13.00 h. para dar servicio a las comidas; posteriormente cierran y vuelven a abrir a las 20.00 h. para dar servicio a las cenas. El resto del tiempo las puertas están cerradas. Igualmente ocurre con infinidad de alternativas gastronómicas como: restaurantes de cocina de autor (solo comidas y cenas), bares de polígonos (almuerzos y menús a mediodía) o bocaterías que sirven exclusivamente cenas.

Según nuestras observaciones y estudios, un porcentaje significativo de estos lugares ofrecen una jornada muy limitada no obteniendo rendimientos a pesar de las posibilidades que puede ofrecer todo el amplio horario laboral.

Vamos a poner un ejemplo: **restaurante de cocina japonesa** muy elaborada y alto nivel que oferta todas las variedades de *sushi* y *ramen*. Su horario de apertura se anuncia limitado a las comidas y cenas pero, si introducimos la flexibilidad de la que hablamos también puede adaptar su negocio y ¿por qué no?, ofrecer desayunos, si, decimos bien, desayunos y meriendas con toda la bollería y cafetería; almuerzos con tapas + bocadillos; y el clásico menú fuera de su oferta de tofus y *tempuras*. En otras palabras, además de su carta oriental, una carta con cocina del país, presentando los conocidos entrantes, primeros, segundos, postres y café. El futuro pertenece a la cocina flexible y adaptable.

En el Capítulo 8 desarrollaremos más en profundidad la definición de la jornada de apertura y cierre de nuestro establecimiento como una de los estrategias de éxito.

La recomendada flexibilidad horaria es adaptable a cualquier tipo de restaurante, taberna, gastrogarito, bar, cafetería, comidas para llevar, autoservicio, bufet libre, bar de copas, cócteles y tapas, etc.. Dicha estrategia abarcará a todo el abanico existente de posibles consumidores.

Más tarde hablaremos de otro tipo de flexibilidad que se está imponiendo como totalmente necesaria para atraer clientes en base a las propuestas de nuestra carta: Capítulo 7. Apartado 7.3. Cocina de Unión.

Descripción de las diferentes actividades que va a permitir "Nuestro Modelo de Negocio" captando a todo el espectro de grupos sociales heterogéneos y diversificando el tipo de clientes:

– **Desayunos** para madrugadores y madres que dejan sus niños en los colegios.

– **Almuerzos** para trabajadores y grupos de jubilados.

– **Menús** para gente mayor, representantes de empresas y viajantes.

– **Comidas de carta** para empresarios, comercios y negocios.

– **Tapas y bocadillos** para gente joven y niños.

– **Tapeo** entre horas para todo el público.

– **Cenas de carta** para parejas, grupos de amigos y matrimonios de mediana edad.

– **Meriendas** para grupos de señoras, madres y adolescentes.

– **Fines de semana**, comidas para familias y celebraciones como los cumpleaños, comuniones, bautizos y hasta pequeñas bodas.

Hamburguesería. Representación de un modelo que da a entender todos los defectos y males que padecen –en nuestra opinión– este tipo de empresas. Será un establecimiento clásico con su reducido horario y su escasa oferta en la carta. Describiremos todos los inconvenientes y narraremos las situaciones que pueden darse con respecto al comportamiento psicológico de sus comensales.

Ofrece todo tipo de hamburguesas incluyendo la opción vegetariana, perritos calientes, patatas fritas, un par de ensaladas y bebidas.

– **El horario** de apertura es a las 13.00 horas. No puede abrir antes ya que no ofrece desayunos ni almuerzos puesto que estos últimos no significan sólo servir bocadillos, sino poner tapas e incluso algún plato caliente, como carnes al ajillo, callos o diferentes tortillas; obviamente acompañados y regados con los vinos de la casa.

– **La comida.** Aparece el primer problema; vienen pocos clientes. ¿Por qué?, es obvio, ¿a quién le apetece comer de bocadillo entre semana?, prácticamente a casi nadie, a la gente le gusta comer platos calientes o el menú de la casa.

– **No cierra a mediodía.** A esas horas tendrá los clientes habituales del café de la sobremesa. Más tarde entre las 18,00 y las 20,00 horas tampoco entrarán clientes ya que es tiempo de merienda y no dispone de dulces y bollería. Por otro lado existen numerosos establecimientos que están especializados en desayunos y meriendas: las pastelerías y panaderías actualmente ofrecen un producto mixto con la posibilidad de café y bebidas.

– **La cena.** Aquí sí que tiene éxito. Sus clientes son gente joven, adolescentes e incluso familias con niños. Pero la entrada de personas es intermitente, unas veces se llena y otras veces la entrada flojea. ¿Cuál es el motivo?, es fácilmente adivinable: la gente se cansa del mismo producto. No hay alternativas. Sólo hamburguesas y perritos calientes.

Si observamos nuestra propuesta, el cliente que venga a cenar un jueves a nuestro establecimiento y coma bocadillos, puede venir el viernes y cenar de tapas y puede volver el sábado de la siguiente semana y cenar buenos pescados/carnes o comerse una humeante y aromática paella. Abarcamos todas las posibilidades fidelizando a quien acude, unas veces con sus amigos, otras con sus padres y otras con sus hijos.

Amortización de gastos en la Hamburguesería.

Este es otro de los inconvenientes que presentan estas microempresas que por su producto ofrecen una limitación de horario y no pueden repartir las cargas económicas a lo largo del día sino únicamente en los tiempos de apertura y durante el consumo de su especialidad. Los gastos fijos son invariables tanto si tenemos abierto el restaurante a lo largo de todo el día y durante seis o siete días a la semana o por el contrario lo tenemos abierto exclusivamente durante las cenas. Los gastos como el alquiler, los créditos, las amortizaciones de la maquinaria adquirida, los costes fijos de agua, luz, gas y tasa de basuras e incluso los gastos personales como hipotecas, préstamos de coches o manutención de los hijos dependerán exclusivamente de los ingresos de unas pocas horas nocturnas.

5.5 SIMPLIFICACIÓN EN LAS ELABORACIONES Y COCINADOS.

La filosofía de trabajo que queremos inculcar esta fundamentalmente destinada a: 1. Los procesos y secuencias a la hora de realizar el cocinado de los platos que conforman nuestra carta. 2. La reducción del número de ingredientes de cada plato.

Para ello realizaremos un largo listado de todas las recetas posibles que se puedan ofrecer en nuestro espacio gastronómico dentro del modelo elegido; ya sea cocina de mercado de nuestro país, cocina de interior o de costa, cocina de unión o una determinada especialidad: freiduría, albondiguería, arrocería a leña o una rosticería de aves de corral. De todas las alternativas posibles elegiremos las más sencillas de elaborar compuestas por el mínimo número de ingredientes. En cualquier caso, encontraremos infinidad de posibilidades creativas. Ejemplo claros son las cocinas tradicionales mediterráneas como la griega, italiana y la española aplicadas a la cocina de mercado. Desecharemos los platos que necesiten largos procesos de cocción o maquinaria especial costosa y de alto consumo energético. Por ello vamos a recordar:

¡No a los platos de puchero, olla y horno!. ¡No a la cocina ostentosa y de lujo!. En la partida de inversión destinada a las instalaciones de cocina no incluiremos bajo ningún concepto un horno. Tampoco adquiriremos ollas grandes y altas, cazuelas de barro o cazuelas de hierro colado; todo ello para evitar las tentaciones de cocinar platos de varias horas. ¡No a los ingredientes caros y difíciles de encontrar!. Sustancias como: semillas de amapola, algas kombu, fideos soba, grasa de oca, infusión de sauco, goma xantana, hierba ficoide, galleta de palomitas, hojas de roble, *lollo rosso*..., la lista es infinita y no tiene sentido en nuestro modelo de negocio. Es absurdo, en nuestra opinión, que un postre tenga 8 o 10 ingredientes, no hay paladar que los distinga. Al cliente le trae sin cuidado si nuestra tarta tiene agua de azahar, levadura prensada, bizcocho de soletilla y azúcar de maracuyá con gel de lima. Lo que quiere es que este delicioso y rico, con muy buenos precios; en un lugar que disfrute y recuerde para volver a visitarlo y compartir su grata experiencia en las redes sociales.

Como ejemplo de ello citaremos un plato de gran aceptación pero realizado con ollas y de larga ebullición: Pulpo a la gallega. Solución: se adquirirá un producto de gran calidad y ya cocido.

¿Cual va a ser el objetivo prioritario?. Elaboraciones de corta duración. El tope podría ser perfectamente un período de 20/25 minutos + 2 o 3 minutos de emplatado. Por tanto deberemos de bucear en el recetario global, que tipo de platos originales y deliciosos cumplen esta requisitos.

– Nuestro restaurante o taberna va a ganar por goleada a todos los que están agraciados con "las famosas estrellas de la guía francesa" que todos conocemos. No hay nada como una cocina basada en la "materia prima", en los ingredientes y nada más.

–Tomaremos el criterio de calificación de 3 estrellas de la "famosa guía" para decir:

«Vale la pena desviarse del camino para ir a nuestro restaurante»

«Nuestro restaurante posee una cocina excepcional que justifica de por sí el viaje».

Poner de relieve la creatividad es primordial pero, se puede innovar en la sencillez. Justamente uno de los principios fundamentales del Diseño Industrial es **«reducir el número de componentes»** como objetivo para la investigación y su posterior desarrollo (I+D).

Que mayor innovación que la tortilla de patatas: con dos ingredientes, huevos y patatas, los españoles crearon uno de los platos más extraordinarios y exquisitos de la cocina mundial. Es muchísimo más difícil y meritorio innovar creando nuevos platos sencillos y sabrosos que desarrollar otros apoyándonos en todo tipo de ingredientes, alta tecnología en maquinaria/procesos y con grandes equipos de cocineros para hacerlas realidad. ¿Han pensado alguna vez los mediáticos chefs sobre el valor del impacto en el medio ambiente que causa incluir tanto gasto de ingredientes y usos de maquinaria?. ¿Cuánta energía consume y gases de efecto invernadero genera un restaurante de 3 estrellas? ¿Cuántos desechos se producen?. ¿Recordamos la Obsolescencia Programada?. ¿Por qué debemos de estar obsesionados por consumir y consumir tantos productos?. ¿Se cultivan vegetales de forma ecológica?, ¿se crían animales sin sufrimiento?, ¿alguien recuerda la tortura a la que se somete a ocas y patos en su cebado para engordar el archiutilizado *foie?*.

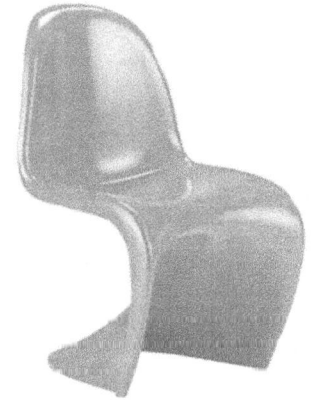

Silla Paton. Diseñada por Verner Panton. 1959-1960. El laureado diseñador danés tenía como objetivo crear una silla cómoda y que pudiera utilizarse en cualquier sitio. Así nació la primera silla apilable, moldeada en un solo plástico por inyección y de una sola pieza. De ellas se han fabricado y se fabrican cientos de millones de unidades. Ganadora de numerosos premios internacionales y habitante de muchos museos de arte moderno; su imagen se mantiene viva como un diseño atemporal.

Investiguemos para desarrollar desde la creatividad, nuevos platos sencillos. Innovación para una nueva cocina con el mínimo número de ingredientes y procesos. Esta va a ser la **¡Nueva Revolución Culinaria!.**

Vamos a poner dos ejemplos comparativos. Uno de ellos será de larga elaboración y el otro nuestra propuesta. Es evidente que respetamos todas las ideas culinarias, si bien, nuestras ofertas tan solo son sugerencias hacia nuestros lectores para comprender nuestro concepto y estrategia: **Simplificación en los procesos de cocinado y ahorro en el número de ingredientes.**

RABO DE TORO. Observaremos que la receta es algo complicada sin poder desatenderla al menos durante 3 horas más el emplatado final.

Ingredientes:
– Rabo de Toro en una pieza congelado
– Cebollas
– Zanahorias
– Puerros
– Dientes de ajo
– 1 Litro de buen vino tinto
– Hoja de laurel
– Caldo de carne
– 1 cucharón o 2 de harina
– Nuez moscada
– Clavos
– Pimienta negra
– Sal
– 1 Vaso de vinagre
– Aceite de oliva
– Agua
– Caldo de carne: una cebolla, zanahorias, puerros, dientes de ajos, repollo o apio, un tomate, morcillo de ternera, pollo, un hueso de la rodilla de ternera, un hueso de espinazo de cerdo, un hueso de jamón.

Elaboración:
– Se corta el rabo por las coyunturas. Reposar en adobo de vino tinto, tomillo, romero, cebollas, zanahorias y puerros. 24 horas.
– Preparar el caldo con los ingredientes descritos.
– Freir el rabo de toro en harina para sellarlo. Reservar.
– En el mismo aceite, rehogar las verduras, que estaban en el adobo, con sal y pimienta.
– Se añade el rabo, el vino, el vinagre, las hierbas, la nuez moscada, el clavo, los ajos y un poco de caldo, cubriendo el rabo.

– Se deja cocer a fuego lento 3 horas. Remover para que no se pegue. Si se va quedando sin caldo ir añadiendo más. Rectificar de sal.
– Sacar el rabo, triturar la salsa y pasarla por un chino.
– Acompañar con patatas fritas.
   Precio: 15 €

Ahora vamos a proponer nuestra receta alternativa. Ya sabemos que no será el exquisito rabo de toro, pero, si antes no lo teníamos en la carta el comensal no lo echará de menos. El único secreto es que, lo que ofrezcamos sea de la mejor calidad y les aseguramos que el cliente quedará encantado. Servir en gran plato de original diseño y color.

ENTRECOT DE TERNERA GALLEGA CON SALSA ROQUEFORT.

Un segundo que siempre funciona muy bien en cualquier carta. Es muy demandado por los comensales. Tan solo es necesario elegir una muy buena carne y planchear correctamente.
Añadir sal Maldón y la pimienta recién molida al terminar de asar. Tiempo: 12 minutos

Ingredientes:
– 1 Entrecot de Ternera Gallega, Avila o Navarra D.O. (o ternera de gran calidad de nuestro país).
– Queso Roquefort
– Cebolla
– Nata líquida
– Caldo de carne
– Espárragos trigueros y Patatas paja

Elaboración:
– Para la salsa. Sofreir la cebolla picada. Añadir el queso Roquefort, la nata y un poco de caldo, calentar hasta derretir. Triturar y salpimentar.
– Freir la carne en la plancha al punto que desee el cliente. Salpimentar.
Emplatado:
– Cortar a contrafibra.
– Salsear por encima del filete con la crema de Roquefort.
– Acompañar con patatas fritas paja, espárragos trigueros y salsera de la crema Roquefort.
   Precio: 15 €

Los **Pescados** en nuestra carta. Dos ejemplos comparativos: **el primero muy elaborado**, el otro nuestra propuesta alternativa.

CALDERETA DE PESCADO. Tiempo: 1 hora sin contar las 3 horas de reposo del caldo.

Ingredientes:
– Pescado variado: Rape, Merluza y Cabracho, troceados.
– Patatas.
– Vino blanco
– Pimentón dulce
– Aceite de oliva
– Harina
– Perejil
– Sal

Para el caldo de pescado:
– Pescado de roca o moralla
– Cebolla
– Tomate
– Ajo
– Zanahoria
– Harina
– Ñora
– Agua
– Puerro

Para la picada o majado:
– Rodajas de pan frito
– Almendras
– Carne de ñora

Elaboración:
– Para la picada: Freir en aove dentro de una cazuela de barro, las almendras, el pan, el ajo y finalmente la ñora. Sacar y machacar en el mortero.
– Para el caldo: Sofreir con harina la morralla en aceite de oliva. Incorporar la verdura y dejar cocer media hora. Dejar reposar unas 3 horas para extraer todo el colágeno Colar el caldo.
– La caldereta: En el aceite de la picada, marcar el pescado previamente enharinado. Reservar. Sofreir las patatas tronchadas, añadir el pimentón y flambear con el vino blanco. Verter el caldo de pescado y cocer las patatas. Cuando estén casi hechas incorporar el pescado. Verter la picada y mezclar. Dejar hervir 8 minutos. Espolvorear con perejil picado.
Precio 15 €

Receta alternativa en nuestro restaurante:

RODABALLO FRESCO A LA CREMA DE AZAFRÁN. Tiempo: 12 minutos.

Ingredientes:
– 1 Trozo grande de Rodaballo
– Azafrán en estambres y tostado
– Nata líquida
– Cebolla picada y vino blanco. – Caldo de carne
– Espárragos trigueros y Zanahorias

Elaboración:
– Para la salsa, sofreir la cebolla picada. Verter un poco de caldo de carne. Añadir el vino blanco, reducir y triturar. Añadir la nata, pimienta y el azafrán tostado.
– Colocar el rodaballo y freir en la plancha. Salpimentar.

Emplatado:
– Salsear con la crema y verter unos cuantos hilos de azafrán.
– Acompañar con espárragos trigueros, zanahorias y salsera de la crema de azafrán.
– Servir en gran plato de diseño y colores originales. **Precio 15 €**

Otro ejemplo muy clarificador puede ser el siguiente: comparativa **croquetas–calamares**. Lo sabemos, las croquetas son maravillosas, pero, primero hay que elaborar un correcto *roux*, después la bechamel, a continuación la masa con sus ingredientes trabajada en la sartén. Total 40/60 minutos + 24 horas de reposo + dar la forma; a continuación rebozar en harina, huevo y pan rallado. Freir. Calamares a la romana: ejemplares del mercado muy frescos. Tomar solo el cuerpo limpio de piel cortado en anillas. Rebozar en harina, sifón y hielo. Freir. Tiempo de elaboración: 3/4 minutos. Muy frescos o de potera son insuperables, una verdadera exquisitez.

Finalmente los **Postres** en nuestra carta. Además de ofrecer las dos recetas que presentamos, es posible elaborar nuestros propios postres caseros como las exquisitas y sencillas torrijas o multitud de dulces ya preparados que se comercializan congelados. Por ejemplo, tarta al whisky, profiteroles de nata, profiteroles de chocolate, tarta al ron, *brownie*, tarta de queso con frutos rojos, tiramisú con fresas y *amaretto,* etc... El secreto está en realizar excelentes e imaginativas presentaciones servidas en innovadoras y atractivas vajillas.

CREMA CATALANA.

En muchos establecimientos venden frescas muy buenas cremas catalanas elaboradas ya, en cazuelitas de barro. Tan solo tendremos que añadir un poco de azúcar y quemarla con el soplete para hacerla más casera. Adornar con rama de canela, corteza de limón o guinda rojas. ¡Así de sencillo!.

CREPES DE CHOCOLATE.

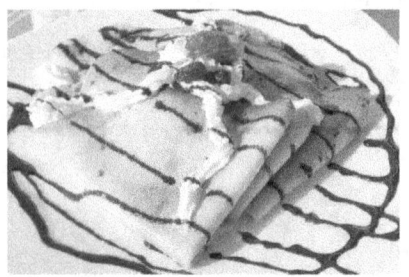

Se ofrecen congelados. Tan solo planchear directamente del congelador y servir decorando con un chorrito de sirope de chocolate, nata montada y guindas rojas. El cliente se lo tomará crujiente y con el chocolate fundiéndose.

Propuesta muy elaborada:

HELADO DE NATA Y MACEDONIA. Tiempo: 1 h 15 min.

Ingredientes:
– Fresas, kiwis, plátano, piña, pera
– Helado de nata para corte
– Azúcar
– Harina
– Mantequilla
– Hojas de hierbabuena
– Ralladura de naranja
– Azúcar moreno
– Zumo de naranja

Elaboración:
– Preparar toda la fruta cortándola en trozos medianos.
– Espolvorear con el azúcar moreno y cocinar en el horno 170º durante 45 minutos.
– Con el jugo que suelten las frutas en el horno preparar un almíbar en un cazo.
– Mezclar la harina, mantequilla, el zumo de naranja, la ralladura de naranja. Dejar reposar media hora.
– Extender bien esta masa (fina) en un papel para hornear. Introducir en el horno a 170 grados durante 5 minutos. Sacar del horno y en caliente cortar en rectángulos del tamaño para realizar un helado llamado popularmente "corte de helado".
– Cortar el helado de nata en raciones y tapar ambas caras con los trozos de la galleta realizada en el horno.
– Servir con las frutas. Regar el corte de helado con la macedonia en almíbar y decorar con las hojas de hierbabuena.

Por último vamos a mostrar otros ejemplos, que describen igualmente la reducción y simplificación en las elaboraciones que realizamos en la cocina.

En este caso, vamos a tratar los **Caldos para arroces**.

– Las versiones **1** y **2** describen los sistemas de elaboración que se utilizan en arroces de alta cocina.

– Las versiones **3, 4, 5** y **6** son nuestras propuestas alternativas.

Elaboraciones prolongadas y de excesivo coste:

Versión 1. CALDO DE CARNE. 4 litros de caldo. Tiempo: 13 horas.

Ingredientes:
– Medio kilo de alitas de pollo
– 1 cuarto de una gallina
– Medio kilo de costillar de cerdo
– 1 hueso de jamón serrano
– 1 puerro
– 1 cebolla
– 1 tomate
– 1 nabo
– 1 chiribia
– 1 napicol
– 1 zanahoria
– 1 Ajo pelado y chafado
– Un *bouquet garni* de tomillo y perejil.
– Granos de pimienta
– ½ botella de vino tinto de calidad
– Aceite de oliva

Pasos a seguir:
– Colocar en una bandeja de horno, las alitas, la gallina, el costillar de cerdo y el hueso de jamón. Verter un chorrito de aceite por encima.
– Introducir en el horno a unos 250 grados con el grill puesto y dejar 1 hora. Sacar y reservar.
– En una olla alta y grande, sofreir con AOVE, la cebolla picada, el puerro picado, el ajo chafado, el tomate. Dejar compotar.
– Verter el vino tinto y dejar reducir.
– Añadir el nabo, el napicol, la zanahoria y la chiribia limpios de piel.
– Colocar toda la carne que tenemos tostada o braseada.
– Dejar caer unos granos de pimienta negra y el *bouquet garni* de tomillo y perejil.

– Verter 5 o 6 litros de agua.
– Encender el fuego muy fuerte hasta que hierva. Desespumar.
– Colocar en el horno a unos 100 grados 24 horas. Alternativamente dejar cocer al fuego de gas suavemente durante 12 horas.
– Sacar o apagar el fuego y dejar enfriar para convertir en infusión.
– Quitar todos los ingredientes e introducir en el frigorífico. Eliminar la capa de grasa que se forme.

Desventajas a destacar:
– Excesivo número de ingredientes para realizar el caldo. Aumenta el gasto.
– Elaboración con numerosos pasos. (1 hora de horno para dorar las carnes).
– 24 horas en el horno o 12 horas a fuego de gas es, en cualquiera de los dos casos totalmente exagerado e innecesario. (el caldo aunque lo tengamos 24 horas en el horno no habrá peligro durante la noche ya que prácticamente no hierve el líquido).
– Gasto elevado de luz o gas.
– Una continua atención.

Versión 2. CALDO DE PESCADO-MARISCO. 4 litros de caldo. Tiempo: 1 h 20 min.

Ingredientes:
– 1 cabeza de rape
– Raspas y espinas centrales de cualquier pescado
– 1 kilo de morralla (arañas, cabrillas, escorpas, galeras, cintas, raspallones, doncellas y cangrejos de playa)
– 1/2 puerro
– 1 cebolla
– 1 tomate
– 1 bulbo de hinojo
– 1 ñora
– 1 zanahoria pelada y troceada
– 1 Ajo pelado y chafado
– Perejil
– 1 patata
– ¼ de gamba arrocera
– Brandy
– Aceite de oliva

Pasos a seguir:

<u>1ª fase</u>

– Colocar en una bandeja de horno, la cabeza de rape, las raspas y espinas centrales. Verter un chorrito de aceite por encima.

– Introducir en el horno a unos 150 grados y dejar 45 minutos. Sacar y reservar.

<u>2ª fase</u>

– En una olla alta y grande, sofreir con aceite de oliva, la cebolla troceada, el puerro troceado, el ajo chafado, la zanahoria, el hinojo troceado y el tomate.

– Añadir la morralla. Sofreir un poco.

– Añadir la ñora y una patata pelada.

– Espolvorear un poco de perejil.

– Incluir el rape y las espinas.

– Añadir agua. Fuego fuerte hasta hervir. Desespumar.

– Dejar cocer 40 minutos a fuego suave. Apagar el fuego.

<u>3ª fase</u>

– En otra olla con un poquito de aceite de oliva, freir las gambas arroceras.

– Flambear con un chorrito de buen brandy.

– Incorporar todo al caldo anterior y dejar que infusione 3 o 4 horas.

– Retirar todos los ingredientes. Colar y reservar.

Desventajas a destacar:

– Excesivo número de ingredientes para realizar el caldo. Aumenta el gasto.

– Elaboración con numerosos pasos:

1ª fase: 45 minutos de horno para tostar las raspas y rape.

2ª fase: Cocción del caldo.

3ª fase: Fritura de las gambas.

– Gasto elevado de luz del horno.

Todos estos procesos e ingredientes son para la realización del caldo. Después habrá que comenzar a elaborar el arroz en todas sus fases, procesos e ingredientes. ¿No les parece increíble?. Creemos que éste es un muy mal comienzo.

Nuestras Propuestas:
Versión 3. CALDO DE CARNES. 4-6 litros de caldo. Tiempo: 31 minutos.

Ingredientes:
– 2 carcasas de pollo
– Medio kilo de costillar de cerdo
– 1 hueso de jamón serrano
– 1 cebolla
– 1 tomate
– ½ puerro
– 1 nabo
– 1 chiribia
– 1 zanahoria
– 1 Ajo pelado y chafado
– Una ramita de perejil.
– Aceite de oliva virgen extra

Pasos a seguir:
– En una olla a presión grande, sofreir con aceite de oliva la cebolla picada, el ajo chafado, el tomate, el puerro y la zanahoria. Dejar compotar.
– Añadir el nabo y la chiribia limpios de piel.
– Colocar toda la carne y la ramita de perejil.
– Verter agua hasta donde indique la olla a presión.
– Encender el fuego y dejar cocer 30 minutos.
– Apagar el fuego y sin abrir, dejar enfriar para que se infusione.
– Quitar todos los ingredientes e introducir en el frigorífico. Eliminar la capa de grasa que se forme.

Ventajas a destacar:

– Disminución del número de ingredientes. Ahorro en el gasto.
– Una sola fase: Todo de una vez en la olla a presión.
– Tiempo de elaboración, 35 minutos.
– La olla* a presión imprime al caldo un sabor intenso y potente.
– El sabor esta tan concentrado que podemos añadir agua para incrementar el número de raciones sin disminuir su calidad.
– Elaborar gran cantidad de caldo para arroces que se soliciten durante toda la jornada de trabajo.
*Ollas a presión para hostelería. Capacidades, desde 25 hasta 300 raciones.

Versión 4. CALDO DE PESCADOS-MARISCOS. 4 litros de caldo. Tiempo: 35 minutos.

Ingredientes:
– 1 kilo de morralla (pueden ser arañas, cabrillas, escorpas, galeras, cintas y cangrejos de playa)
– 1 cebolla
– 1 puerro
– 1 tomate
– 1 ñora
– 1 zanahoria pelada y troceada
– 1 Ajo pelado y chafado
– Perejil
– Aceite de oliva virgen extra

Pasos a seguir:
– En una olla alta y grande, sofreir con aceite de oliva, la cebolla troceada, el ajo chafado, la zanahoria, el puerro y el tomate. Compotar.

– Añadir la morralla. Sofreir un poco.

– Añadir la ñora.

– Espolvorear un poco de perejil.

– Añadir agua. Fuego fuerte hasta hervir. Desespumar.

– Dejar cocer entre 30 minutos a fuego suave. Apagar el fuego y dejar infusionar 3 horas.

– Retirar todos los ingredientes. Colar sin tocar el pescado y reservar.

Ventajas a destacar:

– Disminución del número de ingredientes. Ahorro en el gasto.

– Dos fases: Sofrito y después todo de una vez en la olla.

– Tiempo de elaboración, 35 minutos.

– Elaborar gran cantidad de caldo para arroces que se soliciten durante toda la jornada de trabajo.

Versión 5. CALDO DE CARNES O PESCADO-MARISCO. 8 litros de caldo.

Adquisición de caldo concentrado para hostelería.

– Tanto para esta versión 5 y para la versión 6, debemos de tener en cuenta la nueva normativa de alérgenos para restaurantes.

Ventajas a destacar:

– Prácticamente todas y encima nos salen 8 litros.

Versión 6. CALDO DE CARNES O PESCADO-MARISCO. 1 litro de caldo.

– Dos pastillas de concentrado por cada litro de agua. Aunque la proponemos por lo útil que es. deberíamos dejarla para nuestra casa ya que la nueva normativa sobre alérgenos probablemente no se permita su utilización.

A RECORDAR

El sabor del arroz proviene fundamentalmente de buenos sofritos y de ingredientes muy frescos y de calidad. En el caso de los arroces de mar o mar/montaña la cebolla debe estar muy bien confitada. Podemos adquirir cebolla ya frita o confitada y nos ahorraremos al menos de 2 a 4 horas de lenta fritura. Otra excelente opción sería la de añadir bicarbonato a la cebolla. Reduce enormemente los tiempos de caramelización. ¿La cantidad apropiada?, menos que la cantidad de sal a poner.

Presentación de los emplatados. Como se indica en el dicho popular «*los platos se ven antes con los ojos que con la boca*», es primordial en nuestro caso ya que utilizamos el mínimo número posible de ingredientes y una notable reducción de las técnicas de cocinado. Presentaciones realizadas con buen gusto, vistosidad y color.

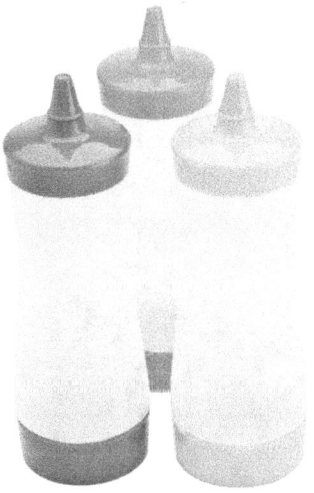

El uso de dispensadores para salsas o popularmente llamados "biberones" se hace insustituible para decorar los platos. Con imaginación y creatividad es fácil conseguir acabados espectaculares.

Preferiblemente utilizaremos botes blancos traslúcidos o transparentes para distinguir los diferentes colores de cada salsa. En cualquier comercio dedicado a la hostelería se ofrecen diferentes diseños y formatos. Su sencillez es obvia pero no se desarrolló hasta hace bien pocos años. Anteriormente a estos utilísimos productos se salseaba o decoraba con cuchara.

Para finalizar, describimos el otro pilar básico en las presentaciones: la vajilla de la sala como soporte de todos los emplatados ofrecidos en nuestra carta. Innovación y belleza tienen que ir de la mano. Engrandecerán nuestro platos elevándolos a una categoría superior.

La inversión será mayor al inicio de la puesta en marcha puesto que este tipo de vajillas suelen comercializarse con altos precios pero, una vez dispongamos de la colección completa nos será útil durante décadas.

No tiene por qué ser una vajilla como la entendemos todos sino que, es interesante adquirir soportes provenientes de la naturaleza, como la piedra, la pizarra, el mármol, la madera o gres refractario. Los resultados son sorprendentes.

Apoyemos a ceramistas y torneros, oficios artesanos de autor que necesitamos promover como enriquecedores culturales y generadores de puestos de trabajo.

A pesar de los inconvenientes descritos anteriormente acerca de la "nueva alta cocina", es justo reconocer que también ha aportado aspectos muy positivos a la gastronomía mundial. Además de innovar en técnicas y procesos de cocinado, de inventar platos magníficos, ha sabido aportar un aire nuevo, divertido y fresco a los emplatados en general. Previa a dicha revolución culinaria –iniciada por cocineros vascos y catalanes en los 90 e inicios del siglo XXI– la cocina, en la mayoría de los casos, se presentaba de forma aburrida y monocorde prevaleciendo el "color marrón". Ellos supieron innovar aportando riqueza tonal y compositiva a los platos.

Comparativas de emplatado: **ENTRECOT DE TERNERA GALLEGA CON SALSA ROQUEFORT.**

Emplatado estándar. Ingredientes: entrecot de ternera gallega, salsa Roque-fort, espárragos trigueros, patatas paja y romero.

Recomendaríamos incluir colores propios de los ingredientes que compongan la receta. (Por ejemplo, si la propuesta lleva de base un sofrito de cebolla morada, tomate, zanahoria y cilantro, colocaremos de forma decorativa al emplatar estos cuatro componentes). Jugaremos con los colores complementarios: rojo-verde, azul-naranja y violeta-amarillo, en la medida de los posible. La descripción de todas las recetas que integren la carta se redactarán por escrito, incluyendo el diseño y disposición del emplatado. Nosotros huimos de las florecitas, es una decoración forzada, ajena al plato y un tanto cursi, en nuestra opinión, evidentemente.

Emplatado creativo.
Ingredientes: Entrecot de ternera gallega (cortada a contrafibra como todas las carnes, para aumentar su terneza), salsa Roquefort, espárragos trigueros, patatas paja y romero.

6. SEIS PROYECTOS DE INGENIERÍA INNOVADORES.

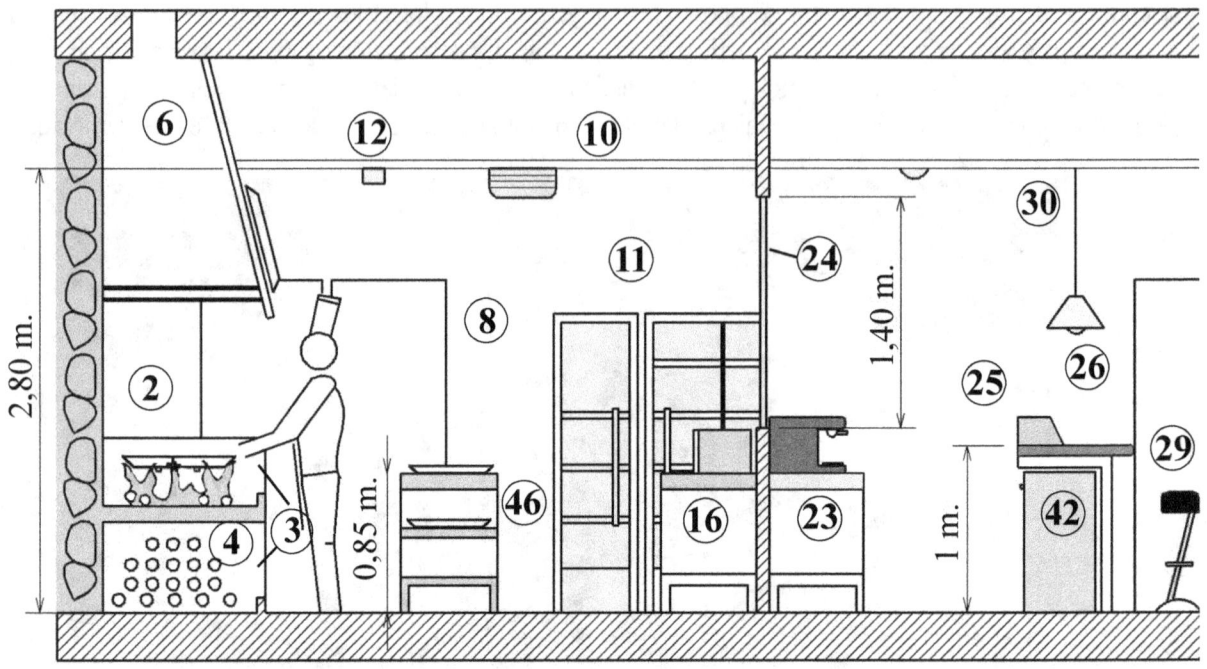

LISTADO DE COMPONENTES, MAQUINARIA Y DEMÁS MEDIOS.

1. Estante separador de los paelleros. Aleja a los paelleros de la cristalera exterior.

2. Paellero tabicado. Máximo paellas de 70 cm para 25 personas. Crea unidades de cocinado de arroces.

3. Muretes para evitar la caída de leña, brasas y ceniza. Sobresale en el borde final de los estantes.

4. Espacio inferior para alojar la leña. Gran comodidad de fácil alcance para el cocinero.

5. Parrilla o barbacoa con sistema de elevación. Junto a la zona de fuego de los arroces.

6. Campana extractora con sistema antiincendios. Abarca todos los paelleros y la barbacoa.

7. Puerta exterior cocina. Salida a la calle. Muy útil y de acceso inmediato a la cocina desde el exterior.

8. Mesa de trabajo central. Perfecta para zona de corte, elaborados con verduras y emplatados.

9. Cristaleras exterior fijas. Orientadas a sala y cocina, los viandantes divisarán con facilidad el interior.

10. Aire acondicionado cassette. 2 unidades en cocina. Disminuirá en su medida la temperatura de leña.

11. Armario frigorífico 2 puertas. Armario congelador 1 puerta. Ambos se recomiendan con cristal.

12. Plafones LED cocina bajo consumo.

13. Fregadero grande industrial para paellas. Imprescindible para una correcta limpieza de paellas.

14. Fregadero estándar para hostelería.

15. Microondas industrial. Imprescindible para calentar elaborados y descongelado de alimentos.

16. Mesa de trabajo, elaboración carta. Espacio para lavaplatos. Mesa auxiliar emplatados terminados.

6.1 ARROCERÍA A LEÑA.

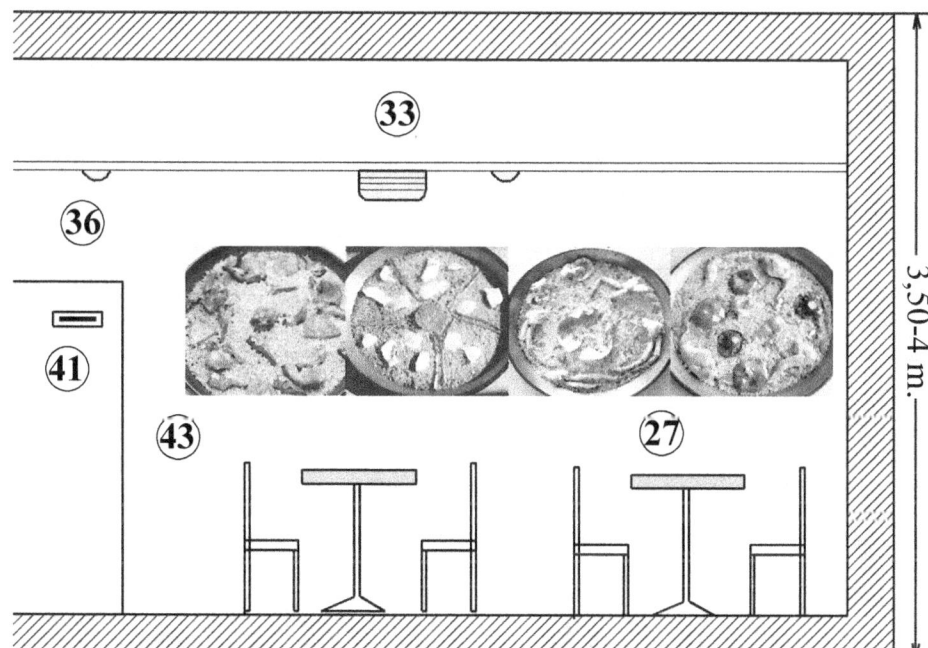

**Proyecto Ingeniería:
Arrocería a Leña**

Restaurante para
30 comensales,
(barra+sala). Podemos
aumentar la
capacidad si instalamos
una terraza exterior.

Modalidad: Alquiler
de local vacío.
**Contrato mínimo
alquiler:** 10/15 años

SECCIÓN/PROYECCIÓN
A-A   E:1:46
Vista Cocina, Barra y
Sala

3,50-4 m.

17. Ventana conexión barra exterior para comandas y paellas.
18. Cuarto almacén.
19. Estanterías almacén.
20. Taquillas trabajadores.
21. Puertas batientes cocina/sala.
22. Maquinaria.(Cafetera, molinillos, TPV, datáfono).
23. Mostrador trasero barra. Silestone color marina.
24. Cristal visión cocina.
25. Mostrador tapas.
26. Mostrador barra.
27. 6 mesas. 24 comensales.
28. Tirador de cerveza. Bebidas
29. 6 Banquetas barra.
30. Lámparas colgantes barra.
31. Doble puerta de cristal entrada restaurante.
32. Nevera vinos.
33. Aire acondicionado tipo *cassette*. 2 unidades en sala.

34. Mesa auxiliar servicio paellas.
35. Vestíbulo baños.
36. Luces halógenas LED.
37. Baño trabajadores
38. Baño caballeros.
39. Baño señoras y minusválidos.
40. Rejillas ventilación forzada.
41. Puerta acceso servicios.
42. Neveras botelleros. Lavavasos.
43. Póster paellas. Decoración sala.
44. Televisión.
45. Fachada piedra natural.
46. Zona de servicio y emplatado de las paellas del menú.
47. Cuarto basuras
48. Vitrina-refrigerador para ingredientes

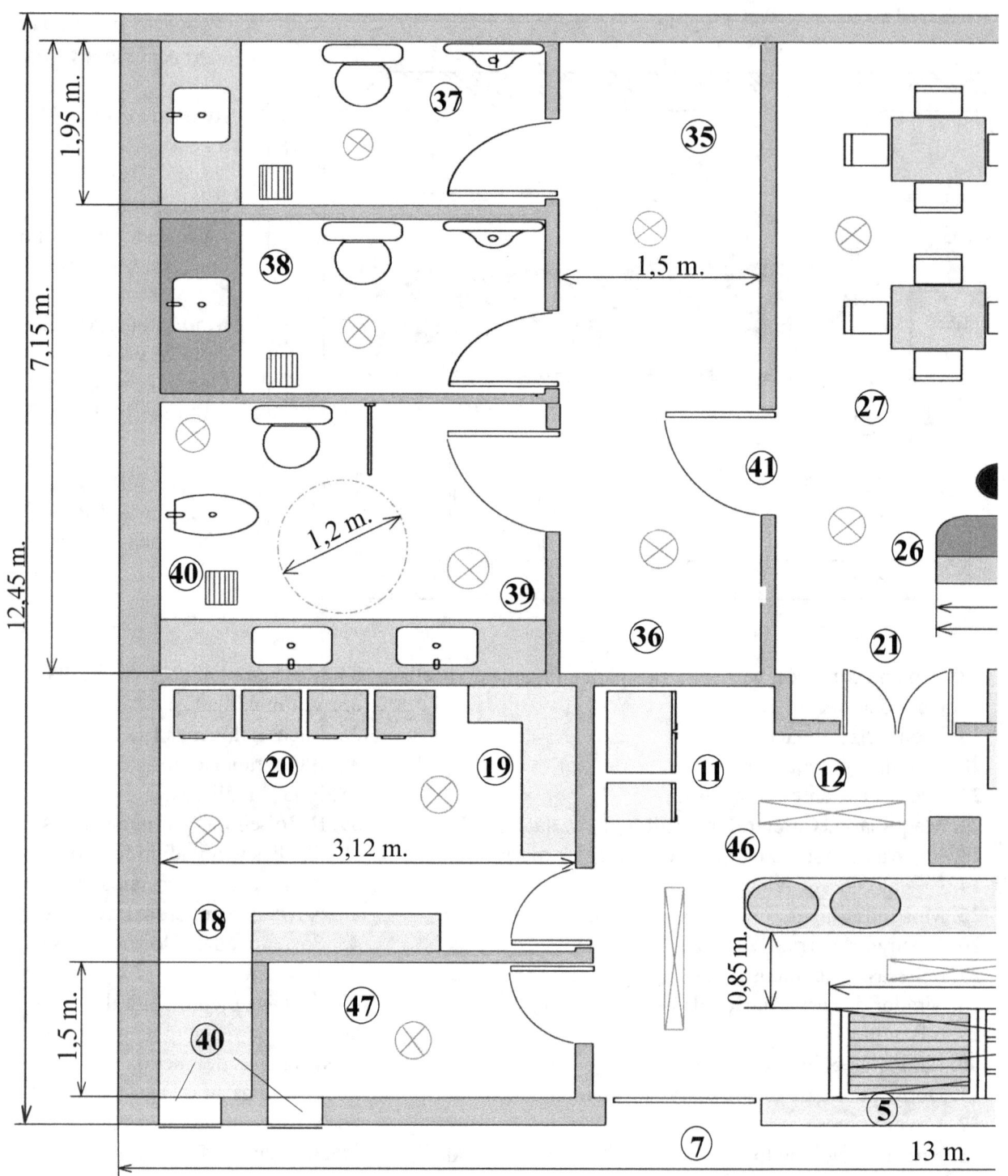

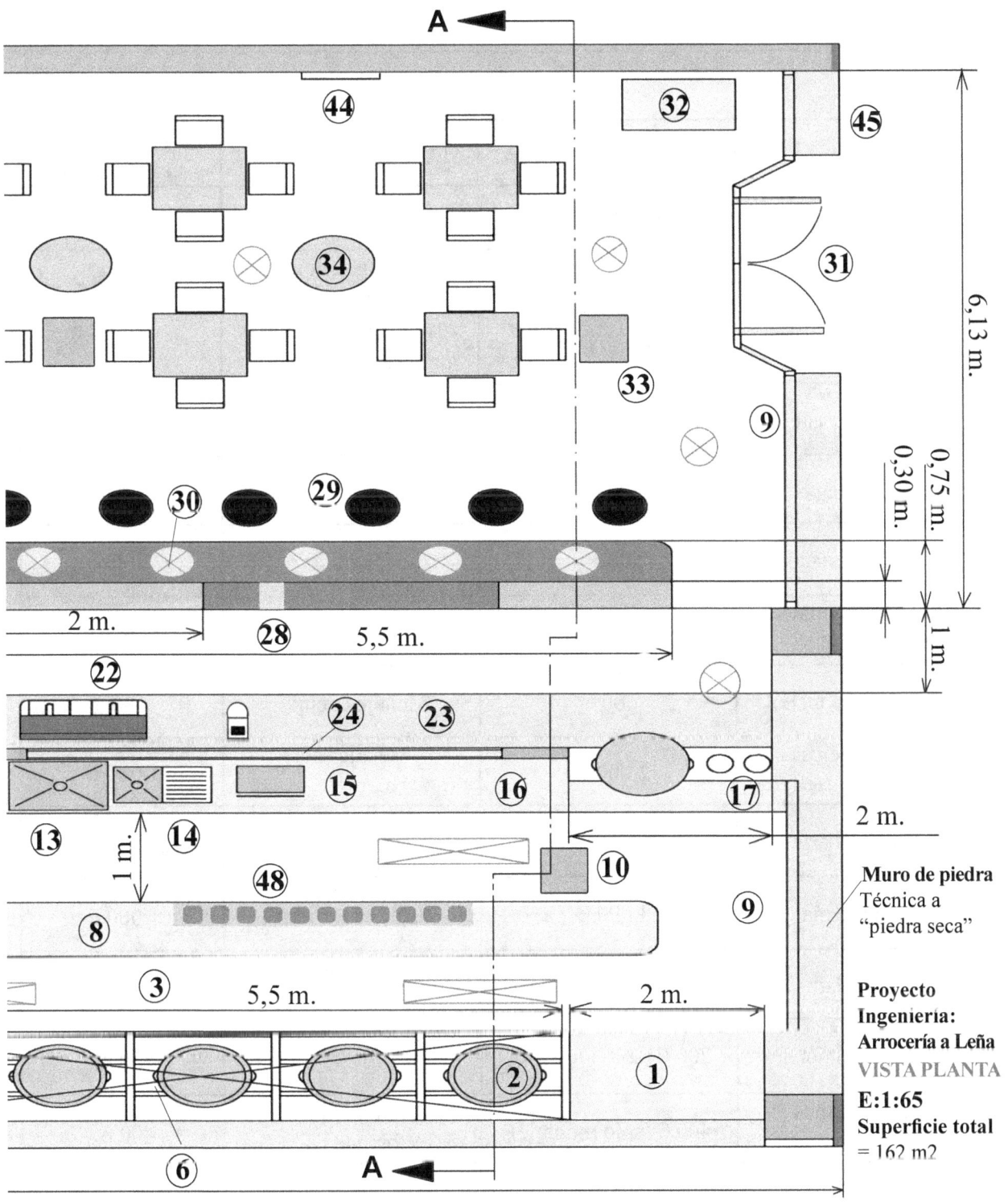

6,13 m.

0,75 m.

0,30 m.

1 m.

A

A

44

32

45

31

34

33

9

30

29

28

2 m.

5,5 m.

22

24

23

15

16

17

2 m.

Muro de piedra
Técnica a
"piedra seca"

13

14

1 m.

48

10

8

9

3

5,5 m.

2 m.

**Proyecto
Ingeniería:
Arrocería a Leña**
VISTA PLANTA
**E:1:65
Superficie total**
= 162 m2

2

1

6

PRESUPUESTO PROPUESTA.

GASTOS OBRAS	PRECIO APROXIMA.	MAQ. HOSTELERÍA	PRECIO APROXIMA.
ALBAÑILERÍA:	Incluye material	Frigorífico 2 puertas *	1.350 €
Paelleros+parrilla	300 €	Congelador. 1 puerta *	1.312,50 €
Construcc. 3 baños	1.500 €	10 Paellas variados tamaños *	300 €
Almacén y basura	1.500 €	Fregaderos *	1.042 €
Recibidor baños	800 €	Microondas y Registra-dora TPV*	365 €
Tabiques+cristal	500 €	Lavavajillas *	890 €
Fachada+montaje piedra natural	2.500 €	Lavavasos *	680 €
Obras Falso techo	600 €	Menaje cocina	300 €
Chapado suelos+ chapado zona paelleros	2.000 €	Menaje sala +barra	1.000 €
Mostrador barra	800 €	Aire acond. x 4 *	2.854,40 €
Fontanería+mat.	3.000 €	Conductos aire	1.000 €
Electricidad	1.500 €	Antiincendios campana *	2.526 €=3 unid
Aire acondiciona.	200 € (solo montaje)	Parrilla *	250 €
Campana humos Ventilación general	400 € (solo montaje)	Ventilación forzada	400 €

GASTOS OBRAS	PRECIO APROXIMA.	MAQ. HOSTELERÍA	PRECIO APROXIMA
Pintura+material	1.200 €	Luces+lámparas	1.000 €
CARPINTERÍA:	Incluye material	3 Campanas extracción humos *	2.970 €
Puertas entrada	400 €	Vitrina-refrigerador para ingredientes	800 €
Puertas cocina+baños	800 €	Envasadora al vacío	100 €
Estanterías +mostrador	200 €		
Refrigerador tapas	300 €		
SUBTOTAL	18.500 €	SUBTOTAL	19.139,90 €

MOBILIARIO	PRECIO APROXIMA.	VARIOS	PRECIO APROXIMA.
6 mesas+24 sillas *	1.924 €	Rótulo fachada	800 €
6 banquetas barra *	285 €	Decoración	800 €
Mobiliario baños *	1.500 €	Extintores	350 €
Mueble vinos *	88 €	Alarma	350 €
Televisión *	545 €	Vestuario	600 €
Puertas restaurante	1.200 €	Material limpieza	200 €
Puertas cocina+ baños+vestíbulo	1.800 €	Proyecto Ingenie. para licencia	2.000 €
Refrigerador tapas	500 €, a medida	Varios	500 €
Estanterías y mostradores	1.000 €	Stock aliment. + bebidas	3.000 €
SUBTOTAL	8.842 €	SUBTOTAL	8.600 €

Letrero de luces
en neón

Vista exterior
de la cocina y
los fuegos de
leña

Piedra seca

Listones
de madera

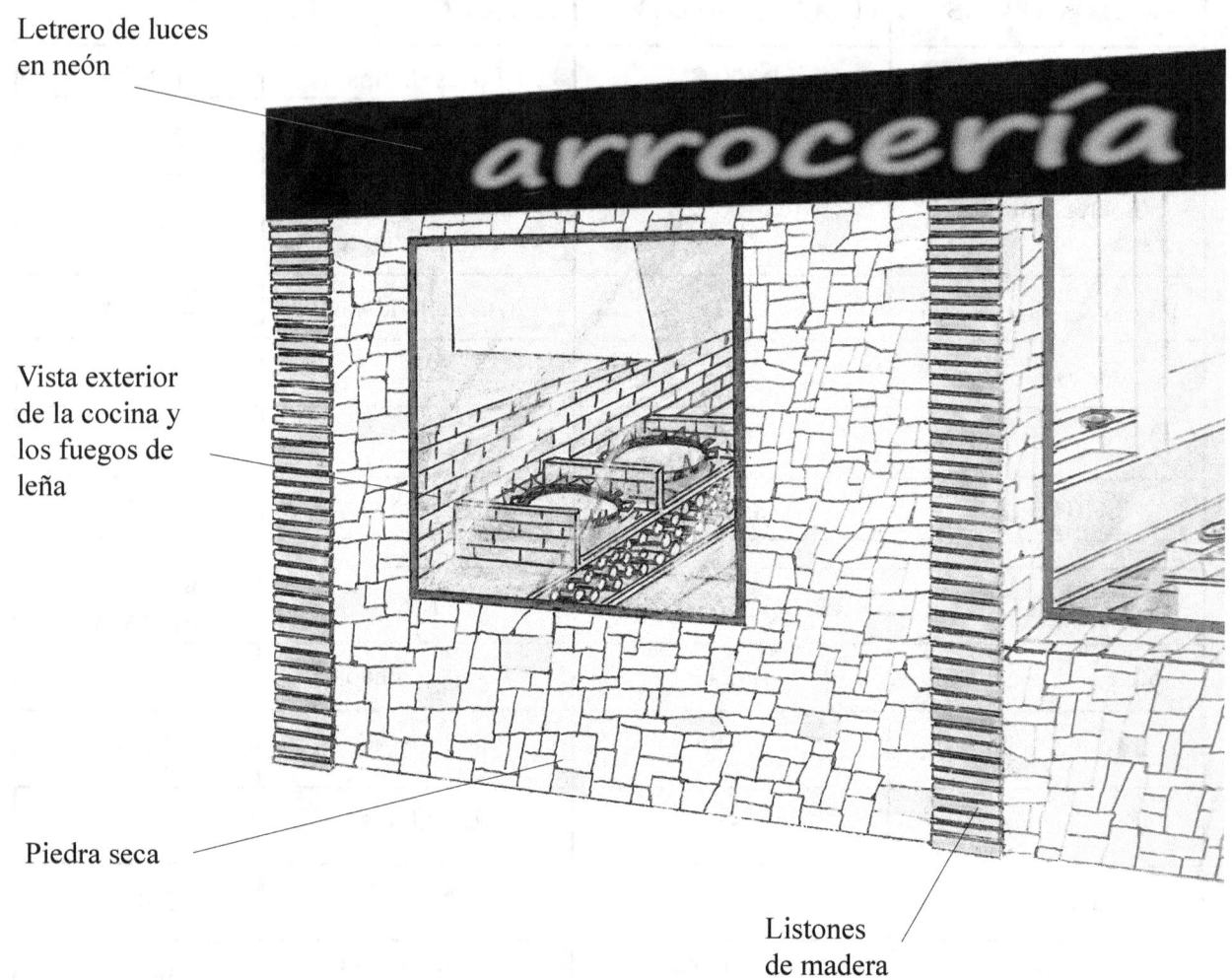

COSTE TOTAL SIN IVA= 55.081.90 €

– Los condensadores del aire acondicionado se montarán en la terraza del edificio

– Se pueden reducir los precios con maquinaria de segunda mano.

* Frigorífico de 2 puertas de cristal para facilitar la visión interior

* Congelador vertical de 1 puerta de cristal para facilitar la visión interior

* Microondas industrial

* Mueble de madera para vinos y cavas

* 10 Paellas de diferente tamaño

Puerta de entrada, retraída y batiente

Listones de madera

* Fregaderos industrial para hostelería
* Lavavajillas industrial para hostelería
* Lavavasos industrial para hostelería
* Aire acondicionado
* Sistema antiincendios campana extractora
* Campanas extracción
* Parrilla a leña
* 6 mesas + 24 sillas

* 6 banquetas barra
* Mobiliario baños
* Televisión digital
* Vitrina-retrigerador

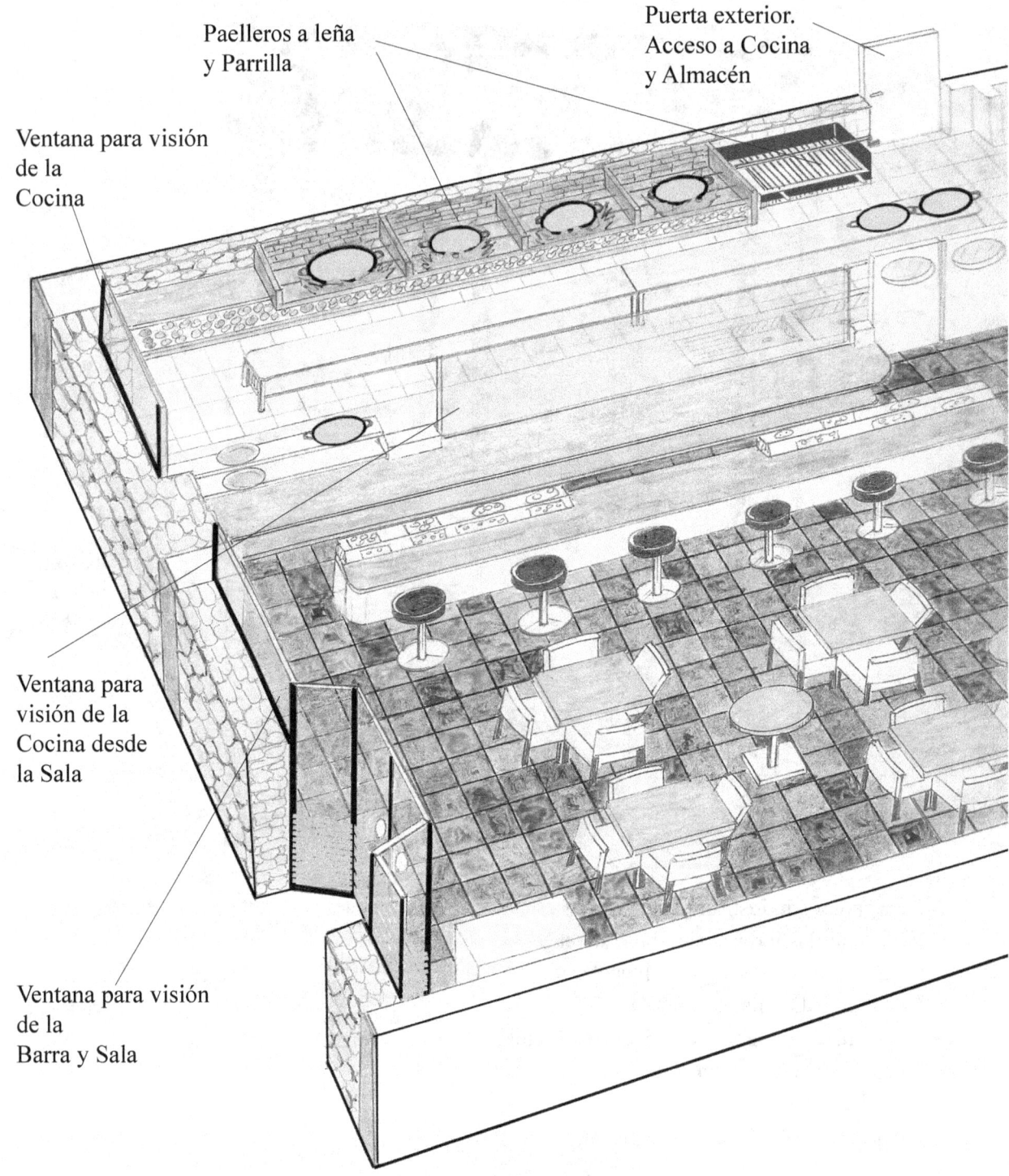

Paelleros a leña y Parrilla

Puerta exterior. Acceso a Cocina y Almacén

Ventana para visión de la Cocina

Ventana para visión de la Cocina desde la Sala

Ventana para visión de la Barra y Sala

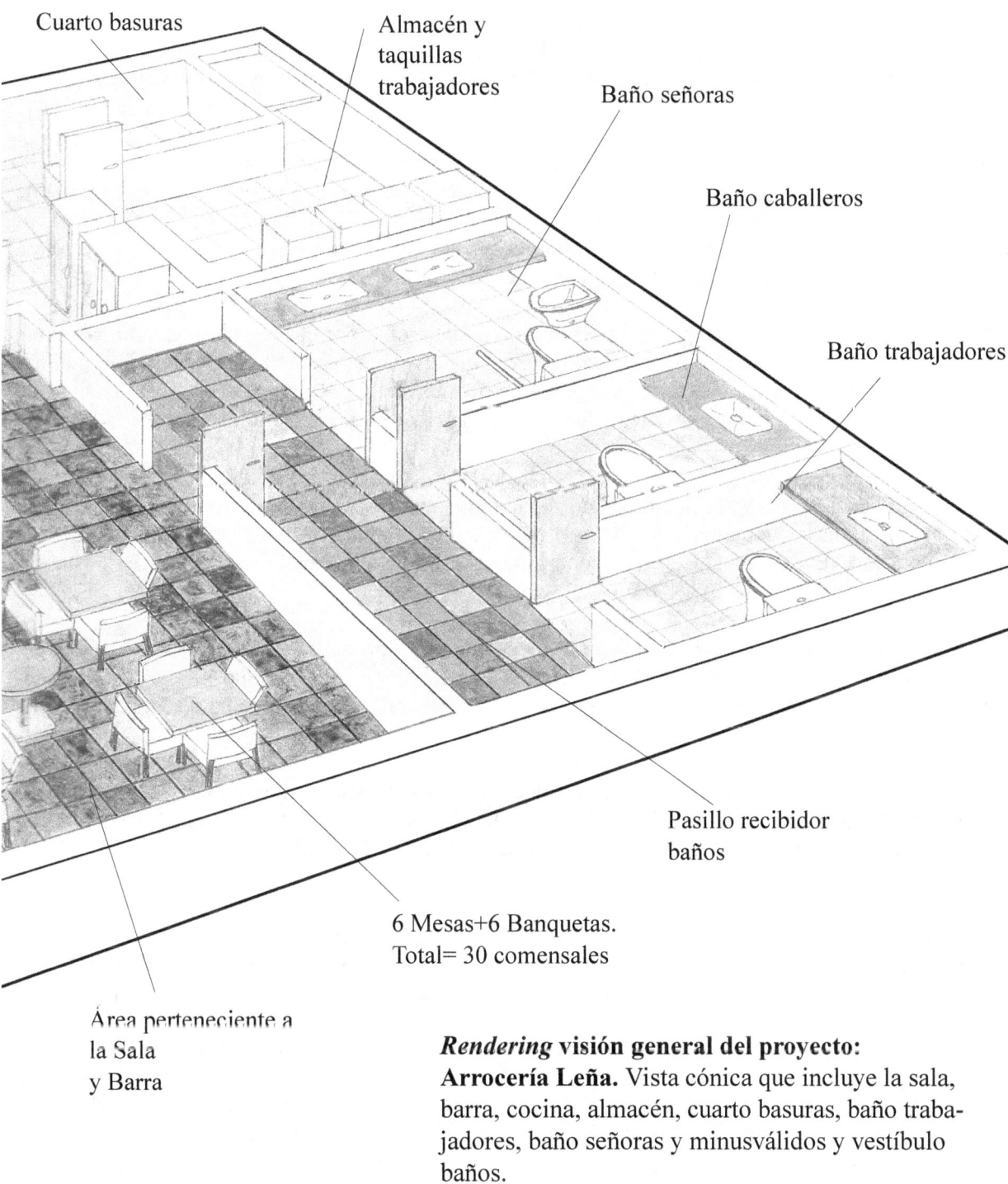

Cuarto basuras

Almacén y
taquillas
trabajadores

Baño señoras

Baño caballeros

Baño trabajadores

Pasillo recibidor
baños

6 Mesas+6 Banquetas.
Total= 30 comensales

Área perteneciente a
la Sala
y Barra

**_Rendering_ visión general del proyecto:
Arrocería Leña.** Vista cónica que incluye la sala,
barra, cocina, almacén, cuarto basuras, baño trabajadores, baño señoras y minusválidos y vestíbulo
baños.

MEMORIA DE INTENCIONES Y DESCRIPTIVA. EXPERIENCIA: ARROCERÍA LEÑA.

El proyecto Arrocería a Leña ha sido desarrollado partiendo de dos elementos realmente innovadores y ausentes en la mayoría de las cocinas.

El primero: el fuego. Energía realmente atrayente y magnética. El fuego expuesto al público siempre ha sido ignorado en las cocinas profesionales, (excepto algún caso aislado como el restaurante de Estocolmo del chef Niklas Ekstedt) pero posee unos atractivos "incombustibles". Los clientes entienden de las excelencias de unos platos elaborados con leñas de naranjo, encina o sarmientos; para arroces y braseados a base de verduras, carnes y pescados.

De este modo, el proyectista, potencia dicho atractivo ejercido por el fuego diseñando una cocina expuesta hacia la sala y hacia la calle. Todos los viandantes y posibles comensales admirarán desde la gran cristalera del restaurante la hipnótica fila de hogueras que cocinan arroces o barbacoas. Que mayor "gancho", que ver el propio fuego de paellas y parrilladas desde la calle.

Según se puede observar en el *render* o perspectiva del **Proyecto Arrocería a Leña**, se ha diseñado también una gran cristalera –detrás del mostrador trasero de la barra– y que se extiende desde el servicio de comandas hasta las dobles puertas. Ideada para que los clientes situados en el salón compartan visualmente todo lo que acontece en la cocina incluyendo las elaboraciones de paellas, arroces y barbacoas.

El segundo elemento innovador: cocina sin fuegos de gas, horno, plancha y freidora. Además del ahorro en inversión de toda la instalación de gas y su alto consumo, eliminaremos los gastos de adquisición de paelleros profesionales a gas (de fundición), freidoras, plancha, cocina de fuegos y horno. Total unos 12.000 €.

Como resultado de "liberarnos" de estas instalaciones nuestra carta quedará basada sobre el mundo de paellas y arroces, los platos surgidos de la parrilla y otros productos de escasa elaboración como los fiambres, ahumados, quesos, conservas y ensaladas. Una oferta garante de éxito.

Obras.

Con respecto a la albañilería de la fachada de la arrocería, es interesante destacar el acabado exterior propuesto: "técnica de piedra seca". Muy original e innovadora (para restaurantes). Su construcción se basa en el perfecto encajado de cada piedra tallada ligeramente y con ausencia de mortero, yeso o cemento. Las piedras se sostienen y se ajustan por su propio peso. Tradicionalmente destacan por su calidad, la piedra seca de Alicante y Mallorca. La pared existente de la fachada debería derribarse o picarse suficientemente para poder colocar este murete de piedra. En el acabado final se tienen que poder ver los huecos entre ellas. Dicha construcción artesana aporta una elegancia y calidad muy superior a rellenar con cemento todos los huecos de las piedras. La composición de piedra natural y madera junto con las letras en neón para el rótulo principal, jugando con lo rural y lo contemporáneo va a proyectar una imagen rompedora y novedosa.

Los pilares de sustentación de la estructura del interior del local se proponen chaparlos con listones de madera natural en acabados como el cerezo o caoba. Las opciones del forrado oscilarán entre dejar los listones a la altura del inicio de las ventanas o llevarlas hasta el techo.

Para finalizar, la parte inferior de la puerta principal de entrada al restaurante o gastrobar se cubrirá con los mismos listones que hemos utilizado en forrar los pilares. La estrategia del proyectista es aportar una vez más, elegancia e igualar el enrase visual y estético con las ventanas de la fachada.

Organización.

Los arroces de menú diario van a depositarse en la cocina (N° 46 del plano) y se emplatarán allí mismo. No es correcto dejar las sartenes a la vista de los comensales cuando las mismas están a medio consumir (costumbre frecuente en muchos restaurantes). Ofrece un aspecto penoso, como a medio comer o "ya usadas". Para sustituir el atractivo que puede ofrecer exponer una gran paella a la vista, una propuesta interesante sería decorar las paredes con grandes fotografías de arroces. (Véase la Sección/proyección A-A, N° 43).

Cocina.

Acerca de los caldos sobre arroces proponemos usar envasados de calidad para hostelería, de pollo, cocido o pescado. Recordemos que no tenemos cocina de fuegos ni falta que nos hace.

El mejor sabor de los arroces se obtiene de fuegos de leñas, buenas frituras, sofritos, los mejores ingredientes y no forzosamente de los caldos.

Uno de los templos donde se cocinan arroces con marchamo de extraordinarios es un restaurante situado en *L´Estany* de Cullera, Valencia, España; *«en muchos de sus arroces de carne y marisco se cuece la gramínea con tan sólo agua»*. Aún así, es posible elaborarlos en una olla alta y en nuestros fuegos de leña, si bien, nuestro objetivo, como siempre insistimos, es realizar una cocina lo menos elaborada posible.

Presupuesto.

Por último decir que, según el estudio de presupuesto que hemos adjuntado, una inversión total de 55.000 € destinada a la construcción de un restaurante arrocería es realmente una cifra accesible y atractiva hacia un emprendimiento hostelero orientado a pequeños inversores, empresarios y autónomos. Un presupuesto "discreto" para todo lo que se va a ofrecer al cliente. Seremos capaces de reducir la cifra significativamente si adquirimos maquinaria o mobiliario de segunda mano y si negociamos bien los precios de la reforma del local con las empresas de construcción.

DISEÑO DE LA CARTA.

Gracias a la variopinta oferta de la cocina española surgen inmediatas y múltiples recetas sin que sea necesario la utilización de hornos, planchas o freidoras. No es nuestro cometido preparar complicados procesos de cocción o ingredientes. Trabajaremos las tapas frías o ya elaboradas, las ensaladas, paellas y propuestas realizadas en parrilla. Diseñar la carta con arroces y platos locales de cada país.

PROPUESTA DE CARTA

ENTRANTES Y TAPEO

•Ensalada de berros, sandía, queso feta, maíz y vinagreta
•Paté de trucha ahumada
•Pulpo con patatas al pimentón
•Anchoas en tosta pan tumaca
•Lomo y embutidos de orza
•Tabla de jamón de bellota y queso al romero

•Escalivada a la brasa con anchoas y salsa romesco
•Ensalada marinera (gambas, pulpo, ventresca de atún)
•Lacón de cerdo braseado
•Tabla de salazones
•Boquerones en vinagre

SEGUNDOS

A leña: Arroces por encargo
•Paella de conejo, setas y trufa
•Arroz con conejo y caracoles
•Paella de codornices, berenjena y castañas
•Paella de lomo al estilo de orza, alcachofas, jamón y setas
•Paella de secreto ibérico, boniato y jamón serrano
•Paella de bogavante
•Arroz "a banda"
•Paella de centollo
•Arroz meloso de sepia, setas, alcachofas y allioli
•Paella de Allipebre
•Arroz en ragout de conejo, costilla, cigalas, caracoles y mejillones
•Arroz en cazuela de gambas, mejillones y pollo
•Paella de conejo, setas y trufa

A la parilla
•Rodaballo a la brasa en salsa de azafrán
•Lenguado a la brasa en salsa holandesa
•Cola de rape a la brasa con patatas al pimentón
•Solomillo de ternera a la brasa en salsa a la pimienta
•Entrecotte de ternera lechal a la brasa en salsa roquefort
•Chuletitas de cordero y patatas a la brasa aromatizadas al romero y allioli
•Embutido a la brasa (longanizas, chorizos y morcillas del Alto Turia

MENÚ
Todos los días

Entrantes:
•Ensaladas

Segundos a elegir:
•Paella Valenciana
•Paella de Marisco
•Arroz Negro
•Fideuà

6.2 FREIDURÍA.

Proyecto Ingeniería:
Freiduría

VISTA PLANTA
E:1:50
Visión baños, vestíbulo baños, almacén, cocina y sala.

Número de comensales= 29 (Barra+sala). Si disponemos de terraza, será necesario añadir estos clientes.

Superficie total= 107,8 m2
Modalidad: Alquiler de local vacío
Contrato alquiler mínimo: 10/15 años

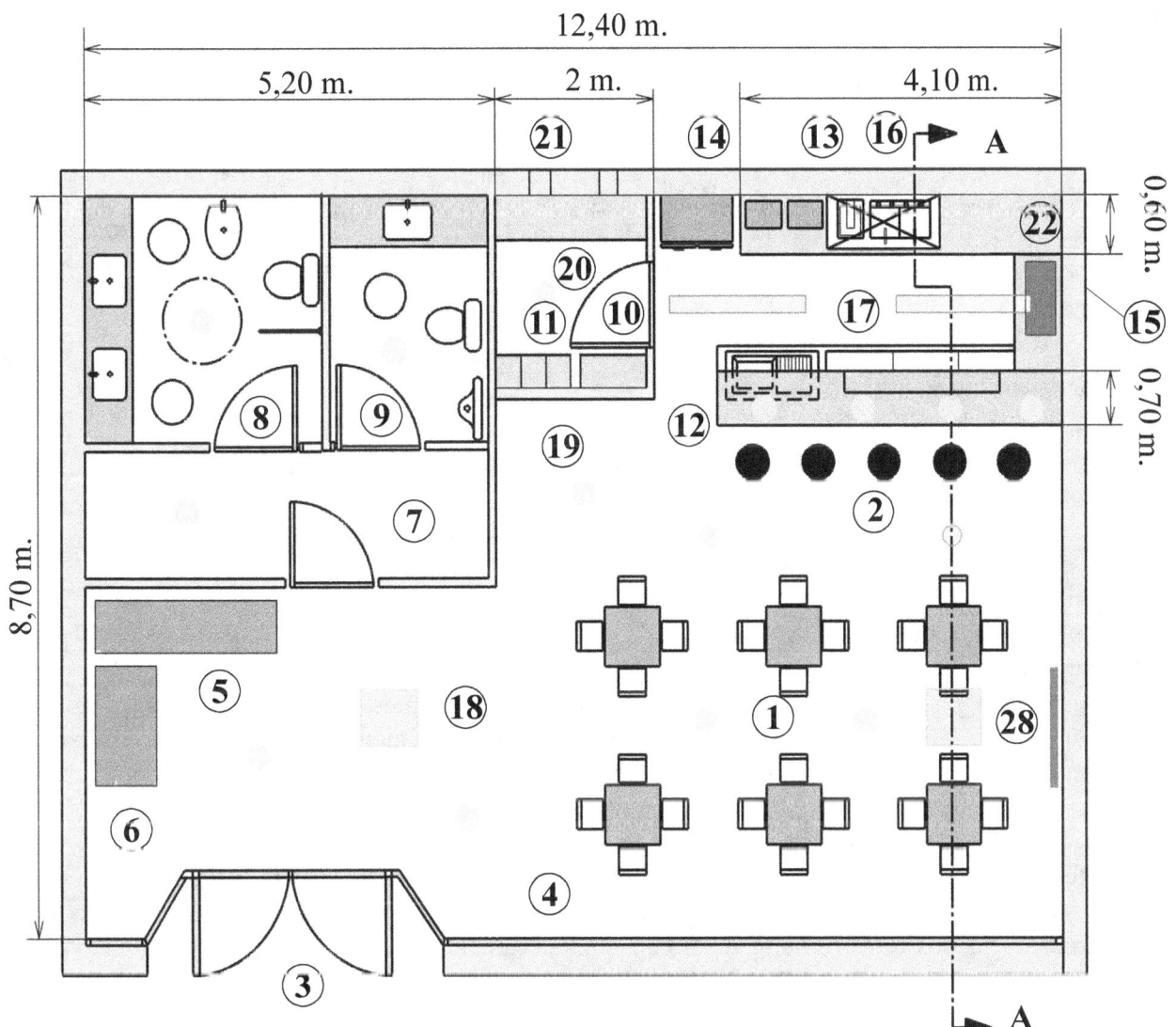

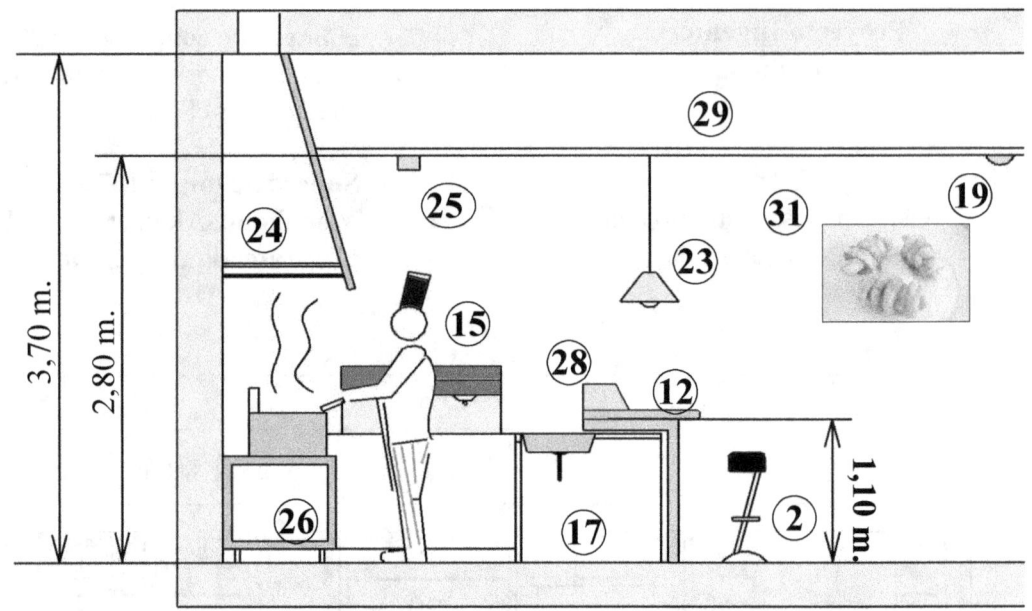

LISTADO DE COMPONENTES, MAQUINARIA Y DEMÁS MEDIOS.

1. 6 Mesas. 24 comensales.

2. 5 Banquetas barra.

3. Doble puerta de entrada de cristal retraída con dos laterales de cristal.

4. Ventanal exterior.

5. Mueble auxiliar, complementos servicios mesa (cubertería, mantelería, vajilla, copas, etc).

6. Mueble vinos (se recomienda que este refrigerado).

7. Pasillo vestíbulo baños.

8. Baño señoras y minusválidos.

9. Baño caballeros.

10. Almacén. Imprescindible para guardar cajas de botellas, alimentos, barriles de cerveza y vinos.

11. Taquillas trabajadores. Completamente necesario para que los trabajadores puedan cambiarse de ropa.

12. Barra. Zona de relajación y degustación de aperitivos y bebidas. Incluye mostrador refrigerador tapas.

13. Microondas y tostadora.

14. Frigorífico/congelador industrial.

15. Cafetera. Habitualmente disponemos de dos opciones: 1. Adquirir nuestra propia cafetera por unos 2.000 Euros. 2. Solicitar al proveedor de café, una cafetera industrial, en cuyo caso el coste será cero, si bien, nos veremos obligados a consumir su café, algo menos económico y por tanto con menor margen.

Registradora TPV.

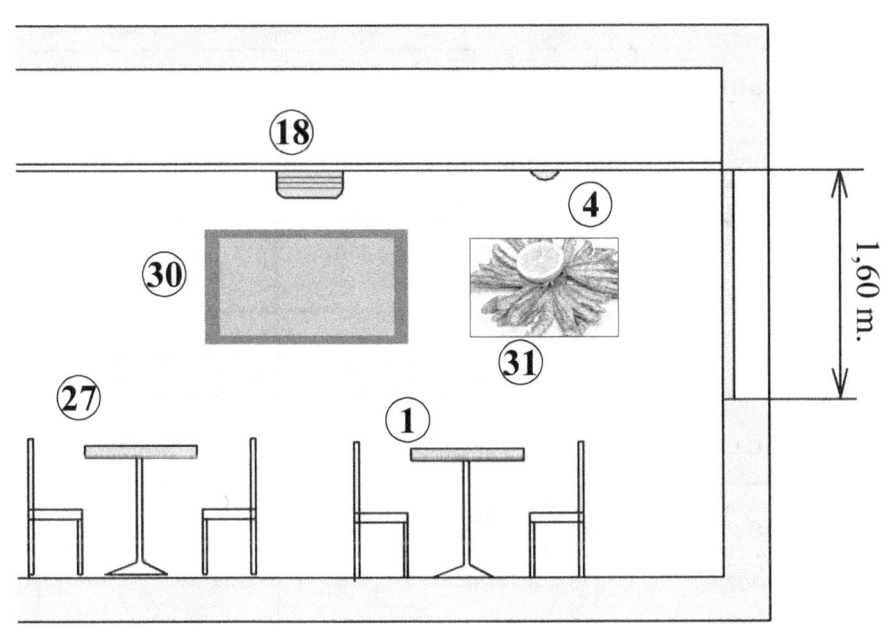

SECCIÓN/PROYECCIÓN
A-A E:1:50

Vista zona interior barra y sala.
Sección campana de humos, freidora, lavadero y barra, banquetas barra, sillas y mesas sala. Vista pared del fondo.

16. Mantenedor de fritos. Muy útil en el caso de tener una gran demanda de un determinado plato de la carta, por ejemplo, múltiples comandas de patatas bravas o puntillas. Se conservarán calientes y en perfecto estado durante varias horas.

17. Zona fregadero,lavaplatos y botelleros de bebidas.

18. Aire acondicionado tipo cassette. 2 unidades en sala.

19. Luces halógenas tipo LED.

20. Estanterías almacén.

21. Rejillas ventilación forzada.

22. Mostrador emplatados cocina.

23. Lámparas colgantes barra.

24. Campana extractor con sistema antiincendios.

25. Plafones fluorescentes LED cocina.

26. Freidora doble cuerpo.

27. 24 Sillas sala.

28. Vitrina tapas barra.

29. Zona falso techo.

30. Televisión (instalación sin ningún tipo de cable o conexión a la vista.

31. Pósters decoración. Las imágenes sugerentes de nuestras propias frituras, incitarán al comensal a solicitarlas.

PRESUPUESTO PROPUESTA.

GASTOS OBRAS	PRECIO APROXIMA.	MAQ. HOSTELERÍA	PRECIO APROXIMA.
ALBAÑILERÍA:	Incluye material	Frigorífico+ Congelador *	900 €
Mostrador barra+material	1.000 €	Tostadora + Envasadora vacío	200 €
Construcc. 2 baños	1.200 €	Mantenedor Fritos	370 €
Almacén	600 €	Fregaderos *	300 €
Recibidor baños	500 €	Microondas. Registradora TPV *	265 €
Tabiques+cristales	1.200 €	Lavavajillas *	890 €
Chapado Fachada+material	1.000 €	Menaje cocina	.300 €
Obras falso techo	600 €	Ventilación forzada	400 €
Chapado suelos+material	2.000 €	Menaje sala +barra	500 €
Campana humos Ventilación general	400 €	Aire acond. x 2 *	1.400 €
Fontanería+material	2.000 €	Conductos aire	600 €
Electricidad+mat.	1.500 €	Sistema Antiincendios 1 Campana *	800 €
Aire acondiciona.	200 €	Luces+lámparas	1.000 €
Pintura+material	1.200 €	1 Campana extracción humos *	1.000 €
SUBTOTAL	**13.400 €**	**SUBTOTAL**	**8.925 €**

CARPINTERÍA:	PRECIO APROXIMA.		
Puertas entrada	400 €		
Puertas cocina+baños	600 €		
Refrigerador tapas	500 €, a medida		
SUBTOTAL	**1.500 €**		
MOBILIARIO	**PRECIO APROXIMA.**	**VARIOS**	**PRECIO APRO.**
6 mesas+24 sillas *	1.924 €	Rótulo fachada	800 €
5 banquetas barra *	400 €	Decoración	300 €
Mobiliario baños *	1.100 €	Extintores	250 €
Mueble Vinos+ Mueble Menaje*	500 €	Alarma	350 €
Televisión *	545 €	Vestuario	200 €
Puertas restaurante	1.200 €	Material limpieza	200 €
Puertas baños+vestíbulo	1.200 €	Proyecto Ingenie. para licencia	2.000 €
2 Mostrador cocina	600 €	Varios	500 €
		Stock aliment. + bebidas	2.000 €
SUBTOTAL	**7.469 €**	**SUBTOTAL**	**6.600 €**

COSTE TOTAL SIN IVA= 37.894 €

*Frigorífico congelador
*Campana
*Microondas
*Mueble de madera para vinos
*Aire acondicionado
*Antiincendios Campana

*6 mesas + 24 sillas
*Fregaderos industrial hostelería
*Lavavajillas industrial
*Televisión digital
*6 banquetas barra
*Mobiliario baños

MEMORIA DE INTENCIONES Y DESCRIPTIVA. EXPERIENCIA: FREIDURÍA.

En el Capítulo 5. Nuestro Modelo de Negocio. Bases para el Éxito, hacíamos referencia acerca de que tipo de estrategias debíamos seguir para desarrollar un "modelo extraordinario". Una de ellas era la especialización. Contrariamente a lo que debería ser, hemos observado que algunos especialistas como las cadenas de hamburgueserías o las cafeterías/panaderías, cuyos precios sin competencia ofrecen productos realmente vulgares: sus hamburguesas son pequeñas y se asemejan al plástico y los cruasanes, industriales y poco apetitosos. Insistimos, como especialistas que son, sus productos deberían situarse entre los mejores, los más deliciosos artesanos y con el sello de máxima calidad.

Instalaciones de Cocina en Barra.
Definición de las características innovadoras del proyecto:
1. Especialidad de freiduría.
2. Unificación de barra y cocina.
Todos los elementos necesarios para cocinar estarán integrados dentro de un amplio mostrador. Veamos estos equipamientos industriales:
– Campana extractora de humos.
– Freidora de doble cuerpo o dos freidoras independientes. (Carnes y pescados).
– 1 Microondas con grill.
– 1 Tostadora para hostelería.
– 1 Mantenedor de fritos.
– 1 Nevera y congelador.
– 1 Mostrador para los preparados.
– 1 Friegaplatos

La propuesta debe ceñirse exclusivamente a tapas y platos que sean cocinados con la freidora. No se pueden proponer a los clientes otras ideas a base de recetas que necesiten de fuegos, sartenes, caceloras o plancha industrial. Sin embargo, existen innumerables propuestas culinarias. La salvedad puede encontrarse en productos precocinados y congelados; los hay de excelente calidad elaborados con técnicas artesanales. Proponemos algunos de estos ejemplos que se despachan en comercios para hostelería y dentro de las frituras:
– Croquetas de pollo, jamón, queso, setas.
– Empanadillas de verduras o carne, servidas con *chutney* de mango picante o salsa curry.
– Rollitos de primavera,
– Pimientos rellenos de carne, marisco o verduras.
– Patatas semi fritas en corte para "patatas bravas".

Organización.
Diseño del interior de la barra. Va a ser el elemento más novedoso dentro de nuestra freiduría. Debido al condicionante que supone no disponer de cocina, el espacio destinado a elaborar los platos y comandas ha sido integrado en la propia barra. Los volúmenes espaciales incrementados ante

la ausencia de instalaciones como la plancha industrial, el horno y los fuegos de gas serán ocupados por un mostrador de emplatados. Dicha mejora irá sumada al aumento de la cota de anchura en el espacio interior de la barra. El cocinero tendrá libertad total a la hora de trabajar los productos disponibles del frigorífico, congelador y el propio manejo de la freidora. La segunda ventaja que nos va a aportar esta amplitud del espacio interior de la barra se refiere a las cuestiones ergonómicas: cocineros y camareros no se interferirán en sus continuos movimientos. La tercera está orientada hacia los propios clientes que, sentados en las banquetas de la barra no se sentirán molestos por la cercanía de olores y humos de frituras.

Suelo del interior de la barra. Cubierto con una rejilla metálica de unos dos o tres centímetros por celdilla. Los restos de alimentos y basuras caerán dentro de un rebaje o hueco construido ex profeso. Al finalizar la jornada de trabajo y a la hora de la limpieza, levantaremos la rejilla y vaciaremos de alimentos y líquidos la cubeta.

Almacén. Estamos seguros al afirmar que este espacio es una condición *sine qua non* en una freiduría y en la mayoría de los diversos modelos de empresa hostelera. Dicho habitáculo es irrenunciable aunque encarezca el alquiler del local debido a su mayor extensión en metros cuadrados o por el incremento del valor de la superficie, en el supuesto en el que, nos decantemos por la compra. Recordemos que si prescindimos de este elemento constructivo tan importante todos los objetos que deban ir alojados en él, estarán "desparramados" a lo largo de la freiduría.

Su función es de las más importantes del negocio cuyas utilidades y usos serán los siguientes:
– Almacenamiento ordenado e higiénico de todas las existencias en alimentación y bebida.
– Taquillas de ropa y objetos personales de los trabajadores.
– Almacenamiento de barriles de cerveza.
– Apilados de cajas de botellas y cascos vacíos.
– Rejillas de ventilación forzada orientadas hacia el exterior.
– Mobiliario sobrante y mobiliario de terraza..

Freidora.

A la hora de decantarnos sobre que tipo de modelo debemos de adquirir existen en el mercado dos opciones bien diferenciadas según el sistema de limpieza de los aceites usados:

Freidora de cuba fría o aceite-agua.

La cuba de acero inoxidable se divide en dos zonas: en la superior se sitúa el aceite mientras que el agua por diferencia de densidad se situará en la zona inferior.

Una tecnología innovadora que soluciona definitivamente la limpieza de los restos de frituras en el aceite. Realmente hará la función de un filtro permanente. Los restos de los alimentos que se desprendan caerán depositándose en la capa del agua y evitando por tanto que se mezclen los sabores de los alimentos.

Ninguna de las dos capas, al tener disparidad de viscosidad y temperatura, se pueden mezclar. Una vez abierto el grifo de evacuación del agua el aceite quedará totalmente limpio. Para añadir agua nueva apagar el aparato eléctrico y esperar a que el aceite este frío. En la medida que corresponda, mezclaremos sal gruesa hasta diluirla en el agua; así conseguiremos que adquiera mayor densidad y se mantenga mejor en el fondo sin posibilidad de mezclarse.

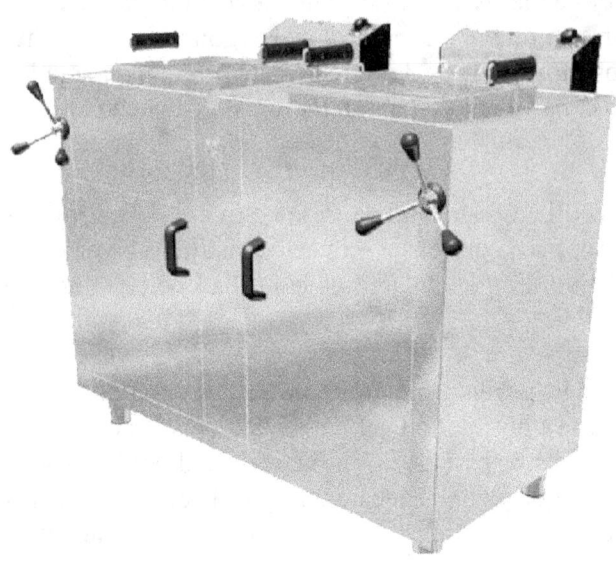

La opción propuesta posee tanto detractores como defensores. Los inconvenientes provienen de casos aislados en los que se han producido accidentes por pequeños estallidos de burbujas de aceite provenientes de las mezclas con el agua.

En realidad no es un fallo del sistema o de la máquina sino que proviene de un uso inadecuado ya que en los casos en los que suele ocurrir se han introducido alimentos en la cuba de aceite que estaban húmedos; estos restos de agua forman burbujas dentro del aceite y explotan. Por tanto no tiene nada que ver con la capa de agua ya que estas burbujas también pueden formarse en una freidora que utilice solo aceite

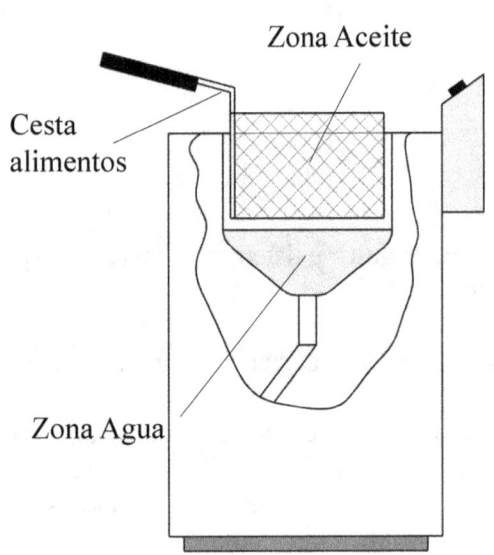

Sección Típica de Freidora Aceite-Agua

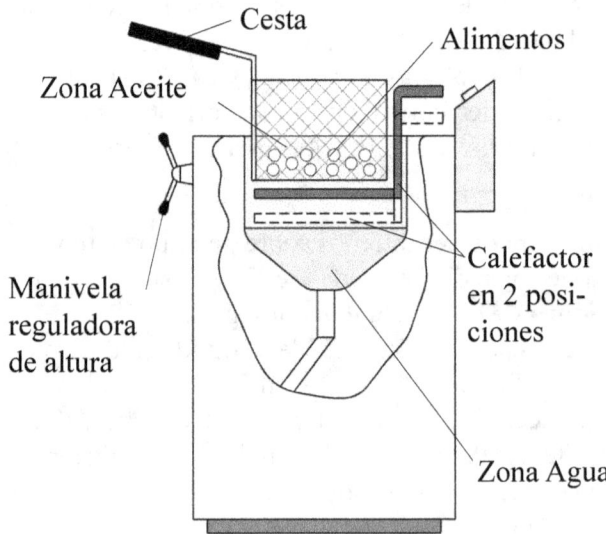

Con resistencia calefactora móvil

Resistencia Calefactora Móvil.

En la imagen anterior se observa este nuevo componente incorporado en freidoras de cuba fría, así como en freidoras de aceite. Posee innumerables ventajas que la hacen muy superior frente a las freidoras convencionales a pesar de su mayor precio:

– Calentamiento muy rápido puesto que tiene que subir la temperatura solo sobre la capa superior del aceite y no de todo el volumen de la cuba. Ahorro importante en gasto eléctrico.

– Todos los expertos en nutrición recomiendan evitar que los alimentos sólidos absorban demasiado aceite en el proceso de fritura. Para ello, es muy importante que el nivel de aceite no rebase a dichos alimentos en más de 1 cm. Si los alimentos poseen por encima de ellos un volumen de aceite importante no podrán expulsar fácilmente la humedad que contienen, provocando su dilatación y favoreciendo la entrada excesiva de grasas. Los alimentos por tanto se pueden convertir en una fritura aceitosa y de baja calidad.

¿Cómo conseguir entonces freir en superficie a una temperatura alta y sin pérdida de potencia?. Muy sencillo, calentando solamente la capa superior del volumen de aceite de la cuba. Gracias a la resistencia calefactora móvil podremos regular la zona de calentamiento girando la manivela que se sitúa en la zona frontal de la freidora. Esta manivela subirá o bajará la resistencia móvil.

Freidora de Aceite.

Modelo convencional. Los hay de todos los diseños y formas. La opción más corriente es la eléctrica aunque existen también de gas si buscamos un menor consumo, si bien, carecen de la movilidad de la primera opción.

Constan de una cuba para alojar el aceite, un calefactor o resistencia, un armazón donde van alojados los mandos de potencia con reguladores de temperatura y finalmente una cesta con empuñadura para introducir los alimentos a freir.

Los restos de los alimentos se depositan en la parte inferior de la cuba estando siempre en contacto con el aceite, es obvio por tanto, que habrá que limpiar y filtrar con frecuencia el líquido. De lo contrario en cada fritura o calentamiento de la grasa vegetal los rebozados se irán quemando más y más.

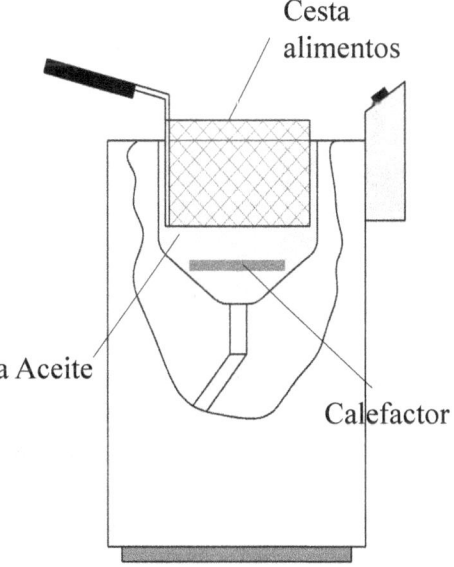

Cesta
alimentos

Zona Aceite

Calefactor

Freidora modelo básico

Limpieza y mantenimiento del aceite. Para garantizar una óptima calidad del aceite es conveniente filtrarlo y limpiarlo cada día. Es cierto que es muy engorroso, pero nuestro modelo de freiduría será una empresa rentable y de éxito si apostamos por la excelencia en alimentos 100% saludables.

La limpieza asidua es primordial en las frituras; es frecuente ver como ciertos consumidores son reacios debido a la "mala fama"; un punto negro que han adquirido por culpa de profesionales sin escrúpulos que han utilizado y siguen utilizando aceites "basura". Dichas frituras adquieren un sabor y olor a rancio realmente insoportable e inadmisible. ¿Quién no recuerda los olores que desprenden los churros, buñuelos o patatas fritas provenientes de los tenderetes que pululan por doquier en fiestas y verbenas?.

Cada día debemos realizar la evacuación del aceite de la cuba abriendo el grifo que se sitúa en todas las freidoras en la parte inferior. Colocaremos un recipiente grande normalmente un bidón de plástico y lo cubriremos con una malla de alambre. Esta malla o colador metálico es cubierto a su vez con un filtro "tipo café" o una tela fina. El aceite resultante estará de nuevo en perfectas condiciones de uso sin ningún tipo de pequeño residuo.

En nuestro restaurante-freiduría colocaremos un cartel bien visible en el que anunciemos a los comensales las excelencias de nuestras frituras.

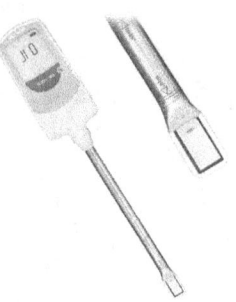

Medidor de calidad del aceite

–Incorpora un sistema que nos avisa sobre cuando se debe cambiar el aceite y dependiendo del tipo que sea: oliva, girasol o canola.

–Permite introducir el aparato con el aceite caliente.

FREIDURÍA

Limpieza y filtrado diario del ACEITE.

Solo usamos ACEITE DE OLIVA

Medimos diariamente la calidad del ACEITE

RECOMENDACIONES:
– Solo usaremos aceite de oliva de sabor suave. Evitar las variedades vírgenes ya que son muy fuertes.
– No calentaremos el aceite más allá de los 170 o 180 grados.
– Todos los alimentos a freir deberán secarse previamente.
– No dejar que el aceite humée o se queme. (Su estructura interna se degrada, se rompe y puede ser perjudicial la salud).
– Debemos de tener dos freidoras o cubas: una para pescados y otras para carnes. Incluso recomendamos una tercera para patatas fritas.
– No mezclar diferentes tipos de aceites, así como tampoco diferentes porcentajes de aceites usados. Es obvio, cada tipo de aceite alcanza su ebullición con diferentes temperaturas.

DISEÑO DE LA CARTA.

Distinguiremos dos grandes familias dentro de la oferta de carta en una clásica freiduría: las tapas marineras, compuestas de pescado y marisco en la que los rebozados a base de harinas de maíz, de trigo duro o de garbanzo, serán los protagonistas; y las tapas de carnes o verduras donde se recomienda incluir productos congelados y elaborados de calidad como las croquetas de bacalao, de pollo, de jamón, de queso...o las empanadillas, tanto de verduras como de carne. Diseñaremos la Carta con pescados y mariscos locales de cada país. Esta Carta es tan solo nuestra propuesta.

PROPUESTA DE CARTA

FRITURA MARINERA

- Calamares
- Puntillas o chopitos
- Sepia Rebozada
- Gambas a la Gabardina
- Mejillones Tigre
- Boquerón Fresco
- Lluset (Pescadilla pequeña)
- Cazón en Adobo
- Raya Frita
- Bacalao Rebozado
- Huevas de Sepia
- Rabas
- Cigalas
- Merluza Rebozada
- Brochetas de Langostino y Rape
- Pulpitos
- Mero al limón

- Sardinitas
- Salmonetitos
- Tortitas de Camarones
- Rosada Frita
- Chanquetes Fritos
- Ortiguillas
- Muslitos de Cangrejo
- Buñuelos de Bacalao
- Gamba roja
- Gamba blanca

FRITURA DE MONTAÑA

- Tempura de Verduras
- Empanadillas de Carne o Verduras
- Croquetas de Pollo o Jamón
- Patatas Bravas

6.3 TABERNA SIN COCINA.

Proyecto Ingeniería:
Taberna sin Cocina
VISTA PLANTA
E:1:50

Vista zona interior barra y sala. Área interior de la barra con mostrador de elaboración de las tapas. Almacén, zona de vinos y barriles. Zona baños con pasillo y sin vestíbulo.

Número de comensales=29 (Barra+sala). Si disponemos de terraza, será necesario añadir estos clientes.

Superficie total= 109 m2
Modalidad: Alquiler de local vacío.
Contrato alquiler mínimo: 10/15 años

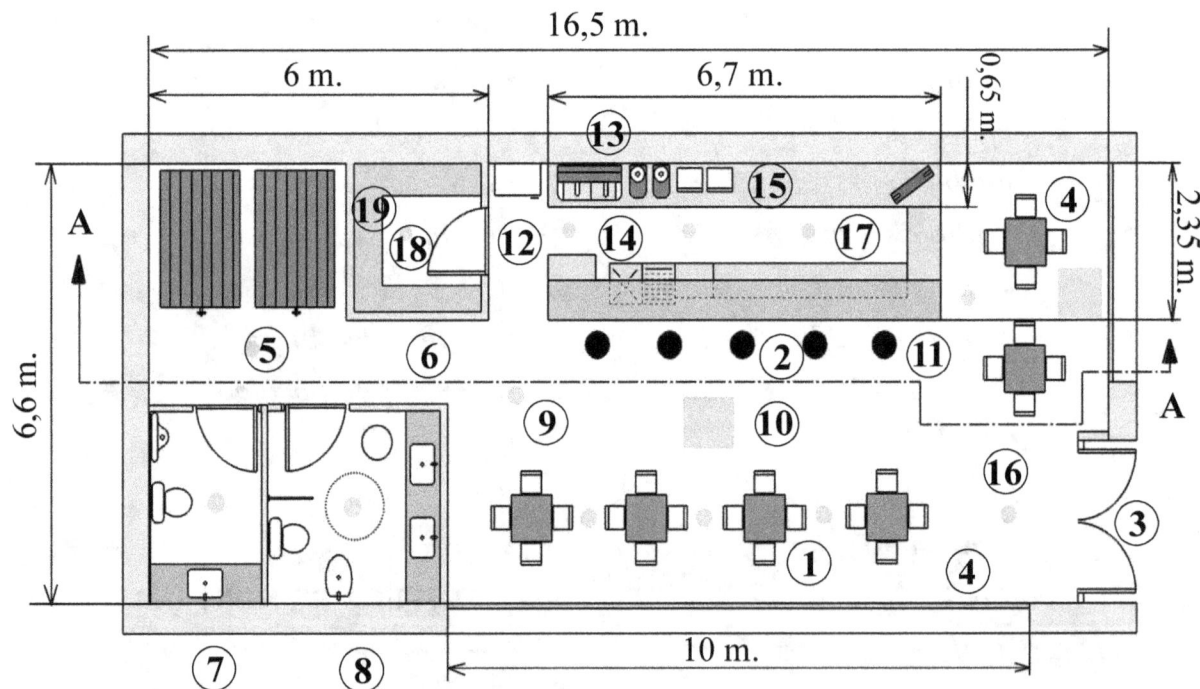

*Taberna en esquinero. Buscaremos edificios con locales en esquina para instalar grandes ventanales a dos caras. Ello facilitará la visión interior del negocio, ahorrará consumo eléctrico y a la vez se logrará un diseño más liviano. Visión global de sala, barra y área con barricas de vino.

DISEÑO DE LA CARTA.

Será estructurada desde las siguientes familias de preparados a adquirir a los proveedores locales de cada región y país. La Carta debe adaptarse a la cocina regional en donde se sitúe la taberna :

– Fiambres (charcutería), como el lacón gallego: cortar en láminas no muy finas, regar con aceite oliva virgen extra y pimienta negra recién molida.¡Exquisito!.

– Conservas. La mayoría marisco enlatado. Mejillones, navajas, almejas, pulpo, berberechos, etc.

– Salazones. Toda una especialidad en pescados azules curados en sal.

– Ahumados. Servir en círculo diferentes ahumados ordenados en función de la intensidad de sabor. Frutos secos como almendras en el centro.

– Escabeches. En tarros artesanos de perdices, codornices, bonitos, caballas; lomo, morcón....

– Mariscos. (Como el pulpo a la gallega. Tan sólo es necesario comprar un buen pulpo cocido y tierno, cortar en rodajas con tijeras, meter en el microondas, sacar, espolvorear con sal gorda, pimentón dulce y picante y un buen chorro de AOVE, por este orden).

TAPAS MAR	TAPAS MONTAÑA
•*Mojama de Atún*	•*Jamón de Teruel D.O.*
•*Huevas de Maruca*	•*Queso Manchego semi y curado*
•*Anchoas en aceite de la L'Escala*	•*Lomo embuchado de Toledo*
•*Bacalao en salazón*	•*Chorizo de Salamanca o Segovia*
•*Atún de Sorra (Tonyina)*	•*Salchichón casero Alto Turia*
•*Boquerón en vinagre*	•*Fuet de Vic*
•*Arenque ahumado*	•*Butifarra blanca de Lérida*
•*Salmón salvaje ahumado*	•*Butifarra negra de Lérida*
•*Lubina ahumada*	•*Tosta de Sobrasada de Mallorca*
•*Bonito en escabeche*	•*Cecina de León*
•*Mejillones en escabeche*	•*Perdiz en escabeche*
•*Berberechos en vinagre*	•*Queso curado en aceite de romero*
•*Zumburiñas*	•*Tabla de patés*
•*Navajas*	•*Lomo y Embutido de Orza*
•*Pulpo a la Gallega*	•*Jamón al horno*
	•*Lacón Gallego*

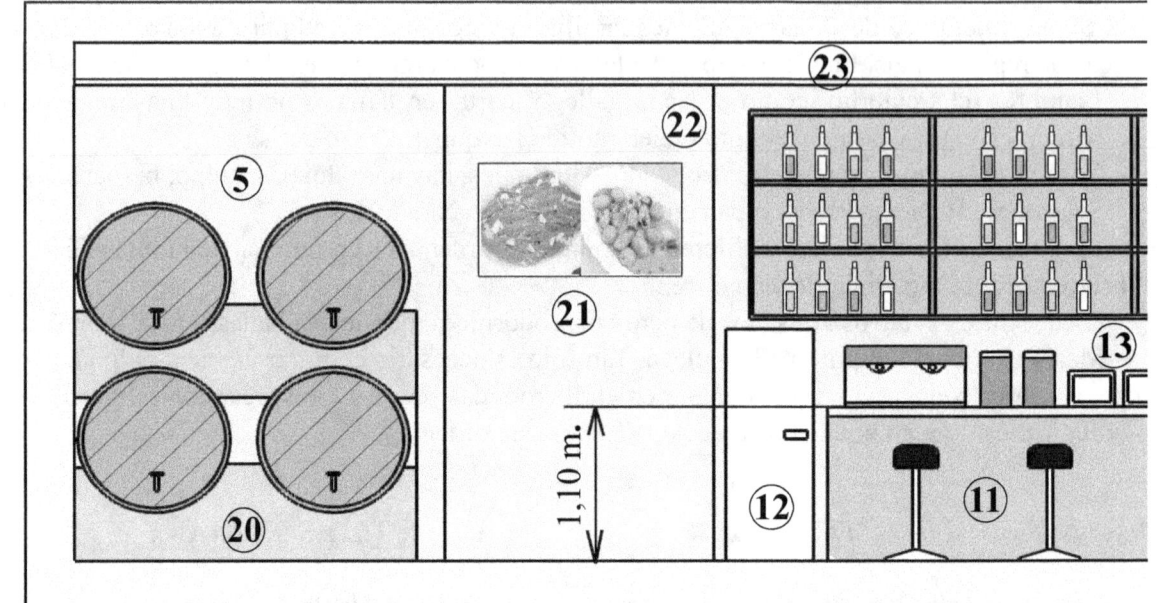

LISTADO DE COMPONENTES, MAQUINARIA Y DEMÁS MEDIOS.

1. 6 Mesas. 24 comensales. Mobiliario de madera; puede ser rústico o de diseño moderno.

2. 5 Banquetas barra. Las mejores propuestas serán las que porten una base circular de peso.

3. Doble puerta de entrada de cristal retraída con dos laterales de tabique.

4. Ventanales exteriores.

5. Barriles de vino.

6. Pared exterior que da a la sala y que pertenece al cerramiento del almacén de vinos. Decorar con pósters de tapas pertenecientes a nuestra oferta de la carta.

7. Baño caballeros.

8. Baño señoras y minusválidos.

9. Espacio sala. Comprende la propia sala con una capacidad para 24 comensales (6 mesas), más el área de las barricas de vino con servicio de vino a granel, terminando con el área de la barra.

10. *Cassettes* aire acondicionado.

11. Barra. El mostrador puede tener un acabado muy interesante con las diferentes propuestas de la marca ©Silestone o similares. Ofrece unos modelos y acabados realmente innovadores y atractivos.

12. Frigorífico y congelador. En esta propuesta ambas opciones están integradas en un solo modelo.

13. Cafetera, molinillos café, microondas, tostadora. Máquina registradora TPV. Equipamiento colocado en el mostrador trasero.

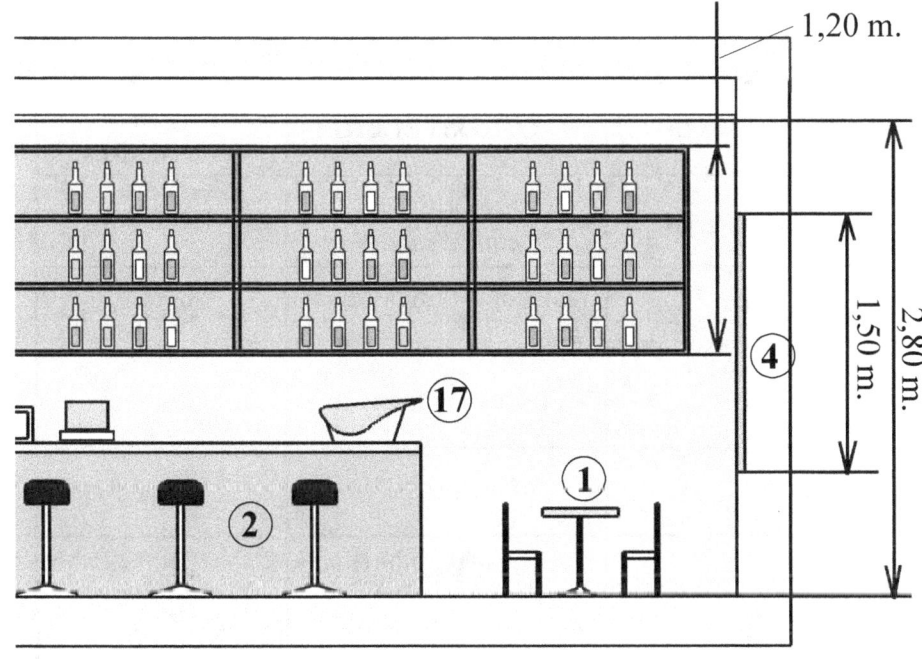

Proyecto Ingeniería: Taberna sin Cocina

SECCIÓN/PROYECCIÓN

A-A E:1:50

Visión alzado de la zona de la barra, con imágenes de las 5 banquetas, la máquina de café y los molinillos correspondientes. Frigorífico, microondas y tostador. Zona de corte de jamón y jamonero. Estantería con vinos y licores.

Vista parcial de la sala con las cuatro barricas de vino y mesa para comensales.

14. Fregadero, friegaplatos y botelleros en la zona inferior para bebidas alcohólicas y refrescantes.

15. Mostrador trasero para trabajos cocina, zona de corte y emplatados.

16. Luces halógenas LED.

17. Soporte jamonero. Justo debajo de este mostrador y a la altura del jamonero instalaremos un cajón para guardar todos los cuchillos. Después de su uso, guardar estas herramientas y así evitaremos posibles accidentes laborales. (Una precaución interesante, podría ser, indicarle a nuestro afilador que nos redondee ligeramente las puntas de los grandes cuchillos).

18. Almacén para guardar cajas de bebidas, cascos vacíos, conservas, jamones o latas.

19. Estanterías metálicas robustas para el almacén.

20. Soportes de madera para barriles de vino. Los comercializan las propias empresas que venden las barricas de vino. Tendrán que estar construidos en madera maciza y de amplio grosor para aguantar el gran peso de los toneles llenos de vino.

21. Pósters decorativos de tapas.

22. Estantería de madera acabado en color *wengue* o caoba. Estantes para vinos y licores. Utilizar vinos no para consumo sino con etiquetas de diseño y colorido que proyecten una imagen más atractiva y divertida. Los estantes deben tener un grosor considerable: diseño que va a impedir el combado de los mismos por el gran peso a que van a estar sometidos, sobre todo con el paso del tiempo.

23. Falso techo para alojar toda la instalación eléctrica y de aire acondicionado. Discurrirá el conjunto del cableado y sus conexiones.

PRESUPUESTO PROPUESTA.

GASTOS OBRAS	PRECIO APROXIMA.	MAQ. HOSTELERÍA	PRECIO APROXIMA.
ALBAÑILERÍA:	Incluye material	Frigorífico+ congelador *	1.000 €
Mostrador barra+material	1.500 €	Tostadora + Envasadora vacío	200 €
Construcc. 2 Baños	1.200 €	Luces+lámparas	500 €
Almacén+material	600 €	Fregadero *	300 €
Pintura+material	800 €	Microondas. Registradora TPV *	265 €
Cristales	1.000 €	Lavavajillas *	890 €
Chapado Fachada+material	1.000 €	Menaje cocina	300 €
Obras Falso techo	600 €	Ventilación forzada	200 €
Chapado suelos+material	1.000 €	Menaje sala +barra	400 €
Ventilación general	400 €	Aire acond. x 2 *	1.400 €
Fontanería+material	1.500 €	Conductos aire acondicionado	500 €
Electricidad+mat.	1.000 €	Jamonero	150 €
Aire acondiciona.	200 € (solo montaje)		
SUBTOTAL	10.800 €	SUBTOTAL	6.105 €

CARPINTERÍA:	PRECIO APROXIMA.	CARPINTERÍA:	PRECIO APROXIMA.
Puertas entrada	500 €	Montaje Estantería Vinos	500 €
Puerta almacén	150 €	Montaje barriles	200 €
Puertas baños	300 €		
SUBTOTAL	**1.650 €**		

MOBILIARIO	PRECIO APROXIMA.	VARIOS	PRECIO APROXIMA.
6 mesas+24 sillas *	1.924 €	Rótulo fachada	500 €
5 banquetas barra *	400 €	Decoración	200 €
Mobiliario baños *	900 €	Extintores	250 €
Estantería Vinos	1.200 €	Alarma	350 €
Puerta almacén	200 €	Vestuario	200 €
Puertas restaurante	1.200 €	Material limpieza	200 €
Puertas baños	400 €	Proyecto Ingenie. para licencia	1.000 €
1 Mostrador acero	300 €	Varios	500 €
		Stock aliment. + bebidas	1.200 €
SUBTOTAL	**6.524 €**	**SUBTOTAL**	**4.400 €**

COSTE TOTAL SIN IVA= 29.479 €

*Frigorífico congelador
*Campana
*Microondas
*Televisión
*Aire acondicionado
*Antiincendios Campana

*6 mesas + 24 sillas
*Fregadero industrial para hostelería
*Lavavajillas industrial para hostelería
*Mobiliario baños
*6 banquetas barra

MEMORIA DE INTENCIONES Y DESCRIPTIVA. EXPERIENCIA: TASCA SIN COCINA.

La idea surgió hace muchos años visitando una taberna abierta al menos 30 temporadas atrás. Pertenece a una familia proveniente de tierras manchegas, España. ¡Qué admiración sentimos por ellos!. ¡Qué empresarios más absolutamente geniales!. De una sencillez y economía apabullantes han creado un modelo rentabilísimo. Todos los días lo tienen lleno a cualquier hora (¡y tendrán al menos 15 mesas + la barra!). Cierran cuando quieren, permitiéndose el lujo de bajar la persiana todos los domingos, puentes y un mes entero en verano. No les hace falta trabajar más. ¡Genial!. Nuestra más profunda felicitación y enhorabuena. La brillantez de esta familia está basada en los platos fríos. No precisan de ninguna cocción, plancheado o fritura. No poseen cocina. En nuestra opinión son unos genios. Probablemente este modelo exista en algún que otro lugar, pero en general, es más bien escaso.

El modelo a proponer se basa en alta gastronomía, referida a su exquisito sabor proveniente de preparaciones artesanales y perfecta presentación. Este es el secreto. No es necesario ni ingredientes de altos costes, ni elaboraciones sofisticadas con procesos de cocinado de varias horas.

¡No se necesita cocina!. Tampoco se requiere ningún confeccionado. Tan sólo cortar y servir, o, sacar el producto de la lata y emplatar. ¿No es increíble?. En la actualidad con toda la cursilería que está surgiendo para definir las diferentes propuestas en hostelería se le llama: concepto NoCocina. Otros ejemplos de esta "tontería amanerada" y de anglicismos innecesarios para titular opciones de negocio gastronómico: *brunch* (almuerzo), *afterwork* (aperitivo o tapeo después del trabajo), *bristró* (gastro-garito o taberna de platos clásicos), *ramen* (estilo japonés), *food tracks* (cocinetas) y finalmente los *bakery café* (simples cafés-panaderías). Evitemos en lo posible estos títulos que son incomprensibles para la mayoría del público hispanohablante que será incapaz de recordarlos; por tanto, perjudicarán nuestro establecimiento en vez de promocionarlo. «Seguro que a un inglés no se le ocurre bautizar como nombre de su local: café-panadería». Defendamos nuestra propia cultura e idioma. No nos sintamos inferiores a la cultura anglosajona. Reanudemos la costumbre de bautizar a nuestros negocios, actividades o cosas con nombres en castellano (o nuestro idioma regional), como siempre se ha realizado a lo largo de los siglos. El turista extranjero lo que busca es "el sabor y cultura local", puesto que está realmente saturado del inglés tanto en su país como en Europa y el resto del mundo.

...Continuando con el listado de ventajas: la inmediatez en los preparados y elaborados es otra de sus virtudes. En comparación con los modelos de tabernas o tascas cuyas tapas y pintxos se presentan de forma muy sugerente en vitrinas refrigeradas, éstas, permanecen expuestas durante toda la jornada y al ser productos perecederos caducarán de un día para otro. Los que no se consuman en el día irán a la basura con la consiguiente pérdida económica y trabajo perdido. En nuestra propuesta todas las tapas se elaboran al momento según comanda; recién cortadas con toda su frescura y aroma intactos.

El proyecto se basa en fiambres fríos y vinos de bodega y barrica: quesos, jamones, chorizos, salchichones, lomos embuchados, etc.. Todos cortados al momento en abundantes cantidades y económicos. Uno de los trucos que utilizaremos será colocar platos pequeños (del tamaño para café con leche, máximo 15 cm de diámetro) pero hasta arriba de nuestros fiambres cortados a cuchillo. Todas nuestras raciones serán así. La abundancia es clave para que les "entre por los ojos a los clientes". Estas raciones son para dos personas. Nunca servir platos más grandes aunque sean más comensales en la mesa, este es el secreto. Si entran 6 clientes y piden un plato de jamón y bebida, llenar 3 platos pequeños. Todas las tapas se servirán con "pan *tumaca*". (Pan de pueblo recién tostado, con tomate y aliñado con aove y sal). Bien realizado es todo un espectáculo y un gran reclamo.

La clave del acierto radica en servir la mejor y más artesana elaboración para cada producto. (Si el más exquisito salchichón lo elaboran en el Alto Turia allí iremos a comprarlo). Esto no quiere decir que debamos adquirir productos de alta selección y precios desorbitados. No se puede servir jamón de bellota pero hay jamones artesanos de Teruel —que venden en las trastiendas de negocios de comestibles familiares— dulces y fabulosos, (pueblos como Manzanera, Cedrillas o Sarrión).

Barra.

Colocaremos cestas de mimbre artesano repletas de buenos fiambres. Dichos procesados de origen cárnico aguantan perfectamente varias semanas fuera del frigorífico: *fuets*, salchichones, chorizos, morcillas oreadas, morcones, butifarras, etc. Complementaremos la barra con botes artesanos de quesos al romero o embutidos de orza. Tarros de bonito o escabeches. Encurtidos. Olivas verdes, negras, moradas, partidas, aliñadas, en hierbas aromáticas, rellenas, deshuesadas, nacionales, de importación como las griegas de *kalamata* o la *picholine* francesa. ¿Hace falta explicar más su potencial?.

La barra debe ser bien amplia como para disfrutar de un café o una cerveza e incluso leer el periódico. Total= 70 cm de ancho. La exposición de nuestros productos orientará a los clientes a modo de carta.

Área de corte y emplatado.

Estantería bajo mostrador para almacenaje y para zona de emplatados. 2 unidades. Lugar para los jamoneros y embutidos. Cortado de jamón y montaje de platos. La preparación de todas las tapas en donde el cocinero se recrea y disfruta es un espectáculo que debe ser aprovechado para los clientes. «Ver como se corta y aliña un buen jugoso tomate de verano junto a una sabrosa ventresca de atún es un placer inigualable».

Debe instalarse, como hemos mencionado, a la vista de los clientes, pero no a su alcance: no olvidemos que vamos a manejar grandes cuchillos. Después de cada uso los cuchillos deben guardarse, por ejemplo, en un cajón justo debajo de las áreas de trabajo mencionadas o en el propio maletín de cada cocinero. No sólo la limpieza, el orden y la calidad son importantes, también la seguridad. Cualquier cuchillo puede girarse o caerse y originar un accidente. Especial atención y cuidado en momentos de gran aglomeración de clientes ya que se deberá trabajar con mucha rapidez y estrés. (Lo hemos propuesto con anterioridad: es posible solicitar al afilador que aplique una pequeña redondez a las puntas peligrosas de algunos cuchillos).

Mostrador trasero barra.

Los elementos que componen esta área son los siguientes:
– Mueble cafetero abierto con estantes para almacenar cristalería, vajilla, etc.

En dicho mostrador se deberán colocar todos los accesorios que normalmente dispone una barra de restaurante, taberna o cafetería estándar:
– Cafetera y molinillos de café.
– Nevera estrecha y vertical con puerta transparente y congelador.
– 1 Microondas industrial.
– 1 Tostadora de pan para hostelería.
– Máquina registrador TPV
– Teléfono y Datáfono (nos lo suministrará nuestro banco previa firma de un contrato).

Almacén.

Ya hemos hablado de este espacio tan imprescindible, varias veces. Nada debe estar repartido por la sala, pasillos o entrada. Todo debe estar guardado en este cuarto: enlatados, jamones, cajas de bebidas. cajas de cascos de botellas. Será necesario puerta con cerradura y llave.

Barricas de vino.

Es evidente que una taberna que se precie deba tener toneles de vino. Aportan un sabor y ambiente cantinero, únicos. Nuestra tasca tiene que ser eso, un lugar para tomar o comprar buenos vinos. Un lugar que "se respire a bodega y al buen yantar".

Sería interesante contactar con productoras para que nos suministren estos toneles de vino de forma gratuita; aunque pondrán como condición que se embarriquen con sus vinos. También existen empresas de decoración que nos pueden servir estas cubas y otros componentes típicos de un mesón, como mesas y sillas rústicas o toneles para montar mesas altas.

Los grifos darán vino de la casa aunque recomendamos también ofrecerlos como "vino a granel". Para ello dispondremos de botellas de cristal en cantidad suficiente de nuestro propio almacén. Nos proveeremos de dichas botellas directamente de las mismas bodegas en cuestión o alternativamente guardaremos las botellas de vino de consumo propio a las que deberemos eliminar su etiqueta.

De las cuatro barricas propuestas en el proyecto sería una buena sugerencia dejar dos de ellas vacías durante el primer año. Si bien, lo realmente destacable es mantener las cuatro para que aporte una mayor presencia e impronta decorativa de viejo mesón.

Estantería vinos.

El acabado de la madera en colores roble oscuro, *wengue* o caoba, embellecen y resaltan enormemente los tonos de las etiquetas de vino y en general aportan un calidez y una elegancia muy sugerentes. Huir del negro –elegido por muchos restaurantes y tabernas– que, aunque es un color original, hemos observado con frecuencia que se abusa de él. Es un tono demasiado rotundo e impactante y a la larga cansa al visitante.

La estantería marcará el marchamo de solidez/robustez tan necesarios en estos casos. Buenos acabados en las uniones, cantos y chapados. Debe soportar el peso de todas las botellas. Nada de estantes demasiado finos ya que éstos al cabo de los años se irán deformando y curvando. No habrá peor imagen.

Finalmente recalcar que, en dicha estantería, no será necesario acondicionarla con toda clase de vinos, cavas y licores; se pueden repetir referencias de los mismos caldos.

Decoración general.

Sobre el diseño de interiores nuestra sugerencia –sumando los colores tostados para la estantería de vinos y toneles– es la de crear un verdadero ambiente de mesón:

– **Suelos de madera**. *Parquet* de tablones rústicos. Muy resistentes al uso. Opción muy duradera fundamentalmente ahora con la prohibición definitiva de los cigarrillos.
– Cerámica imitando madera. Los catálogos ofrecen imitaciones sorprendentes de una gran calidad y soluciones muy imaginativas.
– **Pintado de las paredes** en colores cálidos, como cremas, ocres, mostazas, etc,.
– **Decoración rústica** perteneciente a elementos rurales de cocinado; vasijas, jarrones, aperos de labranza.
– Motivos decorativos en madera, piedra o hierro. Nada de plástico.
– Imágenes con buenas fotografías y cuadros de nuestros propios aperitivos.

– **Carteles escritos** con las tapas y sus precios perfectamente presentados sobre pizarra negra y rotuladores blancos de simple borrado. Ello nos permitirá modificar fácilmente la descripción de la tapa o su precio. Aumentaremos el atractivo del cartel si a cada plato le realizamos un simpático dibujo junto a él, lleno de colorido.
– **El mundo del vino**. Estantes decorativos con decantadores de vino, aireadores de vino, trozos de cepas, sarmientos, fotografías de racimos de uvas, pósters de paisajes con viñedos en otoño, etc.

Una vez finalizada la descripción de la memoria listamos a modo de resumen los elementos innovadores de la Propuesta 6.3. Taberna sin Cocina:
– Sin fogones.
– No es necesaria la campana extractora de humos.
– Ahorro de maquinaria industrial. No son necesarios fuegos, parrillas, planchas, freidoras u hornos.
– Ausencia de elaborados. Sólo cortar o extraer de las latas y servir.
– Máxima frescura en los platos. Todo se prepara en el momento.
– Mínima inversión en equipamiento industrial.
– Escasa inversión en obras de albañilería.
– Mínimo gasto en aprovisionamiento de las existencias alimentarias.

6.4 LOCAL TENDERETE COCINA CALLEJERA.

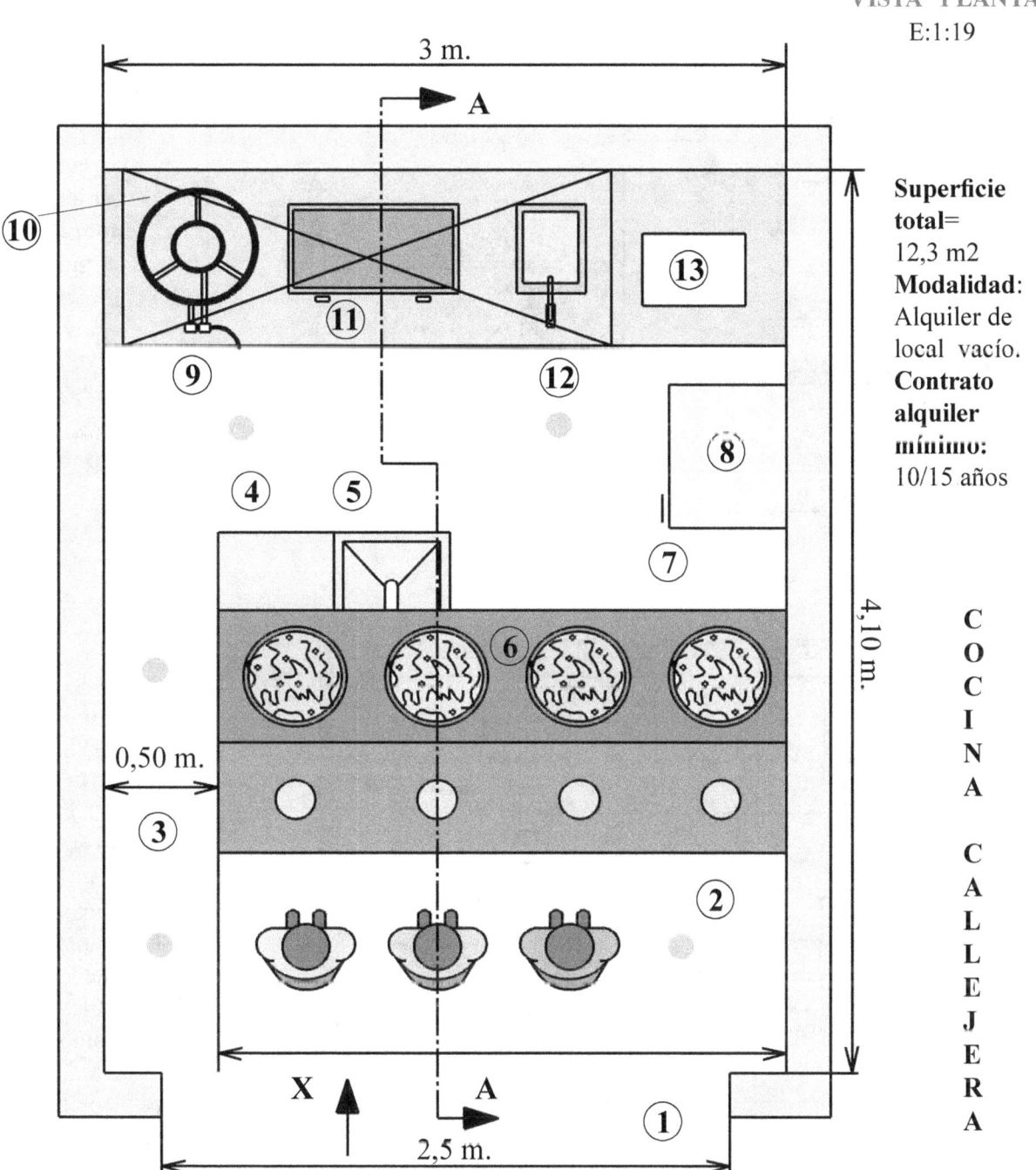

Superficie total= 12,3 m2
Modalidad: Alquiler de local vacío.
Contrato alquiler mínimo: 10/15 años

C O C I N A   C A L L E J E R A

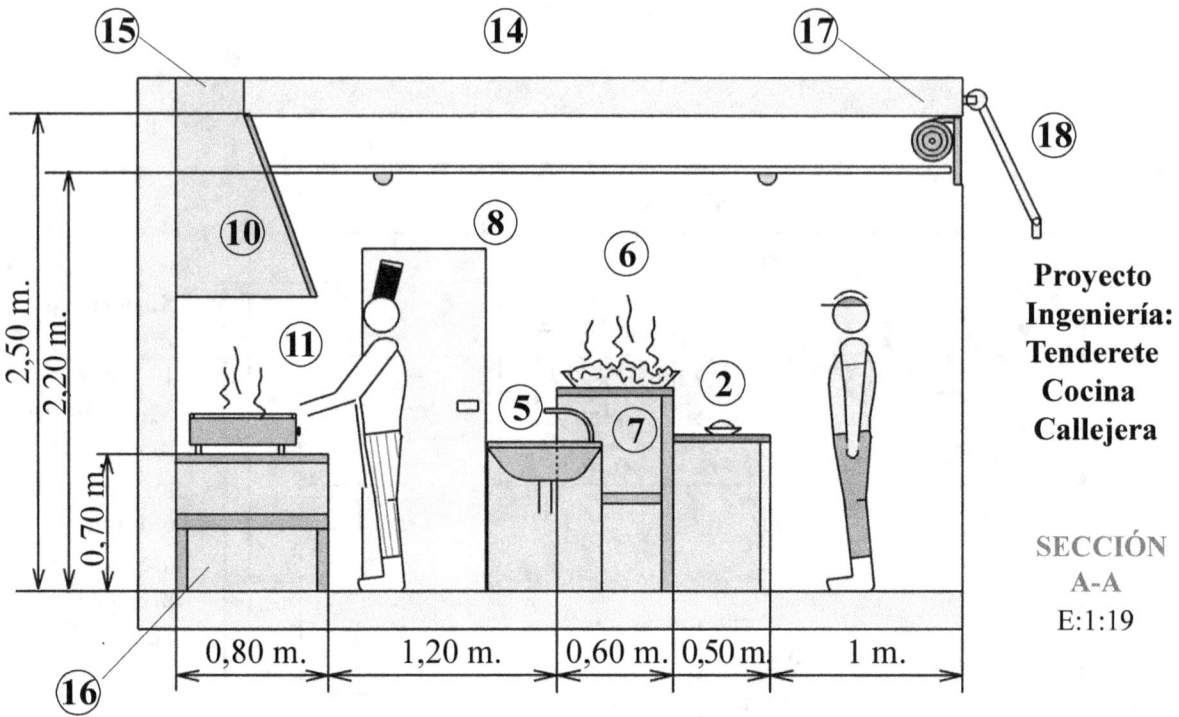

Proyecto Ingeniería: Tenderete Cocina Callejera

SECCIÓN A-A E:1:19

VISTA X E:1:19

Diseño de la entrada:
Colores llamativos. Utilizar tonos complementarios, saturados y puros. Toldo a franjas de tonos fuertes y combinados.

LISTADO DE COMPONENTES, MAQUINARIA Y DEMÁS MEDIOS.

1. Entrada. Área de estancia de los clientes. Zona de pedidos.
2. Barra para recibir los pedidos y comer las raciones (de pie)..
3. Pasillo acceso a zona interior barra/cocina.
4. Escurridor vajilla.
5. Lavadero acero inoxidable.
6. Mostrador servicio y exposición de grandes cazuelas con los alimentos a comercializar.
7. Zona interior para alojamiento botelleros o bombonas de gas y mostrador para elaboraciones.
8. Frigorífico vertical y congelador.
9. Quemador paellero. Válido para uso como cocina fuegos.
10. Campana extractora.
11. Plancha industrial para hostelería.
12. Freidora simple, un solo seno.
13. Microondas industrial. Registradora TPV.
14. Falso techo. Hueco para cableado instalación eléctrica.
15. Conducto salida de humos de la campana extractora.
16. Mostrador interior para maquinaria hostelería con estantes inferiores.
17. Persiana metálica enrollable motorizada.
18. Toldo multicolor con bambalina.
19. Carteles anunciadores de toda nuestra carta con sus precios y opciones.
20. Macetas decorativas con plantas que retiraremos al interior todos los días al bajar la persiana.

PRESUPUESTO PROPUESTA.

GASTOS OBRAS	PRECIO APROXIMA.	MAQ. HOSTELERÍA	PRECIO APROXIMA.
ALBAÑILERÍA:	Se incluye material	Frigorífico+ Congelador*	650 €
Chapado suelo+material	400 €	Fuego quemadores*	100 €
Obras Falso techo	400 €	Plancha hostelería*	300 €
		Freidora*	250 €
SUBTOTAL	**800 €**	**SUBTOTAL**	**1.300 €**

GASTOS OBRAS	PRECIO APROXIMA.	MAQ. HOSTELERÍA	PRECIO APROXIMA.
INSTALACIONES:		Microondas. Registradora TPV.*	200 €
Campana humos	300 €	Envasadora vacío + Fregadero*	400 €
Fontanería+material	600 €	Menaje cocina+barra	300 €
Electricidad+mat.	500 €	Campana humos*	1.200 €
MOBILIARIO:		**VARIOS:**	
1 Mostrador trasero acero inox.	250 €	Luces halógenas	300 €
1 Mostrador alto acero inox.	400 €	Varios	500 €
1 Mostrador bajo acero inox.	250 €	Toldo exterior*	600 €
1 Mostrador para elaboraciones	200 €	Rótulo fachada	500 €
Macetas y plantas	100 €	Decoración	200 €
2 Banquetas interiores para cocinero*	100 €	Stock aliment. + bebidas	500 €
		Material limpieza	100 €
		Extintores	200 €
		Alarma	250 €
		Vestuario	80 €
		Proyecto Ingenie. para licencia	1.200 €
SUBTOTAL	**2.700 €**	**SUBTOTAL**	**6.530 €**

COSTE TOTAL SIN IVA= 11.330 €

*Frigorífico congelador
*Campana extractora
*Microondas para hostelería
*Freidora de doble seno
*2 banquetas barra
*Antiincendios Campana

*Quemador paellero
*Fregaderos industriales
*Plancha hostelería
*Microondas industrial
*Toldo exterior
*Persiana enrollable

MEMORIA DE INTENCIONES Y DESCRIPTIVA. EXPERIENCIA: COCINA CALLEJERA.

Definición de cocina callejera: «Actividad económica hostelera basada fundamentalmente en espacios de negocio situados en plena calle, al aire libre y dentro de un concepto de cocina donde los preparados y su venta al consumidor se producen sobre estructuras ligeras, sencillas y móviles con ausencia total de elementos constructivos pétreos».

Principios de la Cocina Callejera.

Concepto culinario y proyecto laboral basado en trasladar la gastronomía a la calle. Aunque sea asequible para todo el mundo, aunque sea popular y callejera, no quita para que a la vez sea apetitosa, innovadora y creativa.

No se puede aceptar que la comida se deba tomar pagando la carta o menú de un restaurante. Y mucho menos que la gastronomía de gran calidad sea un patrimonio exclusivo para ese sector social de alto poder adquisitivo para los que trabajan los grandes chefs con estrellas/premios y promoción continua en medios de comunicación.

Gracias al desarrollo de la cocina callejera las ciudades serán más abiertas y participativas; los espacios públicos se podrán saborear de forma más pausada y no como hasta ahora convertidos tan solo en lugares y objetos de paso en nuestros quehaceres diarios. Fomentaremos el amor al barrio.

Como un elemento innovador más. que ha surgido dentro de la nueva cocina callejera, se sitúan los productos de proveedores del llamado KM 0. Se adquieren alimentos que hayan sido generados dentro de la mismas ciudades, villas o pueblos. De esta forma se acortan enormemente las distancias entre el productor y el consumidor: elaboraciones caseras, artesanales, respetuosas con el medio ambiente; cultivos ecológicos, promoción de vegetarianismo, etc.

Propuesta de emprendimiento.

En lugar de construir un tenderete de cocina callejera al aire libre, el planteamiento renovador se basa en incluir este concepto de "gastronomía de calle" dentro de un local. Sabemos que puede parecer una contradicción ya que por un lado defendemos la cocina callejera, es decir en la calle y la propuesta en cambio se basa en un local de construcción pétrea. Esto se debe a una sola razón: la idea nace para dar respuesta y solución a la prohibición –que existe actualmente en algunos países entre los que se incluye España– de este tipo de actividad económica en lugares públicos.

«Es innegable que en la actualidad numerosos grupos y asociaciones de emprendedores en todo el mundo tienen en cuenta la "cocina callejera" como un elemento más de los que van a formar parte del nuevo concepto de turismo mundial que se está gestando y desarrollando». Un turismo que permita a los viajeros integrarse en la cultura y vida de aquellos lugares que estén necesitados de crecimiento, de creación de empleo; unas vacaciones que ayuden a potenciar su economía a nivel local.

Es por ello que este nuevo concepto de turismo hará que los visitantes participen de las fiestas y tradiciones locales. Que aprendan su artesanía, su cocina y sus expresiones artísticas de forma activa y participativa. Un turista que no sea un mero espectador alejado y distante que se pasea realizando cientos de fotografías o *selfies*; ¿cuáles serán los recuerdos y experiencias a conservar de su visita?.

Un modelo mucho más respetuoso con el medio ambiente y con las personas. Un modelo donde uno de los primeros objetivos sea la ausencia total de construcciones pétreas (ladrillo, cemento, hormigón, azulejo, etc.). Ya estamos todos cansados que ver como las costas vírgenes que se habían mantenido intactas durante miles de años en tan sólo 50 años las hemos destruido por completo en aras del desarrollo turístico. Desde aquellos primeros tímidos tanteos de la población local en su esfuerzo por atender a los pocos extranjeros y viajeros que aparecían por sus salvajes playas, se debió preservar al menos 100 o 200 metros de costa intacta. Si hubiésemos sido poseedores de esta visión naturalista y de futuro ahora tendríamos nuestras playas y acantilados preservados para siempre. El tesoro de poseer una naturaleza virgen, de poderosa y magnética belleza, hubiese generado muchos más puestos de trabajo que los que se han obtenido desde el modelo actual. *Biosphere Responsible Tourism* es la marca que reconoce las certificaciones que cumplen con un sistema de turismo ecológico y responsable. Un modelo sostenible que otorga el ITR (Instituto de Turismo Responsable).

Comparativa: Local Cocina Callejera--Tenderete Cocina Callejera.
Local cocina callejera.
Inconvenientes:
– Alquiler local. Incremento del gasto mensual.
– Gastos en albañilería, pintura, electricidad y fontanería.
– Mayor inversión: adquisición e instalación de una campana de humos.
– Adquisición e instalación de puerta metálica enrollable y alarma.
– Proyecto de Ingeniería.
– Sin movilidad.
Ventajas:
– Mayor entidad y presencia como negocio al instalarse dentro de una estructura pétrea (un local).
– Total confianza anti robos o vandalismo al equiparse de una puerta enrollable y alarma. Menor preocupación por la seguridad de nuestro negocio y por tanto menor estrés.
– Instalaciones más firmes y eficientes en fontanería, gas y electricidad.
– Desarrollo de la actividad económica en países donde esta prohibida en la calle.

Tenderete cocina callejera.
Inconvenientes:
– Riesgo de robos y vandalismo.
– Desgaste por inclemencias meteorológicas.
– Instalación y construcciones más frágiles.
– Sin posibilidad de abrir la empresa en países donde esta prohibida la actividad en la calle.
– Impuesto del ayuntamiento por actividad hostelera en la calle.
Ventajas:
– Muy poca inversión.
– Facilidad en la instalación. Ausencia de albañilería.
– Gran movilidad. Podemos instalar nuestro puesto de cocina callejera de forma itinerante en diferentes lugares de la ciudad o en variados pueblos.

Modelo de negocio propuesto: Tallarines orientales (*noodles*).

...Sabores nativos y ancestrales mezclados con influencias holandesas, portuguesas e inglesas con aromas de carnes braseadas de ciervos, antílopes, corderos o avestruces, en Sudáfrica. El *variar* con *laoka* y los rollitos fritos *tsakilava,* de la cocina de Madagascar. Tacos, burritos y quesadillas, de México. El *balik ekmek o kebab* de pescado, en Estambul. Los sándwiches habaneros de pollo, queso azul y chorizo o las pitas rellenas, en Nueva York; son algunos de los ejemplos de platos apetitosos surgidos de la "cocina callejera" y dispuestos todos ellos para enriquecer nuestra oferta gastronómica.

La carta propuesta se basará en la especialidad de los *noodles*: «plato callejero por antonomasia ofrecido en los miles de puestos humeantes de medio mundo». Ciudades originarias como Pattaya, Bangkok, Taipei, Hong Kong o las clásicas Londres, Nueva York o Berlín, los sabrosos *noodles* merodean y recorren las animadas callejuelas de sus multiculturales mercadillos de barrio.

El popular plato se elabora en base a diferentes tipos de fina y larga pasta: tallarines o fideos. Los hay realizados con harina de trigo, trigo sarraceno, arroz, de garbanzo fino, ñame, fécula de patata y finalmente de gelatina agar-agar.

El ingrediente estrella es el principal aglutinador del resto de componentes en las recetas. Se sirven calientes sobre inagotables variantes y mixturas. Todas deliciosas, sanas e increíblemente aromáticas. De pollo, cerdo, ternera, pato, cordero, verduras, setas, marisco, pescado. Fritos, ahumados, en sopa, melosos, salseados. Las posibilidades son casi infinitas en esta fusión de sabores.

Mostrador trasero barra.

La simplicidad y economía de medios debe ser la guía para este tipo de microempresas donde lo primordial será el ahorro en inversión.

El desarrollo sobre la diversas opciones en una carta de *noodles* va a necesitar de los 4 equipamientos industriales imprescindibles en cualquier cocina:

– **Quemador a gas**. La opción más útil y versátil se da en fuegos tipo paellero. Éste posee dos quemadores circulares de diferente diámetro. El más pequeño para elaboraciones como salsas y el círculo exterior para cocer grandes cantidades de tallarines. Conectado a una simple bombona su consumo es ínfimo.

– **Plancha industrial.** Prácticamente la mayoría de los componentes que acompañan a la pasta se saltean en plancha. Recomendamos las de hierro por ser más duraderas y económicas. Bombona de gas.

– **Freidora**. Aunque no le veamos de entrada un rendimiento útil e inmediato, es importante disponer de ella por si decidimos incluir en la carta algún tipo de frito como calamares o patatas fritas. Un solo seno será suficiente. Eléctrica.

– **Microondas**. Es la instalación más económica para recalentar los platos aunque posee algunos inconvenientes: **1.** No nos queda otra alternativa que calentar el pedido a la vista del cliente. Proyectaremos la siguiente imagen al consumidor: «nuestros productos no son cocinados en el momento sino recalentados». **2.** No será factible usar recipientes de papel de aluminio, que es el que se usa habitualmente en cocina callejera. Todos sabemos que no es posible introducir en el microondas objetos con componentes metálicos. Por tanto tendrán que ser envases de plástico, de un mayor coste y no reciclables. La alternativa de un envase de cartón no es válida puesto que se empapa y moja con las salsas, rompiéndose con facilidad.

Alternativas al microondas. En realidad hemos propuesto el microondas por ser, con diferencia, mucho más económico que la instalación más extendida e implementada en los negocios de cocina callejera: sistema de fuegos independientes para cada unidad de alimentos.

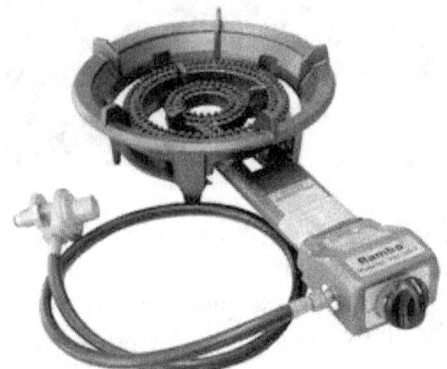

Es evidente que la inversión en este tipo de maquinaria es mucho mayor que un simple microondas, pero las prestaciones y ventajas son infinitamente superiores que la primera. Dependerá de nosotros: ¿qué nivel de calidad queremos ofrecer a nuestros clientes?. En cualquier caso, mostrar continuamente la comida caliente y humeante, desprendiendo olores por todo el tenderete les aseguramos que no tiene comparación. Serán necesarios 4 quemadores, uno para cada cazuela de las 4 que vamos a exponer en el mostrador.

La propuesta en sí no es tan innovadora; es el sistema que se viene utilizando desde siempre en la cocina callejera.

Otra de las grandes virtudes de dicha instalación se refiere a la salubridad. Ciertamente para ayuntamientos muy escrupulosos o gobiernos que deseen poner trabas a este modelo tan rentable y magnífico (que les aseguramos que los hay, caso de España), el sistema de calentamiento de la comida con fuegos de gas de forma continuada va a evitar el acercamiento de insectos como las molestas moscas o las avispas. Este es uno de las problemas acerca de las condiciones de salud e higiene que

esgrimen los legisladores a la hora de autorizar las licencias sobre "cocina callejera". Para reforzar el ahuyentado de las moscas en el período estival se hace imprescindible la instalación de exterminadores eléctricos, aparatos generadores de campos electromagnéticos anti insectos, la colocación de plantas como la yerbabuena y albahaca. Para terminar, y en el caso de un tenderete callejero, se deberán cegar los laterales y parte trasera con rejillas mosquiteras.

Cada cazuela porta debajo un quemador a gas encendido continuamente

El resto de los elementos que componen el área del mostrador trasero, (centro de la actividad del negocio) consta de un frigorífico con congelador estándar, un fregadero y en el hueco del mostrador alto donde situamos las cazuelas de *noodles*, los botelleros o las bombonas de gas.

– **Baños**. El local no dispondrá de servicios. No nos debe extrañar. Los tenderetes de cocina callejera tampoco disponen de ellos. Con ello eliminaremos los siguientes gastos:
  – Reducción de metros cuadrados disminuyendo de forma drástica los costes de alquiler.
  – Reducción de la inversión y mantenimiento de un área de servicios para señoras y caballeros.

Ejemplos de otros establecimientos donde los clientes permanecen poco tiempo y tampoco poseen servicios, suelen ser: las verdulerías, pastelerías, zapaterías, tiendas de informática. Más ejemplos: locales de venta de alimentos y bebidas: "comidas para llevar", panaderías, ultramarinos, "pollos al ast", kebabs, kioskos, etc.

En cualquier caso será necesario consultar con el ayuntamiento correspondiente acerca de las exigencias de equipamiento sobre de este tipo de locales para la venta de comida preparada.

Área de clientes.

Según el plano dibujado de la planta y la sección A-A, existe definido un "mostrador bajo". Dispone de una doble función, la primera es obvia: superficie para depositar los pedidos de comida y bebida. La segunda: funcionará como una barra de bar. Los clientes podrán degustar sus pedidos de deliciosos *noodles* en el propio local si así lo desean. No dispondrá de banquetas ya que podrían impedir el acceso a otras personas; además es conveniente que el consumo sea rápido para dar paso a nuevos visitantes. (Probablemente el corto espacio de tiempo que emplean los clientes será el condicionante para no disponer de baños).

La entrada desde la calle tiene que enriquecerse de una decoración llamativa con pósters de nuestros sabrosos combinados de *noodles*. Las paredes y fachada exterior pintada de colores vivos y atrayentes (rojos, magentas, verdes, naranjas, amarillos) diferenciándonos así del resto de locales de la misma calle y del barrio. Nuestra intención: el local más llamativo de la zona.

PROPUESTA DE CARTA

•*Noodles Tailandeses fritos*

(huevo, gambas, anchoas, cacahuetes, lima, brotes de soja)

•*Khao soi Khai, Noodles con pollo*

(pechuga de pollo, leche de coco, soja, jengibre)

•*Noodles con ternera y salsa de curry*

(ternera picada, huevo, salsa de ostras, soja, curry, tomate)

•*Noodles salteados con cerdo y huevo*

(cerdo picado, huevo, brotes de soja, salsa de pescado, lima)

•*Noodles Chow Mien de Pollo*

(pollo, pimiento rojo, cebolleta tierna, brotes de soja, salsa de soja)

•*Noodles salteados con shitakes*

(shitakes, pak choi, ajo, salsa de soja)

•*Noodles con gambas y salsa marisco*

(gambas, brócoli, setas, zanahoria, salsa de soja, salsa de ostras)

•*Noodles de espinacas*

(espinacas, jengibre, zumo limón, leche de coco, semillas de sésamo)

• *Noodles con salmón*

(salmón, calabacín, zanahoria, cebolla, salsa de soja)

•*Noodles de Chop Suey*

(pimiento morrón, zanahoria, cebolla, puerro, calabacín, salsa de soja)

• *Sopa de Noodles con ternera*

(ternera, brotes de soja, lechuga, espinacas, salsa de soja)

•*Pad Kee Mow Noodles*

(cordero, salsa de ostras, salsa de pescado, salsa de soja, ajo, tomate, espinacas)

6.5 ALBONDIGUERÍA.

MEMORIA DESCRIPTIVA. EXPERIENCIA: ESPECIALIDAD EN ALBÓNDIGAS.

Así como el modelo de hamburguesería se ha implementado extensamente por todo el mundo, los negocios basados en una albondiguería son más bien escasos. En cualquier caso no acabamos de entender la razón, puesto que las ventajas de una taberna de albóndigas frente a la clásica hamburguesería son enormes. Veamos una comparativa:

1° Grupo de ventajas frente a una hamburguesería:
– Se puede servir albóndigas solas o con salsas "para llevar". Al contrario que las hamburguesas que no tiene sentido servir hamburguesas sin pan, "para llevar".
– Las albóndigas ofrecen posibilidades muy amplias ya que, como decimos, se suelen degustar sobre múltiples soportes y en infinidad de modalidades:

– En cazuela de barro con salsas.
– En cuencos con ensaladas.
– En bocadillo.

– En pan de pita.
– En pan *lavash*
– Individual con pan tipo hamburguesa.

– Rellenas de queso, marisco o paté.
– Envueltas en hojas de col o espinacas.
– Combinadas en brocheta a la brasa tipo las japonesas "robata".
– En pequeños cuencos servidas con pasta tipo espagueti o macarrones y salsa de tomate picante.

Cazuelitas de albóndigas para 4 personas o individuales. Desarrollar un recetario producto de nuestra creatividad. Preferibles serán los materiales como el barro.

El pan de pita es un pequeño pan redondo, plano, sin miga, ligeramente fermentado y realizado con harina de trigo. De corteza suave y blanda es ideal para introducirle todo tipo de ingredientes.

Servidos en bocadillos con pan artesano de pueblo. Añadiremos salsas fuertes como la chimichurri, barbacoa, curry o mery.

El pan *lavash*. Archiconocido pan armenio realizado en aquellas tierras desde tiempos inmemoriales. Posee forma de torta muy fina y grande, en la que se envuelven los alimentos. Se extiende con rodillo y se asa en las paredes calientes del *tonir* (chimenea de ladrillo construida dentro de la tierra).

Se toma un trozo de *lavash*, se extiende y se colocan albóndigas un poco picantes con lechuga, cilantro y cebolla tierna. Se enrolla salseando por encima. Alternativamente puede ser interesante incluir salsas en el interior como la *tzatzik* griega, yogour griego, *baharat* o masala.

Envueltas en verduras. Realizar con hojas verdes y frescas de col. Para ello deberemos cocer previamente las hojas para que se adapten a la forma esférica de la albóndiga. Otra propuesta interesante: hojas de espinacas o vid.

Mini albóndigas. Servidas de forma individual en panecillos de mini hamburguesa. Un delicioso aperitivo para tomar realmente de un solo bocado o dos.

2º Grupo de ventajas frente a una hamburguesería:

El tamaño y la forma en bola de las albóndigas permite un asado muy interesante en parrillas de carbón vegetal. Es evidente las magníficas virtudes de estas técnicas:

– Un aroma ahumado inigualable.
– Comida realmente saludable ya que el braseado hace sudar a la carne y elimina la mayor parte de las grasas.
– Espectacularidad en el cocinado al situar nuestra parrilla frente a los comensales –tanto los de la sala como los referidos a los viandantes de la calle– colocando la máquina asadora frente a una gran cristalera orientada al exterior.
– Presentación de variadas y originales brochetas gracias a las herramientas de braseado especial para albóndigas o alimentos de pequeño tamaño.

La amplia adaptabilidad de estos preparados permite a su vez extraerlos de las mismas varillas para servir en los platos, o bien, presentarlos con las mismas brochetas, y así, de esta forma, los comensales pueden comprobar que realmente se han asado en la parrilla. En las fotografías siguientes observaremos detenidamente los distintos diseños presentes en el mercado. Existen empresas que han desarrollado las posibilidades que rodean al mundo de las barbacoas y parrillas en forma de utensilios de cocinado. Disponen de magníficos catálogos pdf que pueden descargarse libremente.

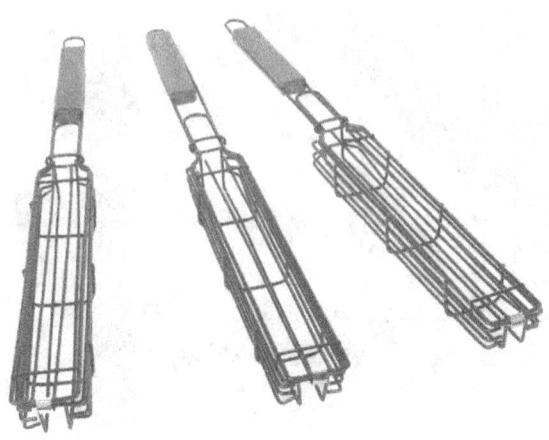

En forma de peine, son muy útiles para ensartar. Combinaciones de albóndigas y hortalizas o frutas sirviéndolas directamente en el plato. Perfecto para pequeños alimentos.

Sin riesgo de pérdida o caída. Para introducir sueltos todos los pequeños alimentos que deseemos. Armazón metálico de acero inoxidable y mango de madera.

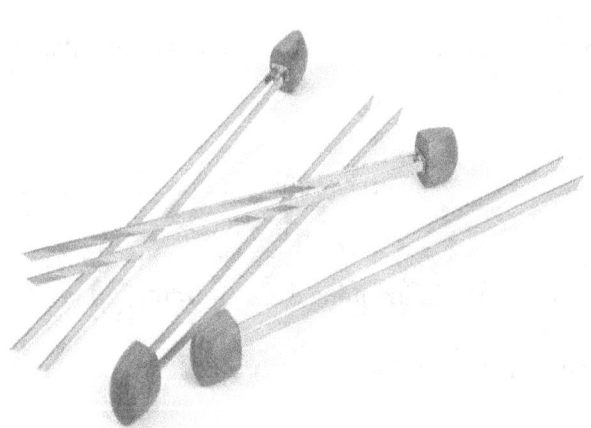

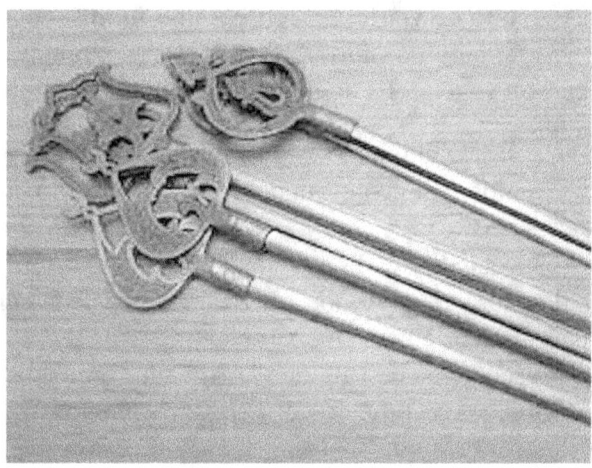

Brochetas de doble varilla muy útiles cuando las albóndigas son grandes y suelen desprenderse debido al peso si son insertadas en una sola varilla. Destinado a elementos alimenticios de mayor volumen.

Bellas y robustas brochetas *vintage*. Magníficas para servirlas en la mesa junto con nuestras albóndigas braseadas. El recreamiento y espectáculo esta servido. Es fácil encontrarlas en países árabes bañados por el Mediterráneo.

Área Barra.

Según se observa en el plano de la planta, el diseño de la barra es circular y se sitúa justo en el centro de todo el espacio del restaurante. Proyectado de tal forma que su visión es total desde todos los ángulos de la sala.

La propuesta de una campana extractora circular construida también en el centro del área de la barra nos va a permitir cocinar en plancha y parrilla a un tiempo. Plena visión de nuestros asados y elaboraciones incluso desde la propia calle (ventanales). Como en la primera propuesta: arrocería a leña, volvemos a poner el énfasis en el diseño de un concepto de salón en el que el valor de transmitir las magníficas cualidades de nuestro negocio a los cientos de viandantes es una técnica de venta y promoción bastante efectiva. No hay nada más irresistible para los transeúntes que ver el fuego y humo donde se están cocinando sabrosos manjares.

A dichas virtudes habrá que añadir otra ventaja en el diseño circular de la zona de asados: la ergonomía. Se ha adaptado para que todas las posiciones y capacidades de trabajo tengan un fácil acceso tanto a parrilla, a fuego de gas y a plancha de asados.

Parrilla. La mejor opción puede que sea el modelo con asador elevador. Una vez adquirido, construiremos la base de obra y ladrillo para aportarle una mayor estabilidad. Las características mínimas que debe poseer una buena parrilla son: **1.** Elevador reversible con manivela. **2.** Cajón y bandeja recogebrasas. **3.** Mangos en madera que nos aíslan del calor. **4.** Ganchos para utensilios de cocina.

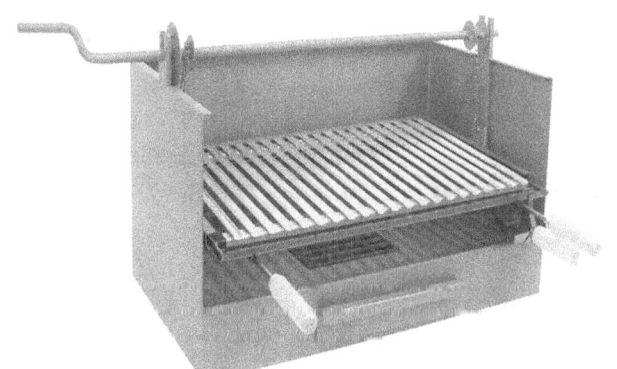

Barbacoa de parrilla móvil ascendente. Muy robusta.

Parrilla Robatta japonesa o barbacoa de brasas especial para brochetas. Magnífica.

Plancha de hierro. Su material es más robusto y duradero frente a otros materiales como el cromo. Todo dependerá de nuestras preferencias; mayor durabilidad (hierro) o rendimiento antiadherente con los alimentos que nunca se pegan (cromo). Es interesante escoger un modelo que disponga en un lateral, de un fuego a gas para elaborar nuestras salsas.

En el proyecto se ha construido un tabique de obra que divide las dos áreas: parrilla y plancha. Como hemos descrito en la numeración de todos los componentes de la albondiguería este tabique va a anular cualquier riesgo que exista entre la instalación y conexiones de la bombona de gas con el área de fuego de brasas ardientes de la parrilla.

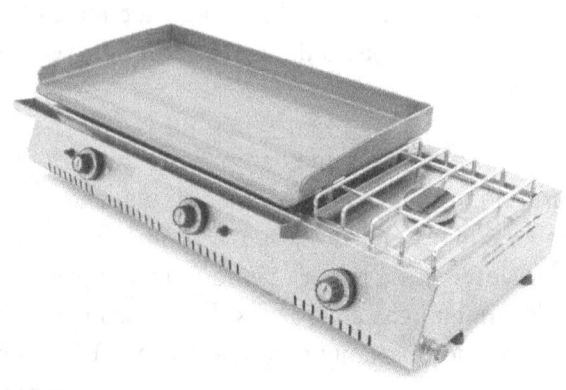

Modelo de tres mandos de salida del gas. Plancha y fuego cocina.

La gran barra circular dispondrá de al menos 11 taburetes además de botelleros, friegaplatos y pila lavadero. En su área trasera colocaremos un mostrador central nº **(19)** sobre el que será fácil elaborar los platos propuestos de la carta.

Tabique **(31)** de obra y media altura que hace de cerramiento de la instalación. Adosados al murete se situarán los dos mostradores traseros de acero inoxidable en los que conectaremos el microondas, cafetera y molinillos de café, nº **(30)**. Al final de uno de ellos encajaremos la nevera congelador.

Proyectado con esta intención, el mostrador central **(19)** y mostrador trasero cubren a la perfección las labores de cocineros y ayudantes de cocina.

La sala constará de 8 mesas, si bien en los laterales, existe espacio más que suficiente para montar dos tableros más; aunque es conveniente no colocarlas para evitar que durante el primer año la albondiguería ofrezca un aspecto de escasa actividad.

En la propuesta de **Proyecto de Albondiguería** sabemos que la inversión es mayor pero a cambio dispondremos de 2 almacenes: el primero de doble uso, es decir, el habitual para guardar las existencias alimentarias y el manejo de las taquillas de los trabajadores; y el segundo, el cuarto de basuras con los contenedores clasificados para reciclaje: color amarillo destinado a objetivos metálicos (latas), color verde para cristal y toda clase de tipos de vidrio y el color naranja para basuras orgánicas (restos de alimentos).

DISEÑO DE LA CARTA.

Ya lo mencionábamos al inicio de la memoria descriptiva, la versatilidad de la "albondiguería" es especialmente resaltable puesto que acepta la mayoría de las posibilidades de cocinado y servicio sobre diversos recipientes y utensilios o en variadas presentaciones: cazuela, cazuelitas, cuenco, plato, brocheta, bocadillo, pan de pita, pan lavash, burritos; en salsa, envueltas en verduras, etc.

Es fácil, entonces, proponer una carta orientativa que pueda servir de base para elaborar las recetas y platos ofrecidos en el establecimiento.

PROPUESTA DE CARTA

•*Albóndigas de la Abuela*
(carne de ternera, huevo, ajo y perejil)

•*Albóndigas rellenas*
(rellenas de queso mozarella, setas,
foie, de jamón serrano)

•*Albóndigas con tomate en cazuelitas*
(carne de cerdo, huevo, pan en leche
ajo, perejil y tomate frito casero)

•*Albóndigas veganas con salsa*
de pimientos verdes
(albóndigas vegetarianas, con salsa de
pimientos verdes, cebolla y vino blanco)

•*Albóndigas en salsa de*
pimientos de piquillo
(albóndigas caseras con salsa de piquillo, cebolla y zanahoria

•*Brocheta de Albóndigas*
(albóndigas, cebolla, pimientos a la brasa)

•*Albóndigas envueltas en hojas de col*
(cazuelitas de algóndigas, hojas de col
cocidas y salsa chimichurri)

•*Albóndigas en pan de pita* (albóndigas,
lechuga, pimiento rojo, zanahoria y calabacín)

• *Mini hamburguesas de Albóndigas*
(albóndigas, lechuga, cebolla, tomate,
pepinillos, kétchup y mostaza)

• *Burritos de Albóndigas* (albóndigas, torta de
trigo, cebolla frita, aguacate y maíz dulce)

• *Albóndigas de Pan Lavash*
(albóndigas, lechuga, cebolla, pimiento rojo,
pimiento verde, espárragos trigueros y salsa
fría Tzatzik)

•*Cazuela de Albóndigas con*
espaguetti (albóndigas rebozadas, espagueti,
salsa de tomate y perejil)

• *Robata de Albóndigas con gambas, brecol*
y pimiento (brochetas al estilo japonés)

SUGERENCIA

Sustituir la especialidad de albondiguería, manteniendo el proyecto y el diseño de concepto de negocio por una especialidad de aves de corral. Puede llamarse: el Pollastre, el Pollo Rico, el Pollo Braseado, Rosticería el Pollo, Super Pollo, el Pollo Asado, Al Rico Pollo, etc..

–La heterogeneidad es el sustantivo que predomina: alitas de pollo braseadas, brochetas de pollo, pollo a la barbacoa, pollo al horno, muslitos crujientes, *nuggets* y *kebabs* de pollo.

**Proyecto
Ingeniería:
Albondiguería**

VISTA PLANTA
E:1:65

Superficie total=
212,50 m2
Modalidad:
Alquiler de local
vacío.
**Contrato alqui-
ler
mínimo:** 10/15
años

**Número de
comensales**= 43
(Barra+Sala). Si
disponemos de
terraza, será nece-
sario añadir estos
clientes.

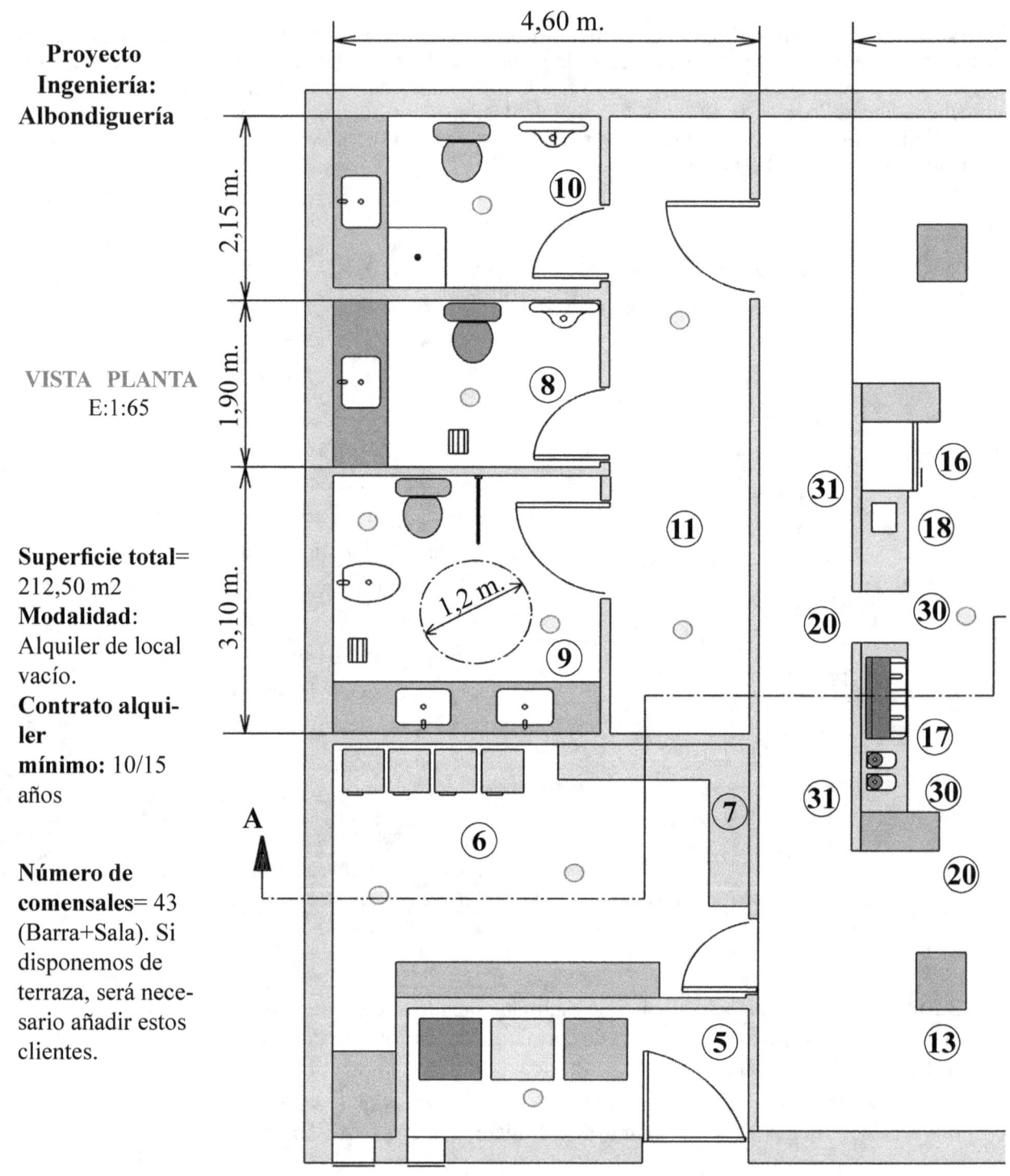

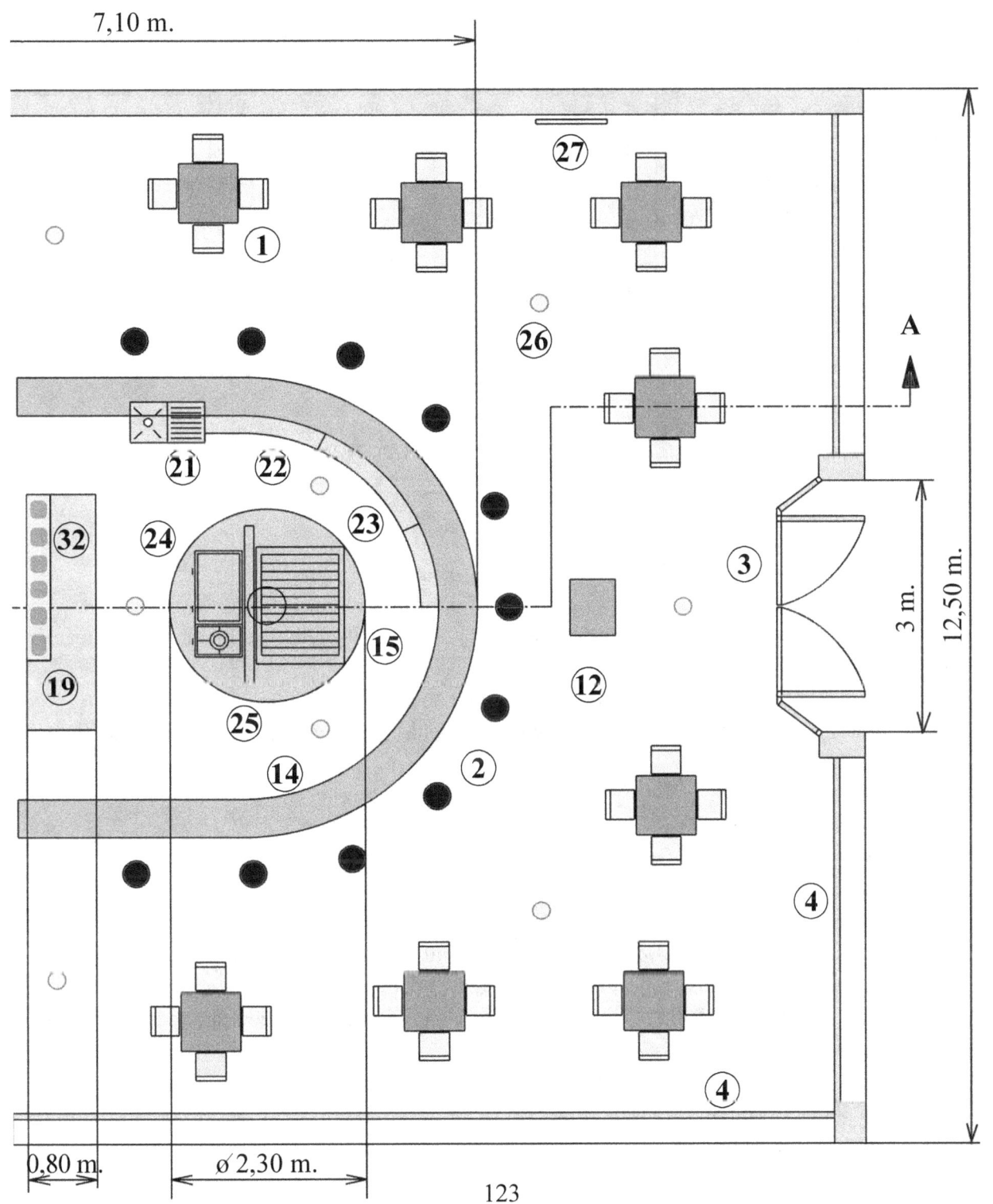

7,10 m.

27

A

26

21 22

32

24

23

3

15

19

25

12

14

2

4

4

3 m.

12,50 m.

0,80 m.

ø 2,30 m.

Proyecto Ingeniería: Albondiguería

SECCIÓN PROYECCIÓN
A-A   E:1:65

Vista zona interior barra y sala. Almacén y área taquillas trabajadores. Área cocina con parrilla y plancha y mostrador trasero zona de cafetera industrial.

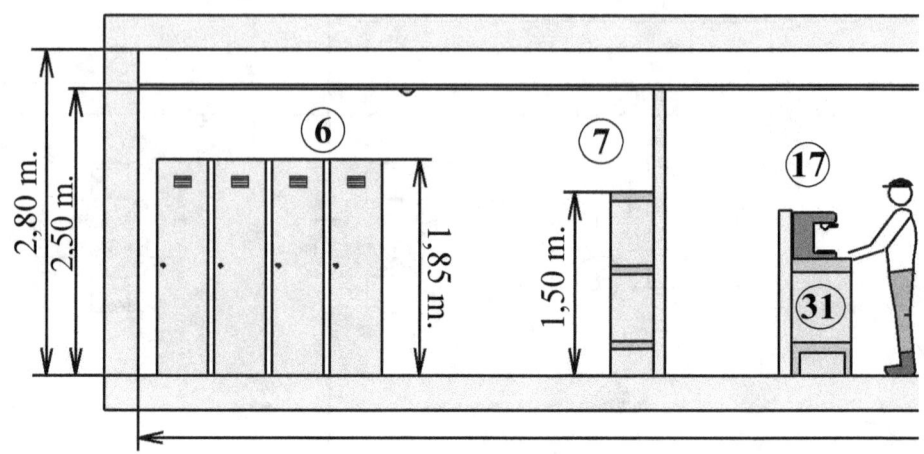

LISTADO DE COMPONENTES, MAQUINARIA Y DEMÁS MEDIOS.

1. 8 Mesas. 32 comensales.

2. 11 Banquetas barra.

3. Doble puerta de entrada de cristal, retraída con dos laterales de tabique.

4. Ventanales exteriores.

5. Cuarto basuras. Se construirá una puerta de acceso directo a la calle para facilitar la evacuación de los contenedores de desperdicios.

6. Almacén alimentación y cuarto taquillas para trabajadores.

7. Estanterías almacén. Deben ser metálicas y muy robustas para evitar que con el paso del tiempo tiendan a combarse.

8. Baño caballeros.

9. Baño señoras y minusválidos.

10. Baño trabajadores.

11. Pasillo recibidor baños.

12. Espacio sala.

13. Cassettes aire acondicionado. Se recomienda con bomba de drenaje que nos permite una instalación flexible gracias al mecanismo de drenaje de agua. Los deflectores frontales facilita la generación de aire acondicionado en posición horizontal o vertical. El flujo de aire puede ser repartido por toda la sala o en dirección en un punto concreto.

14. Barra semicircular que integra la instalación de la cocina.

15. Campana extractora circular.

16. Frigorífico y congelador.

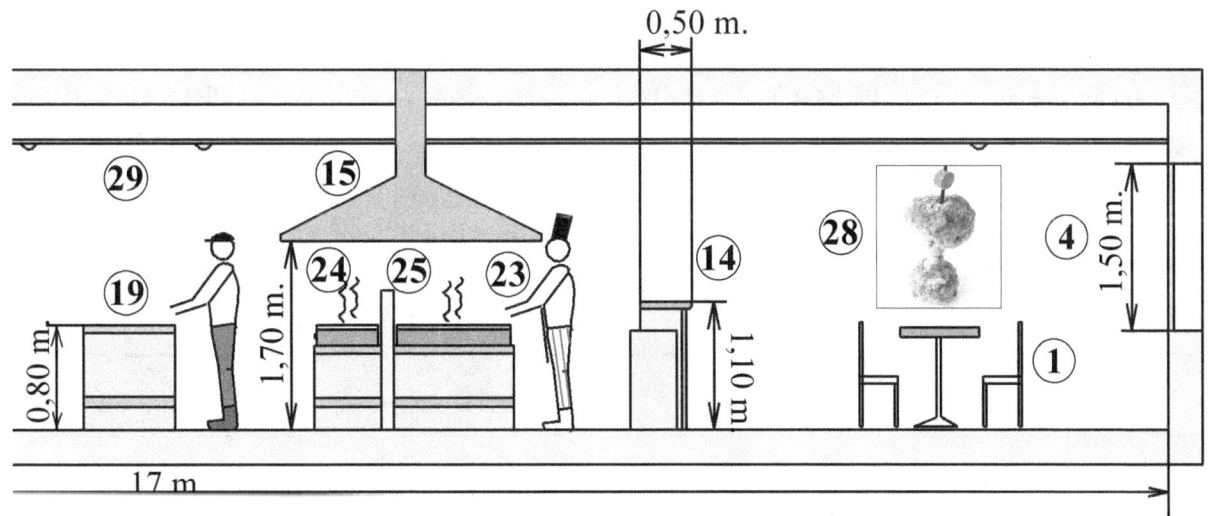

17. Cafetera, molinillos café.

18. Microondas para hostelería. Registradora TPV.

19. Mostrador central para trabajos cocina, zona de corte y emplatados.

20. Salidas traseras del área de la barra (3).

21. Zona fregaderos y escurridor.

22. Friegaplatos y botelleros para bebidas alcohólicas y refrescantes.

23. Área asados. Zona central del restaurante, situado a la vista de todos los comensales y con visión a través del cristal exterior que da a la calle. Parrilla carbón vegetal.

24. Plancha industrial de hierro que integra un fuego a gas. Plancheados y salsas.

25. Tabique divisor de las dos instalaciones de fuegos: 1. Fuego de carbón para la parrilla y 2. Fuego de gas de bombona situado en la zona inferior de la plancha. El mostrador que sujeta y soporta la plancha y fuego de gas no puede ser metálico, es preferible que sea de obra para aislar mejor la bombona de gas. A su vez se montarán –en esta estantería de obra– puertas metálicas.

26. Luces halógenas de bajo consumo. En la zona interior de la barra se suelen sustituir por luces o tubos fluorescentes de luz blanca más apropiados para trabajos de cocina.

27. Televisión sin cableados o conexiones a la vista (2).

28. Póster decorativo de tapas de albóndigas. Decorar el restaurante con carteles de todas las propuestas de la carta profusamente ilustrados con dibujos coloridos de cada plato.

29. Falso techo. Zona instalación y conducción eléctrica.

30. Mostrador trasero metálico (2).

31. Tabiques de obra donde descansa el mostrador trasero metálico.

32. Vitrina-refrigerador para ingredientes.

PRESUPUESTO PROPUESTA.

GASTOS OBRAS	PRECIO APROXI MADO	MAQ. HOSTELERÍA	PRECIO APROXIMADO
Campana humos Ventilación general	400 €	Frigorífico+ congelador *	900 €
Mostrador barra+material	1.500 €	Parrilla carbón	400 €
Construcc. 3 baños	1.500 €	Luces+lámparas	500 €
Almacén+material	600 €	Envasadora vacío + Fregadero*	400€
Pintura+material	1.200 €	Microondas. Registra-dora TPV. *	265 €
Cristales	1.000 €	Lavavajillas *	890 €
Chapado fachada+material	1.000 €	Menaje cocina	300 €
Obras falso techo	600 €	Ventilación forzada	200 €
Chapado suelos+material	2.000 €	Menaje sala +barra	400 €
Ventilación general	400 €	Aire acond. x 3 *	2.100 €
Fontanería+material	1.500 €	Conductos aire acondi cionado	500 €
Electricidad+mat.	1.500 €	Plancha+fuego gas	150 €
Aire acondiciona.	300 €	Sistema Antiincendios 1 Campana *	800 €
Vitrina-refrigeradora para ingredientes	800 €	1 Campana extracción humos *	1.200 €
SUBTOTAL	**14.300 €**	**SUBTOTAL**	**9.005 €**

CARPINTERÍA:	PRECIO APROXIMA.	CARPINTERÍA:	PRECIO APROXIMA.
Puertas entrada	500 €	Montaje Estanterías Almacén	120 €
Puerta almacén	150 €	Luces	600 €
Puertas baños	400 €		
SUBTOTAL	**1.050 €**	**SUBTOTAL**	**720 €**
MOBILIARIO	**PRECIO APROXIMA.**	**VARIOS**	**PRECIO APROXIMADO**
8 Mesas+32 sillas *	2.565 €	Rótulo fachada	500 €
11 Banquetas barra *	880 €	Decoración	200 €
Mobiliario baños *	1.500 €	Extintores	250 €
2 Mostradores acero	600 €	Alarma	350 €
Puerta almacén	200 €	Vestuario	200 €
Puertas restaurante	1.200 €	Material limpieza	200 €
Puertas baños	600 €	Proyecto Ingenie. para licencia	2.000 €
4 Taquillas	460 €	Varios	500 €
Estantes almacén	600 €	Stock alimentación+ bebidas	1.200 €
SUBTOTAL	**8.605 €**	**SUBTOTAL**	**5.400 €**

COSTE TOTAL SIN IVA= 39.080 €
*Frigorífico congelador
*Campana extractora de humos
*Microondas para hostelería
*Televisión
*Aire acondicionado

*Antiincendios Campana
*Mobiliario: Mesas+Sillas
*Fregaderos industriales
*Lavavajillas industrial
*Mobiliario baño
*Banquetas barra

6.6 EL BAR DE LA LANGOSTA.

MEMORIA DE INTENCIONES Y DESCRIPTIVA. EXPERIENCIA: LA LANGOSTA.

Definición de las características innovadoras del proyecto:

1. Especialidad del mejor marisco habitante de nuestro mares.

2. Experiencia única, el mundo marino.

La carta va a girar alrededor de su ingrediente principal: dos especies de crustáceos muy similares entre sí, y que a la postre, conformarán una única oferta: la langosta y el bogavante.

El gran crustáceo, es uno de los más exquisitos mariscos de entre todos los existentes en la gastronomía marinera mundial; además, ostenta el primer lugar por su gran cantidad de carne aprovechable. Gracias a dicha abundancia se presta a multitud de elaboraciones en cocina. Es rica en ácidos grasos omega 3, posee yodo y muchos minerales, además de ser afrodisíaca.

Más bien escasos son los restaurantes con este tipo de especialidad. Quizás en Estados Unidos sean más prolíficos (se celebra la Lobsterfest), pero en general, son poco frecuentes. Esta carencia de oferta marinera encauzará sin esfuerzo y con rapidez nuestra posición en el sector.

Finalmente, es necesario resaltar que, el atractivo que ofrece esta bella especie es innegable. Una fachada que exhiba una gran y roja langosta va a ser un magnífico reclamo. «Poder entrar en un restaurante para degustar todo tipo de bogavantes y langostas braseadas a la parrilla no se encuentra todos los días».

Zona de Sala.

La decoración marinera será "nuestro sello" para dar la bienvenida a los clientes introduciéndoles en el disfrute de un enclave gastronómico de primer rango. Todas las paredes estarán adornadas con motivos de pesca o marineros: barcas, aparejos de mar, trofeos de pesca como el atún o marlín; redes, bollas de vidrio, farolillos, cañas de pesca, etc.

«Imprimir una fuerte personalidad y una marcada impronta de nuestra empresa será una de las estrategias prioritarias para destacar claramente frente a la competencia».

Sumando los motivos marineros que hemos mencionado, en la sala deben instalarse 4 grandes acuarios que albergarán langostas y los bogavantes vivos. Ni que decir tiene que las vitrinas y el estado de las aguas deben alcanzar la máxima calidad. Con frecuencia hemos observado –en las marisquerías que disponen de este tipo de crustáceos– las pésimas condiciones a las que son sometidas estas especies ya que tan solo las conservan vivas en un simple contenedor de vidrio con agua. Esto no nos interesa. Nuestro negocio tiene que tener como objetivo la excelencia.

Es indudable que mantener 4 acuarios a un nivel exigente de depuración y limpieza de sus aguas, cría de corales, esponjas o líquenes y en general toda la maquinaria que permita generar agua de mar y vida marina es, algo costoso pero, los resultados producidos van a ser espectaculares o mejor dicho, grandiosos.

Exhibir estos acuarios con langostas y bogavantes en su ambiente natural marino, junto a corales, peces tropicales y algas marinas van a marcar, sin lugar a dudas, la gran diferencia con respecto a cualquier otro modelo de restaurante de los definidos como "marisquerías". En ningún caso ofreceremos a los clientes unos acuarios "sin vida" que solo contengan agua y langostas o bogavantes inertes.

A destacar: es necesario optar por un entorno animal y vegetal que sea resistente a la convivencia con este tipo de grandes crustáceos. Nos asesoraremos en los comercios especializados en acuariofília.

Hemos mencionado anteriormente que son necesarios 4 acuarios como exposición y reclamo comercial en el salón. Desde el punto de vista de la gestión sería conveniente disponer de un quinto acuario situado en el interior de la cocina. Dicho vivero estaría destinado al consumo de crustáceos a fin de evitar el tener que sacar continuamente langostas de las peceras y obligar al cocinero a cruzar la sala con el marisco entre las manos.

Nuestra sugerencia es dejar en lo posible estos cuatro acuarios para exhibición y disfrute de la vida marina, con sus pequeñas especies animales y vegetales, y a lo sumo, incluir tan solo un ejemplar de cada uno de los dos crustáceos como reclamo.

Barra.

En el diseño de la barra se ha creado una silueta sinuosa, algo quebrada, cuya intención es alojar el espacio que ocuparán dos de los acuarios situados en los laterales finales del mostrador al público. Una forma ideada para dar ritmo y personalidad a nuestra estructura.

Área Cocina.

La instalación de la cocina en el proyecto **"El Bar de la Langosta"**, estará compuesta de un equipamiento industrial completo. Presentamos el listado de los elementos principales:

– **Parrilla**. De uso muy habitual para asados de marisco y grandes crustáceos que, cortados en dos mitades y servidos con variadas salsas ofrecen unas posibilidades gastronómicas muy interesantes.

– **Plancha**. Extraída la carne del caparazón de las diferentes partes del cuerpo del animal, la plancha le va a conferir un acabado tostado muy sabroso; no olvidemos que el marisco necesita tan solo unos segundos para su cocción. Asimismo dicha maquinaria se hace imprescindible para asar las diversas guarniciones –con que se servirán las carnes de los crustáceos– como las verduras y hortalizas.

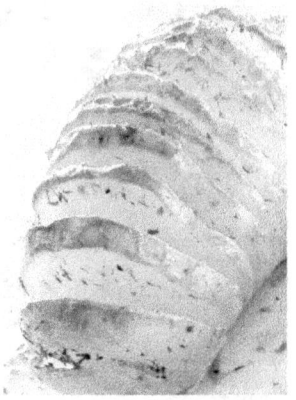

– **Freidora/Microondas**. Los rebozados se doran y terminan en el aceite hirviendo. Acompañamientos como las patatas *hasselback* o los palitos de ensalada *caprese* con la mozarella fundida se trabajarán con el microondas.

– **Báscula**. Aunque situada fuera de la cocina en el mostrador trasero de la barra, la pequeña máquina es necesaria para pesar todo el marisco. Las piezas de langosta y bogavante no se cobran por individuos sino que se cotizan al peso. Según el precio pagado por kilo en el mercado, así cobraremos a nuestros clientes.

Resto Instalaciones.

Al igual que en el caso de la cocina el proyecto presentado dispone de instalaciones completas. Constará de los siguientes espacios:

– **Almacén** para alimentación o bebidas aprovechando el espacio para alojar taquillas propiedad de los trabajadores.

– **Cuarto basuras**. Imprescindible para aislar de olores el resto del restaurante. Contenedores para facilitar el reciclado.

– **Baño** señoras y minusválidos. Baño caballeros y baño trabajadores con ducha.

DISEÑO DE LA CARTA.

Observando a estos crustáceos se nos ocurren presentaciones múltiples que pueden dar origen a sabrosas recetas: «Servida la langosta entera (aunque previamente cortada) nos ofrecerá toda su bella presencia. De medio cuerpo para tostar en plancha o parrilla es parte principal de las exquisiteces marineras ofrecidas en la mayoría de los enclaves costeros. Troceada y sumergida en cazuela de barro; hasta media barra de pan mojaremos en su suculenta salsa. De sus pinzas, su caparazón y su cuerpo cocidos, surgirán platos de mar y montaña, refrescantes ensaladas de verano, brochetas braseadas o *piadinas* italianas».

PROPUESTA DE CARTA

•*Langosta/Bogavante plancha*
   (se acompaña con salsa mery)

•*Langosta/Bogavante a la brasa*
   (se acompaña con salsa americana)

•*Caldereta Menorquina de Langosta*
   (brandy, cebolla, tomate, puerros,
   perejil, caldo de pescado)

•*Langosta Thermidor*
   (cebolla, vino, mostaza, nata y queso
   gruyer)

•*Ensalada de Langosta/Bogavante*
   (huevo, mostaza, vinagre, lechuga,
   mayonesa)

•*Bogavante en ceviche*
   (limón, cebolla, aceite, vinagre, cilantro)

•*Bogavante a la brasa*
   (mantequilla, ajo, perejil, vino blanco y
   pan rallado)

•*Langosta al Curry*
   (cazuela con curry amarillo, lima, leche
   de coco)

•*Bogavante con fideos*
   (fideos, yema de huevos, leche, harina,
   ajos, pimientos jalapeños)

• *Langosta a la parrilla*
   (jengibre, mantequilla, salsa de soja, ajo,
   champiñones)

•*Langosta Masala*
   (chiles verdes, cebolla, cilantro, tomates,
   cúrcuma, jengibre)

• *Colas de Bogavante en brocheta*
   (mantequilla, brandy, guindillas)

•*Langosta rellena*
   (huevo, cebollino, perejil, queso
   mascarpone, estragón)

•*Piadina de Langosta*
   (piadina, aguacate, ricotta, panceta ahumada)

Proyecto Ingeniería: El Bar de la Langosta

VISTA PLANTA
E:1:65

Superficie total= 135 m2
Modalidad: Alquiler de local vacío.
Contrato alquiler mínimo: 10/15 años

Número de comensales= 25 (Barra+Sala). Si disponemos de terraza, será necesario añadir estos clientes.

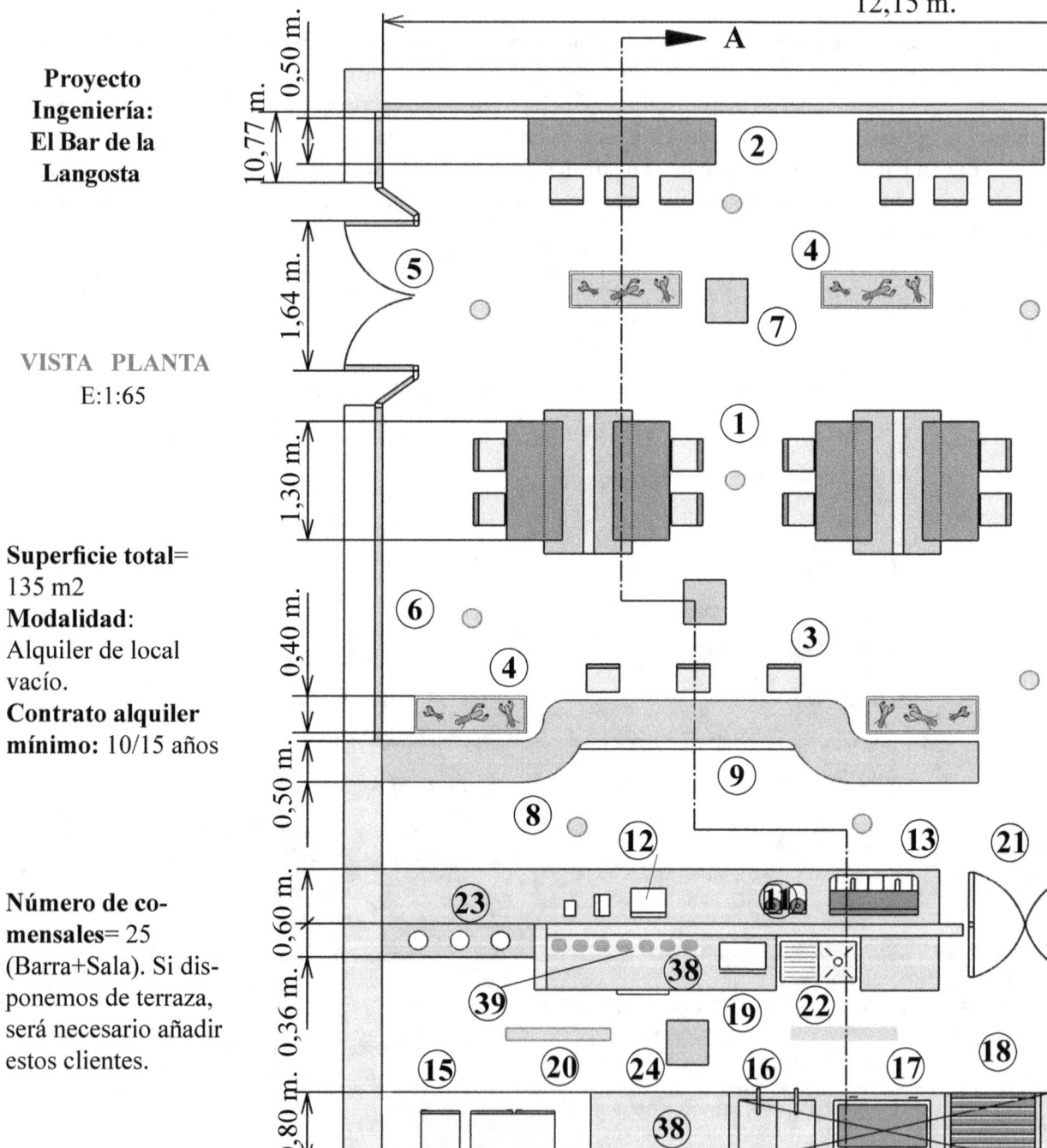

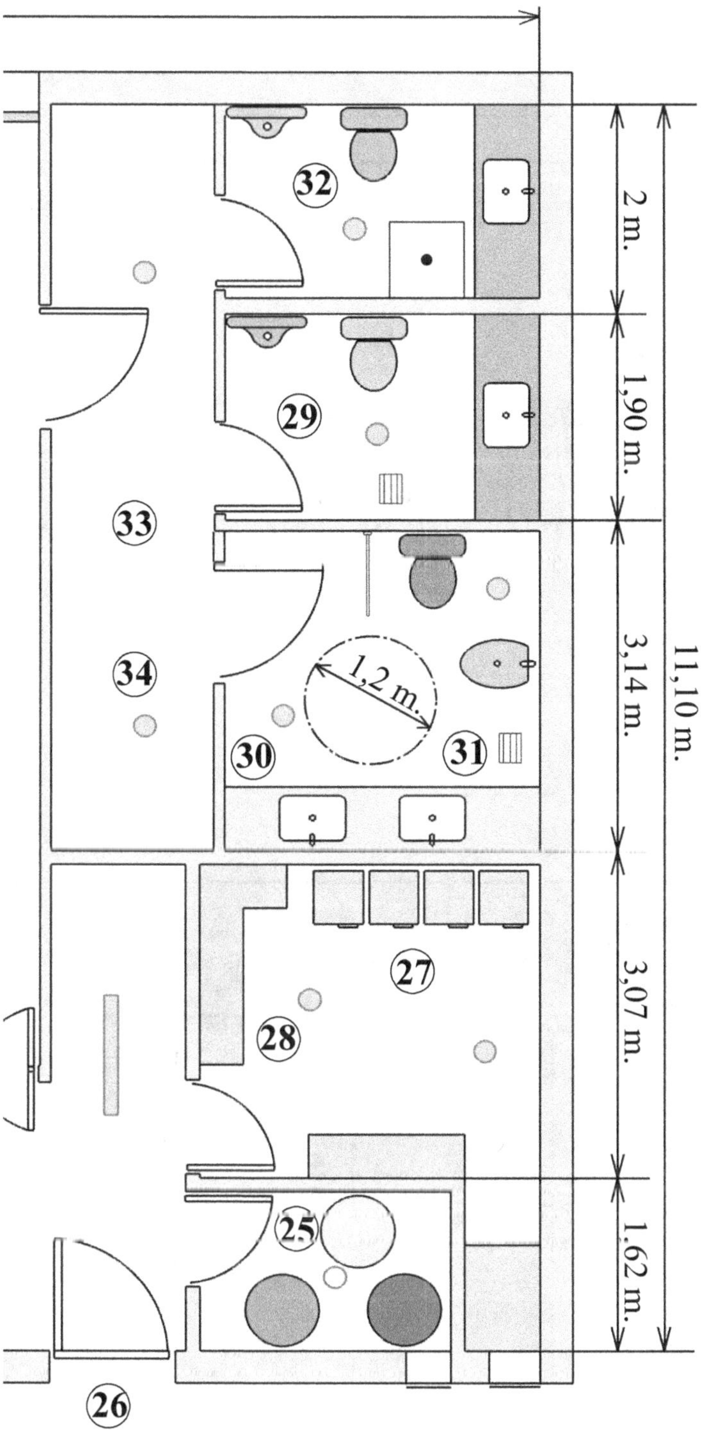

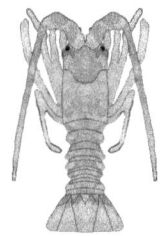

EL BAR DE LA LANGOSTA

En el dibujo de la planta se observa, en el área de la sala, el diseño elegido para las mesas. Distinguiremos dos conceptos diferentes alejándonos de las mesas tradicionales: (**1**) Asientos de obra. La mitad de los asientos de que dispone la mesa están construidos sobre banco pétreo. Divididos por un tabique bajo, también de obra, se situará simétricamente la otra mesa. (**2**) Mesa alta tipo barra. La idea surge para aportar un aire informal con asientos taburete y mesa alta pegada al ventanal o cristalera exterior.

El Bar del Cangrejo. El nombre bautiza el mismo concepto de negocio monográfico que el "Bar de la Langosta" aunque sustituyendo la langosta por centollo, buey y nécora o cualquier otra gran cangrejo marino. Es una propuesta diferente y probablemente única en el mercado.

Proyecto Ingeniería:
El Bar de la Langosta

SECCIÓN/PROYECCIÓN
A-A   E:1:50

Vista zona interior Barra y Sala.

Marca empresa. ⑩ Para enriquecer los motivos decorativos relacionados con el mar, añadiremos en las paredes interiores de la sala el logotipo pintado en color negro.

ALZADO-FACHADA
E:1:50

Vista entrada principal, rótulo fachada y cristaleras.

Marca empresa. ⑩ El logotipo negro se ha colocado también en el ventanal que se sitúa orientando hacia el exterior y en la fachada derecha. Así mismo si lo deseamos, sería interesante serigrafiarlo en los cristales de la puerta principal de entrada a un menor tamaño. Debe figurar en el logotipo, el nombre: "EL BAR DE LA LANGOSTA". Nosotros no lo hemos dibujado ya que se vería muy pequeño.

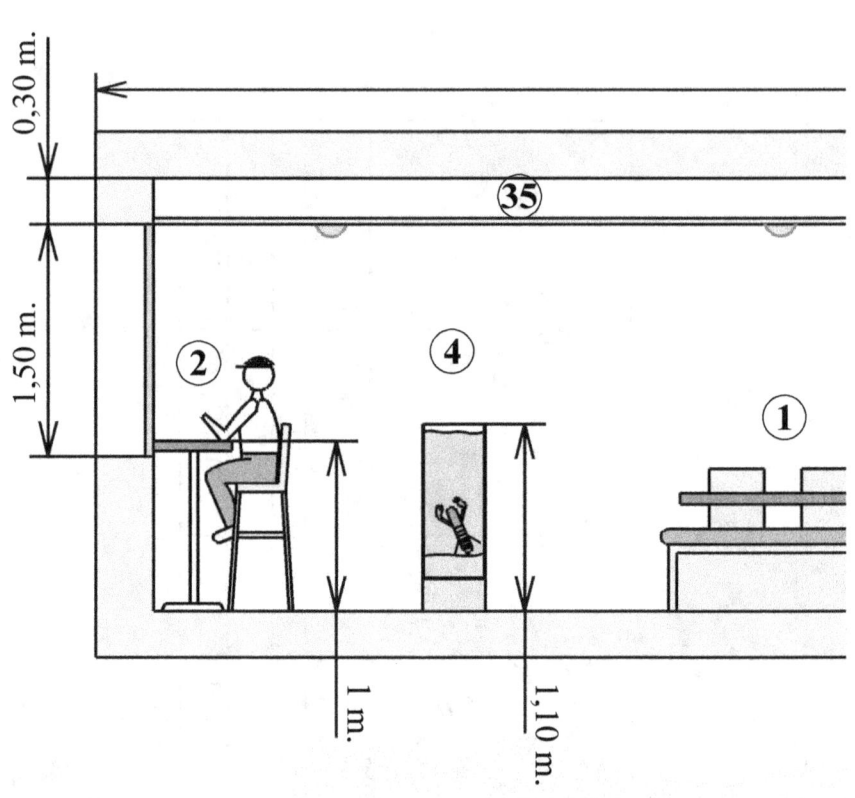

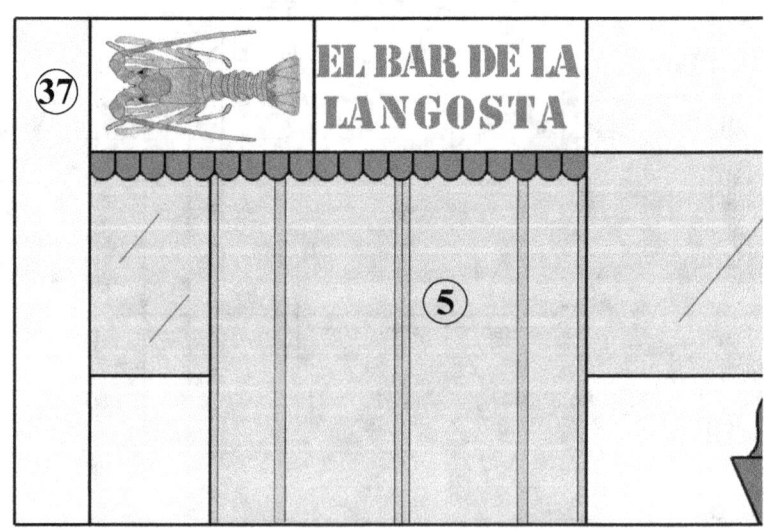

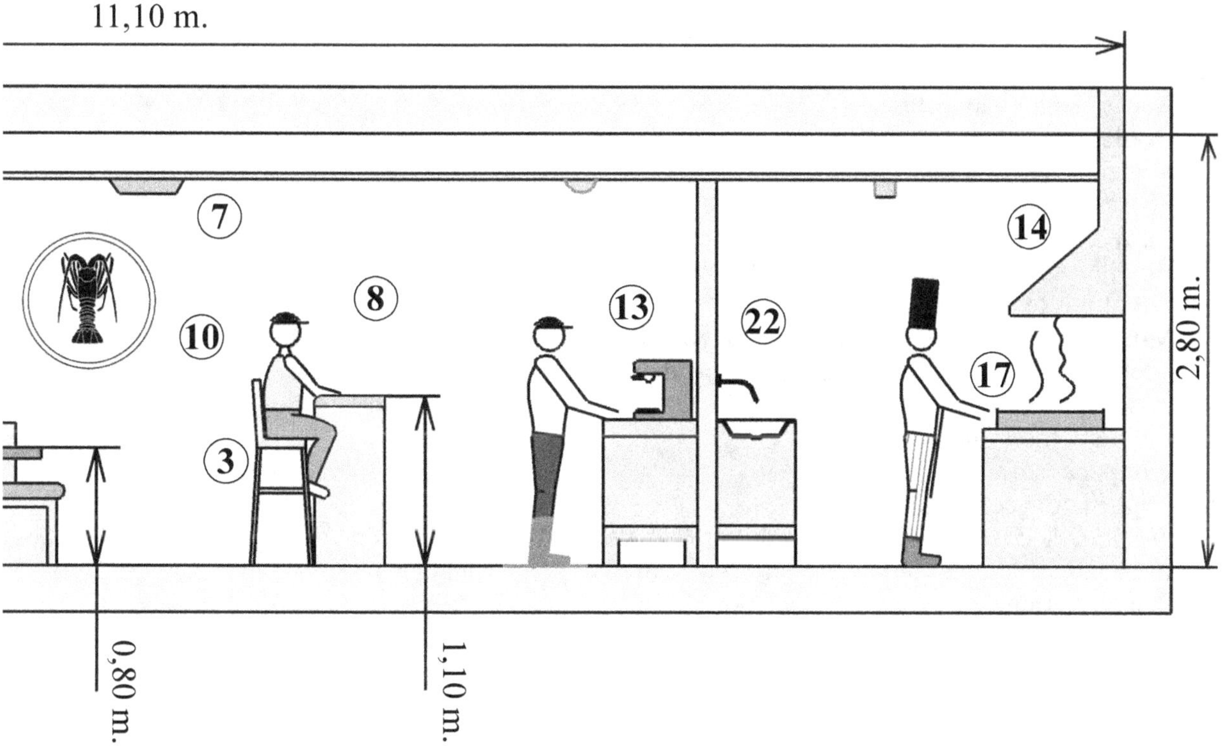
11,10 m.
7
14
8
13
22
10
2,80 m.
17
3
0,80 m.
1,10 m.

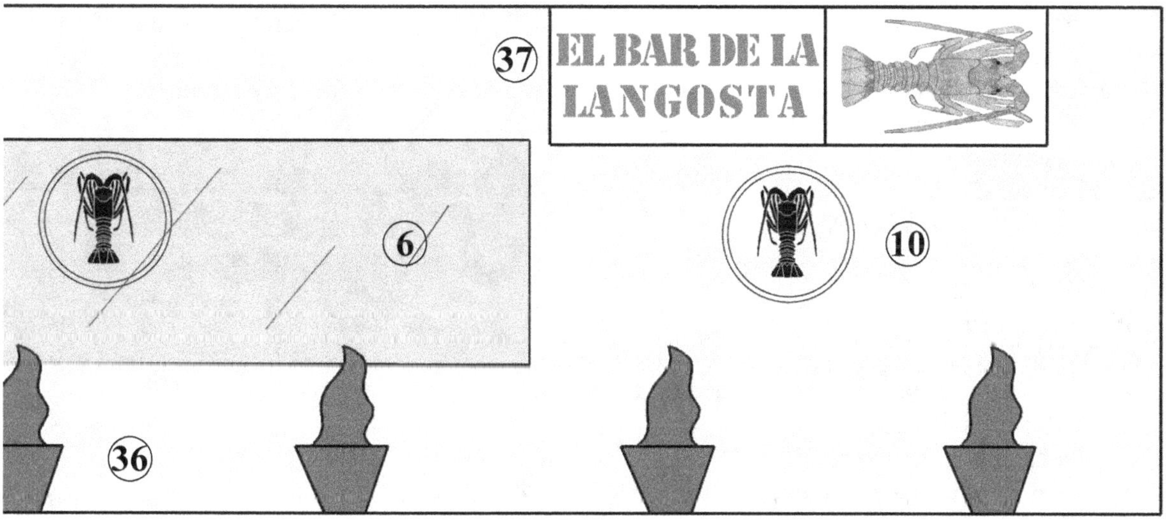
37
EL BAR DE LA
LANGOSTA
6
10
36

LISTADO DE COMPONENTES, MAQUINARIA Y DEMÁS MEDIOS.

1. 4 Mesas. 8 sillas+8 asientos de obra. Total 16 comensales.

2. 2 Mesas alta tipo barra. 6 banquetas de barra.

3. Banquetas barra (3).

4. Acuarios para langostas.

5. Doble puerta de entrada de cristal, retraída con dos laterales de cristal.

6. Ventanales exteriores.

7. Cassettes aire acondicionado.

8. Barra con requiebros para alojar los acuarios de langostas.

9. Botelleros bebidas alcohólicas y refrescantes.

10. Logotipo Restaurante.

11. Mostrador trasero barra. Zona para depositar la cafetera industrial, molinillos de café, máquina registradora TPV y datáfono para las tarjetas de pago.

12. Báscula para pesar el marisco. Adquirir modelos que pesen en gramos y desde una unidad.

13. Cafetera, molinillos café.

14. Campana extractora.

15. Frigorífico y congelador.

16. Freidora de dos senos. Para fritos de carnes y pescados. Es posible en vez de dos senos, elegir dos freidoras independientes aunque se encarecerá algo el precio final.

17. Plancha asados.

18. Área barbacoa. Parrilla carbón vegetal.

19. Microondas industrial.

20. Luces fluorescentes tipo led en cocina.

21. Puertas conexión área de la barra y cocina.

22. Zona fregaderos y escurridor.

23. Ventana para servir comandas.

24. Friegaplatos industrial,

25. Cuarto basuras. Contenedor verde para vidrio, amarillo para objetos metálicos y naranja para basuras orgánicas.

26. Puerta de acceso directo a la calle. Acceso directo desde la calle a la cocina y almacén.

27. Almacén alimentación y cuarto taquillas para trabajadores.

28. Estanterías almacén.

29. Baño caballeros.

30. Baño señoras y minusválidos.

31. Rejillas ventilación.

32. Baño trabajadores.

33. Pasillo recibidor baños.

34. Luces halógenas led.

35. Falso techo. Zona instalación y conducción eléctrica.

36. Plantas exteriores decorativas.

37. Rótulo fachada con letrero restaurante y logotipo.

38. Mostradores para trabajos cocina, zona de corte y emplatados.

39. Vitrina-refrigerador para ingredientes del *mise en place*

PRESUPUESTO PROPUESTA.

GASTOS OBRAS	PRECIO APROXIMADO	MAQ. HOSTELERÍA	PRECIO APROXIMA.
Campana humos Ventilación general	400 €	Frigorífico+ congelador *	900 €
Mostrador Barra+material	1.500 €	Parrilla carbón	400 €
Construcc. 3 baños	1.500 €	Luces+lámparas	500 €
Almacén+material	600 €	Envasadora vacío + Fregadero *	400 €
Pintura+material	1.200 €	Microondas y TPV* Freidora	265 € 300 €
Cristales	1.000 €	Lavavajillas *	890 €
Chapado Fachada+material	800 €	Menaje cocina	300 €
Obras Falso techo	600 €	Ventilación forzada	200 €
Chapado suelos+material	2.000 €	Menaje sala +barra	400 €
Ventilación general	400 €	Aire acond. x 3 *	2.100 €
Fontanería+material	1.500 €	Conductos aire acondicionado	500 €
Electricidad+mat.	1.500 €	Plancha+fuego gas	150 €
Aire acondiciona.	300 €	Sistema antiincendios 1 Campana *	800 €
Bancos obra mesas	300 €	1 Campana extracción humos *	1.200 €
		Vitrina refrigerador para ingredientes	800 €
SUBTOTAL	**13.600 €**	**SUBTOTAL**	**10.105 €**

CARPINTERÍA:	PRECIO APROXI-MADO	VARIOS:	PRECIO APROXI-MADO
Puertas entrada	500 €	Montaje estanterías almacén	120 €
Puerta almacén	150 €	Luces	600 €
Puertas baños	400 €	Acuarios	2.000 €
SUBTOTAL	**1.050 €**	**SUBTOTAL**	**2.720 €**
MOBILIARIO	**PRECIO APROXI MADO**	**VARIOS:**	**PRECIO APROXIMA**
2 Mesas+8 sillas *	1.000 €	Rótulo fachada	500 €
9 Banquetas barra *	880 €	Decoración	200 €
Mobiliario baños *	1.500 €	Extintores	250 €
2 Mesas altas	200 €	Alarma	350 €
Puerta almacén	200 €	Vestuario	200 €
Puertas restaurante	1.200 €	Material limpieza	200 €
Puertas baños	600 €	Proyecto ingeniería para licencia	2.000 €
4 Taquillas	460 €	Varios	500 €
Estantes almacén	600 €	Stock alimentación+ bebidas	900 €
SUBTOTAL	**6.640 €**	**SUBTOTAL**	**5.100 €**

COSTE TOTAL SIN IVA= 39.215 €

*Frigorífico congelador
*Campana extractora de humos
*Microondas para hostelería
*Televisión
*Aire acondicionado
*Antiincendios Campana

*Mobiliario: Mesas+Sillas
*Fregaderos industriales
*Lavavajillas industriales
*Mobiliario baños
*Banquetas barra

7. NUEVAS SUGERENCIAS DE NEGOCIO.

7.1 CAMA Y DESAYUNO. (*Bed & Breakfast*).

Bed & Breakfast define una expresión en inglés cuyo significado es: **Cama y Desayuno**. Modelo hostelero por excelencia en el Reino Unido con más de 25.000 negocios. Toda una vasta red entretejida a lo largo y ancho de la verde y hermosa campiña Británica. Es tal el éxito de este magnífico sistema de acomodación de clientes y viajeros que supone uno de los principales pilares generadores de empleo dentro del sector turístico en toda Gran Bretaña. Un concepto que nació como una verdadera alternativa a los rígidos y claustrofóbicos hoteles. El modelo es tan eficaz a nivel empresarial que hemos decidido incluir en nuestro libro esta propuesta.

Las dos modalidades que se han desarrollado en aquellas tierras se definen como:

– ***Bed & Breakfast.*** Es esencialmente una casa privada con habitaciones de alquiler. En realidad es "vivir un estilo de vida" en la que los propietarios comparten su casa con los huéspedes. Son familias que normalmente tienen hipotecada su casa y adoptan este tipo de negocio para ir amortizando el crédito. No tiene empleados.

– ***Guest House.*** De mayor tamaño, el propietario en algunos casos contrata a un conserje. Es ya un modelo empresarial que tiene que pagar IVA. Pueden ofrecer desayuno y comida o cena. En muchos casos ofrecen alcohol. La hipoteca es una hipoteca empresarial o comercial.

Ambos conceptos de empresa comparándolos con otro modelo similar, las casas rurales, son más sencillos y sobrios. "Cama y Desayuno" (**B&B**), solo dispone de la cocina familiar donde se degusta el desayuno (siempre casero) y sus habitaciones. Nada más. Las casas rurales en general son de un

mayor tamaño y por tanto necesitan de un incremento inversor: disponen de salón común, comedor, gimnasio, mostrador de recepción, etc. La elección del establecimiento podría ser cualquier pequeña casona de pueblo en el campo o a las afueras de una ciudad. Todas son factibles para convertirse en los eficaces y rentables **B&B.** Solo será necesaria una inversión media para adecuar habitaciones y baños, cocina y jardín. Alojamiento a muy buen precio y desayuno casero serán los principales atractivos de estos negocios. Por supuesto, servicio de internet por cable y wifi para móvil.

Ganaremos en eficacia acerca de esta propuesta hostelera tejiendo una red de conexiones entre todos los **C&D** así como disponer de una web que integre las direcciones existentes, describa las ofertas y desarrolle nuevas posibilidades.

7.2 EL TRENECITO DEL PUEBLO.

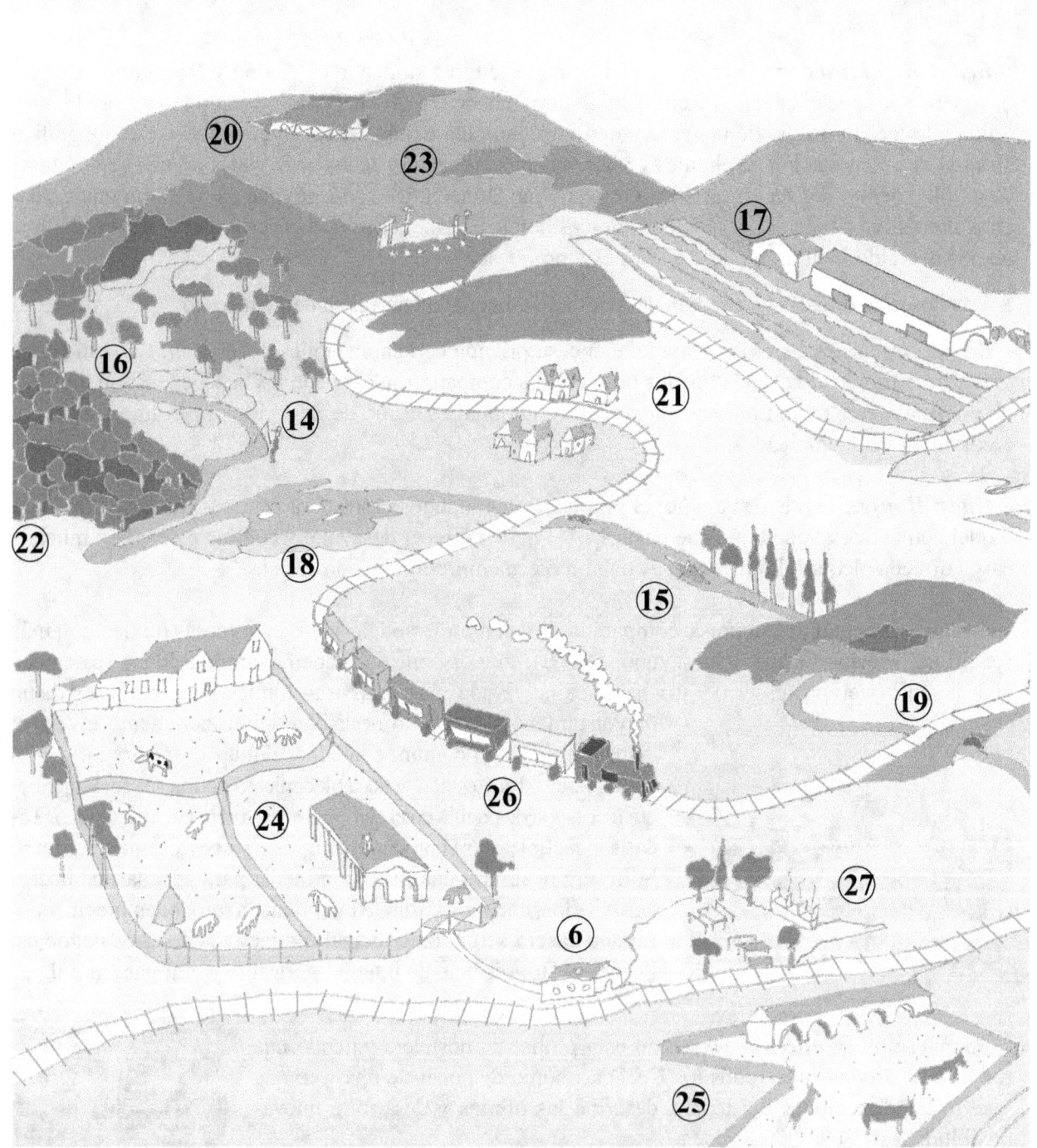

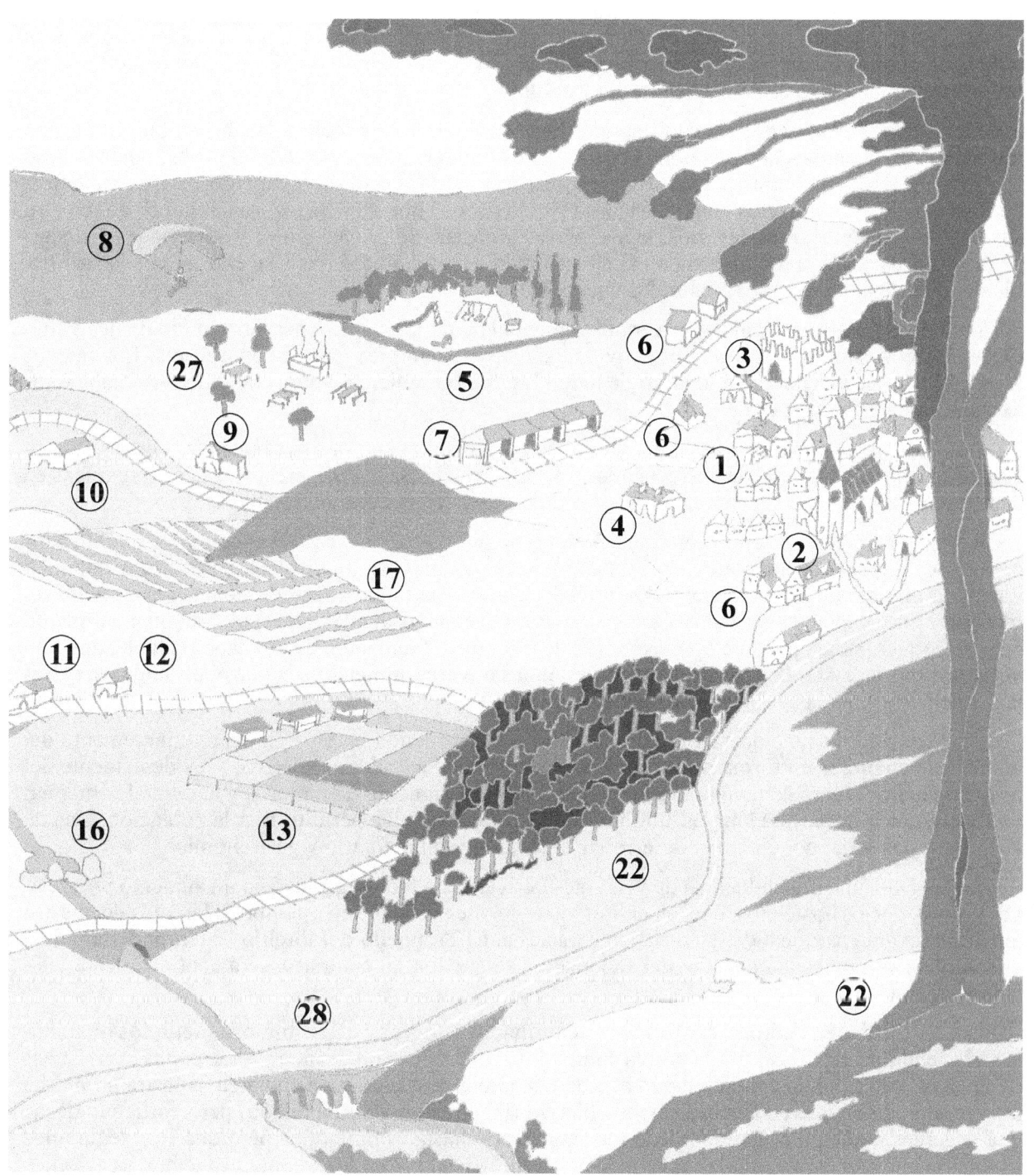

Uno de los objetivos prioritarios directores en la acción de quien ostenta la responsabilidad en cualquier ayuntamiento debería ser integrar y vertebrar todo su término municipal. Ahora bien, en realidad no solo deben ser los funcionarios y políticos los mentalizados de esa necesitad sino toda su población empadronada. Vamos a enumerar algunas de las ventajas derivadas de ello, debido a nuestra propuesta innovadora, **El Trenecito del Pueblo**:

– Gracias al fomento sobre el pleno aprovechamiento de la superficie total disponible de terreno municipal, evitaremos a la población la necesidad de habitar forzosamente en el propio pueblo como centro neurálgico; al contrario, será posible construir y establecerse sobre numerosos asentamientos, incluso aquellos catalogados como "rincones paradisíacos" que a buen seguro habrá por doquier en sus campos, praderas, bosques, ríos, lagos, playas y costas. Se proyectarán construcciones aisladas, pequeñas urbanizaciones o formando núcleos a modo de mini aldeas. Toda su extensión debe ser habitada, respetando los parques naturales o nacionales.

– La red de carreteras y caminos se verá incrementada y mejorada. Los servicios municipales y médicos; correos, suministros y demás actividad social y económica ganarán en eficacia. Los nuevos asentamientos se extenderán a lo largo de todo el término municipal y no centrando a los habitantes exclusivamente en un núcleo.

– La mejora en las comunicaciones facilitará la aproximación con otras poblaciones cercanas. A su vez, disminuirá la duración de los recorridos y sus distancias. Se pueden crear rutas gastronómicas en cada comarca, gracias a las conexiones de los diferentes "Trenecitos del Pueblo".

– Un diseño correcto del tejido comunicacional (con la aportación de **El Trenecito del Pueblo**), incrementará exponencialmente los movimientos poblacionales para activar el desarrollo económico y generar un gran número de puestos de trabajo. Una de estas consecuencias beneficiosas puede ser recuperar los campos, la agricultura y explotaciones ganaderas abandonadas; otra, el mantenimiento de sus bosques para la prevención y extinción de incendios. Plantación de arbolado rentable, que a su vez contribuya a evitar la desertización; ahí están las oliveras, almendros, algarrobos, nogales, castaños, avellanos, encinas, robles, pinos piñoneros, etc.

– Es evidente que los mejores resultados obtenidos se traducirán en un significativo incremento del número de empresas en forma de cooperativas, proyectos laborales asociativos y evidentemente del turismo dentro y fuera de temporada (estacionalidad). El aumento de ingresos y actividad comercial **van a frenar la despoblación y abandono de los pueblo**s; van a permitir fijar la población, Una de las propuestas sería, por ejemplo, desarrollar el sector agroalimentario y gastronómico.

– Por otro lado, una gran afluencia de visitantes derivará con toda seguridad en un aumento progresivo de los negocios hosteleros, que, en definitiva, es lo que nos atañe en este libro. Haremos de nuestro territorio un gran parque lúdico y turístico. Gracias a, **El Trenecito del Pueblo**, el termino municipal al completo «ya no estará aislado o abandonado a su suerte»; al contrario, será continuamente visitado y disfrutado.

Para ello se deben acometer reformas encaminadas a lograr esta ambiciosa meta; los obstáculos provendrán, unas veces por la propia complejidad del relieve orográfico y otras por características de diversa índole que lo condicionarán debido a la idiosincrasia de cada comarca. Nuestra propuesta se centra precisamente en alcanzar dicho objetivo (integración y vertebración) pero partiendo desde una sugerencia que en principio puede ser simpática o hasta estrambótica pero que les aseguramos es totalmente realista y factible. Acerca de la viabilidad del proyecto, adjuntamos empresas donde se desarrolla desde hace muchos años algo similar como negocio local, en numerosos países de Europa. La innovación que proponemos nosotros sería ampliar este concepto a todo el acotado de la demarcación municipal: cremallerademontserrat.cat, www.rhune.com/es, www.eastlinks.co.uk, perrygrove.co.uk, www.shakespeareexpress.com, www.gaerfarmholidays.co.uk, www.windmillanimalfarm.co.uk

(no somos partidarios de incluir direcciones de webs, ya que con frecuencia los enlaces se desactivan o desaparecen, pero en este caso haremos una excepción por si alguno de ellos permanece en el tiempo).

La mayoría de las poblaciones exceptuando las grandes ciudades, encuentran dificultades en atraer un tipo de turismo que no solo acuda a los habituales "puntos de interés" conocidos por todos, caso de municipios situados a orillas de la costa donde sus playas harán por sí mismas el trabajo de promoción o en núcleos de gran relieve histórico o natural. Por tanto, la propuesta va dirigida fundamentalmente a localidades que posean innumerables "atracciones" desconocidas para el turista, conectando estos descubrimientos con sus nuevas propuestas, ofertas y actividades empresariales; todo ello gracias a, **El Trenecito del Pueblo**.

El diseño y desarrollo del proyecto debe iniciarse obviamente analizando el mapa o plano de nuestro término municipal. En él señalaremos las áreas por las que podría circular el Trenecito, así como los atractivos turísticos de diversa índole que posea en la actualidad dicha población. Para ello realizaremos una lista exhaustiva de toda la oferta clasificada por temáticas: gastronomía y hostelería, naturaleza, deportes, monumentos históricos, espacios culturales, deportes, ocio, agricultura, etc..

En su análisis ¿cuántos de ellos no están comunicados y bien señalizados?. Es evidente que la construcción de la vía del tren debe tener en cuenta el propio pueblo como lugar de salida y final del recorrido, si bien, el proyecto tomará conciencia de que el diseño del itinerario tiene que alcanzar precisamente esos territorios lejanos u olvidados. Una vez descubiertas las carencias de vertebración podremos ir configurando este trazado dibujado directamente sobre el plano. El Trenecito debe circundar el pleno del término (si dicho territorio es muy extenso se pueden realizar recorridos turísticos parciales o por tramos; en cualquier caso, el trayecto será siempre válido y aprovechable para la propia población del término municipal).

Además del patrimonio inherente que posea el pueblo es interesante realizar una larga lista de las ofertas potenciales e innovadoras con posibilidades reales de implementación en el consistorio. Una parte de las mismas nacerán de los propios habitantes en forma de autónomos, emprendedores, pequeñas empresas asociadas o cooperativas. El resto provendrán con iniciativas del mismo ayuntamiento sufragándose en subvenciones que fomenten la actividad económica y creación de empleo. Enriquecer el proyecto con nuevas actividades y profesiones, espacios para el entretenimiento y potenciación de los actuales, será la forma correcta de gestionar esta nueva gran apuesta de promoción turística, hostelera, cultural y agroalimentaria en nuestro pueblo. La inversión total del proyecto se dividirá entre el ayuntamiento con una partida asignada a su presupuesto, otra parte proveniente del Estado y, obviamente, el resto de la financiación debe contabilizarse desde la empresa privada que desee implicarse en la idea. El gasto total es perfectamente asumible:

1. Construcción e instalación de la vía del tren a lo largo del territorio incluyendo nuevas áreas de difícil acceso por carretera. 2. Adquisición de una pequeña locomotora y sus correspondientes vagones. La sencillez y simpatía en el conjunto ferroviario es primordial. El tren tiene que ser como de "juguete". Con grandes ventanales en sus vagones, colores llamativos y una locomotora tipo vintage a vapor de agua o con baterías eléctricas. La opción de tren en cremallera será completamente necesaria para extender la vía del tren por laderas, lomas y zonas montañosas de gran interés.

Aquí viene reflejado un escueto listado de posibilidades como base desde donde el ayuntamiento y su equipo iniciarán el desarrollo de este proyecto tan innovador en nuestra opinión, **El Trenecito del Pueblo**:

– **Historia**: Dentro del propio pueblo, edificios históricos, la iglesia, el ayuntamiento, barrio medieval, visitas culturales guiadas, museos. Monasterios, parador nacional.

– **Deportes Turismo de aventura**: Pesca en el río, caballos, parapente, senderismo, kayak por el río, natación y baños en las pozas del río. Campamentos de verano. Viajes en globo.

– **Hostelería**: Tenderetes de cocina callejera, restaurantes, bares, tabernas y cafeterías recomendados. Espacios para celebraciones de bodas, comuniones y acontecimientos multitudinarios.

– **Sector Agropecuario**. Potenciación la creación de nuevas explotaciones en agricultura y ganadería.

– **Viticultura**: Visita a viñedos, recorridos por bodegas, cata de vinos, Adquisición de vino de barril y embotellado. Tienda de vinos: vinacotecas.

– **Compras**: Mercado hortofrutícula ecologico. Mercado de artesanía en madera y hierro. Tiendas de productos artesanos del pueblo: embutidos, fiambres, quesos y conservas. Comercios de dulces artesanos, hornos y panadería antigua. Charcutería y carnicería de productos de la comarca. Tiendas de alfarería y cerámica de autor. Talleres de pintura. Talleres de orfebrería de calidad, Talleres de trabajo del cuero.

– **Aficiones**: Avistamiento de aves. Yacimientos arqueológicos. Micología y recolección de setas.

– **Turismo**: Visita a cuevas. Granja de animales para visitas en familia. Parque de juegos para niños al aire libre.

– **Naturaleza**: Visitas guiadas por los bosques de la zona. Botánica en los alrededores del pueblo: plantas y árboles. Laguna de aves acuáticas. Safaris fotográficos.

LISTADO DE PUNTOS DE INTERÉS Y NUEVAS ACTIVIDADES EN EL DIBUJO PROPUESTA.

1. Centro histórico. **2.** Iglesia medieval. **3.** Castillo. **4.** Parador Nacional.
5. Parque infantil al aire libre. **6.** Restaurantes y bares. **7.** Tenderetes cocina callejera.
8. Parapente. **9.** Alfarería de autor. **10.** Taller de pintura. **11.** Artesanía creativa. **12.** Carpintería.
13. Mercado de agricultura ecológica.
14. Actividades en el río: Pesca deportiva. **15.** Kayak. **16.** Zonas de baño.
17. Bodegas de vino. Viticultura. Visitas a los campos de viñedos.
18. Laguna natural con aves acuáticas.
19. Visitas guiadas a cuevas y grutas. Espeleología.
20. Ornitología. Mirador para avistamiento de aves.
21. La aldea de productos alimenticios artesanos.
22. Visitas guiadas al bosque. **23.** Yacimiento arqueológico.
24. Excursión a la granja de animales. **25.** Escuela de equitación. Rutas a caballo.
26. El Trenecito del Pueblo. **27.** Áreas de picnic. **28.** Carretera.

7.3 COCINA DE UNIÓN.

La carta que sintetiza esta nueva apuesta o sugerencia gastronómica no parte de la clásica carta internacional: un tipo de menú que creemos ampliamente superado por sus obsoletas y sobre todo desvirtuadas elaboraciones en comparación con las verdaderamente originales. Un claro ejemplo de ello es la afamada paella (Paella Valenciana), plato que figura en las cartas internacionales de numerosos restaurantes alrededor del mundo. De la receta original elaborada en tierras valencianas al arroz con toda clase de "porquerías" que ofrecen estos establecimientos turísticos, desde luego, existe un abismo.

La identidad de nuestra sugerencia: **Cocina de Unión**, tiene cierta relación con la cocina internacional ya que en algún caso parte de ésta al incluir platos provenientes de otras cocinas del mundo, si bien, la hemos transformado desde una visión totalmente innovadora.

Probablemente este formato sea de los más dinámicos y atrayentes en el amplio espectro que conforma el gastrosector actual. Ni siquiera es una opción de futuro, el presente es ya, una realidad. La aceptación y éxito en este modelo mixto de cocina viajera, es cada vez más notorio y con frecuencia mencionado en los medios de comunicación.

En realidad la **Cocina de Unión**, se asienta sobre una carta tipo con sugerencias ya propuestas en el Capítulo 8. La Carta. Un tipo de menú estructurado sobre nuestra "cocina regional de siempre", cocina de mercado o cocina de producto aunque incorporando aires nuevos sobre platos a base de elaborados sencillos y realizados como los originales de países tan distantes y opuestos como Vietnam, Tailandia, México, Perú, Armenia o Italia. Recetas cortejadas con ingredientes nuevos, desconocidos; aderezados con fragantes especias, currys, hierbas o frutas exóticas. En definitiva, un soplo de aire fresco basado en cocina multicultural y del mundo: Cocina de Unión.

Para enriquecer más aún la lista propuesta de platos, salpicaremos la misma con pequeñas incorporaciones creativas de Cocina de Fusión: ¿por qué no realizar una mixtura de pasta italiana con ingredientes *thais* o pescados españoles con influencias peruanas?. Combinaremos plancha, parrilla o robata, freidora, sartén y *wok*.

Nuddles tailandeses fritos

Khorovats armenios

Pilaf chicken

PROPUESTA DE CARTA

Entrantes

- Pulpo con patatas al pimentón 9 €
- *Bruchetta de vittelo tonnato 8 €*
- *Patatas Cajún picantes de la*
  casa 4,50 €
- Calamares Romana frescos 6 €
- *Kachapouri armenio 8 €*

Dolmas griegos

- Champiñones rellenos de jamón y queso 5 €
- *Sandwich Pastrami (adquirir cocinado) 9 €*
- *Nuddles tailandeses fritos 8 €*

- *Piadina de porchetta, queso y rúcula 9 €*
- Mejillones al aroma de limón y pimienta 5 €
- *Dolmas griegos 9 €*

Segundos

- *Entrecot de Ternera Gallega 11 €*
- *Pilaf chicken 7 €*
- Rodaballo al Azafrán 11 €
- *Ratatouille a la parrilla 9 €*
- Salmón en salsa de pimientos verdes 6 €
- Fideuá de marisco (por encargo) 8 €
- *Tacos de cochinita pibil 9 €*
- Cazuela de higaditos con cebolla 4.50 €
- Paella Valenciana (fines semana) 6,50 €
- *Ceviche peruano de caballa 8 €*

- Solomillo Ibérico a la Crema de Pimienta 9 €
- Chuletitas de cordero lechal con ajos tiernos 10 €
- *Khorovats armenios 11 €*
- Lacón ahumado a la gallega 7 €
- Arroz meloso de Bogavante (por encargo) 14 €
- *Robata de pollo, gamba y verduras 4,50 €*
- *Solomillo de Buey de Monforte de Lemos 18 €*
- *Kofta Kebabs en salsa Tzatzik 8 €*
- Mero al horno 12 €
- *Tajine de pollo, pimientos y limón encurtido 11 €*

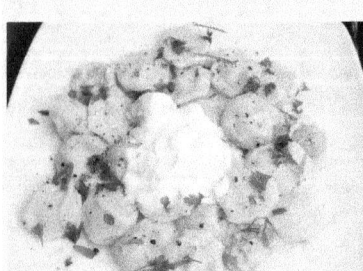

Pelmeni rusos

Postres

- Crepes de chocolate con nata y
  sirope de caramelo 4 €
- Crema Catalana con guindas rojas y
  nata 4 €
- *Tiramisu italiano 6 €*
- *Brest relleno de nata fresca 6 €*

Sandwich Pastrami

A RESALTAR.

Sin embargo debemos reflexionar concienzudamente a la hora de estructurar y definir bien la carta. Un riesgo que podemos correr es crear una minuta totalmente desvirtuada debido a la inclusión de una amalgama de recetas de otros países colocadas sin sentido y por tanto, completamente irreconocible por el comensal. El comensal debe tener una base desde la que poder elegir.

Dos tipos de sugerencias serían posibles: la primera, desarrollada en la página anterior, es decir, un menú de nuestra cocina regional o de país, enriquecida con algunas inclusiones partiendo de una pequeña selección de los platos más sabrosos y de mayor aceptación en los restaurantes provenientes de los países citados con anterioridad. La segunda opción, podría ser arriesgarnos un poco más y volcarnos totalmente en la cocina de otros países, dividiendo la carta por naciones: italiana, vietnamita, mexicana, española, tailandesa o china. Las decisiones sobre los platos deberán girar entre los más conocidos y sobre todo, ricos, sabrosos, fáciles de elaborar y con imaginativas presentaciones.

7.4 COMIDA PARA LLEVAR.

En realidad, la sugerencia 7.4, a simple vista, tiene poco de novedosa u original; ciertamente no lo es. Un negocio de "comida para llevar" es bien conocido desde hace muchas décadas y en todos los formatos imaginables.

Vamos a exponer las razones por las que incluimos esta propuesta tan rentable. En el Capítulo 15, Apartado 5, Diseño de Ventanas, Cristaleras y Puertas, hablamos acerca de la gran importancia que tiene el desarrollo de estrategias de promoción de nuestros productos hacia los viandantes que circulan por las calles y por deducción potenciales clientes.

Conocemos sobradamente las vías habituales para dar a conocer la actividad que ofrece una microempresa: publicidad, folletos informativos, guías, anuncios, carteles, webs, redes sociales, etc..Todas ellas intentarán captar a los consumidores no presentes, pero, ¿por qué no captar también a esos consumidores que pasan "a miles" delante de nuestro local cada día?. Es una estrategia comercial gratuita y con un potencial a tener muy en cuenta. El único secreto es desarrollar adecuadamente los reclamos. Nuestra propuesta va a convertir un negocio intrascendente de "comidas para llevar" en un lugar de gran éxito.

CONDICIONES PARA EL ÉXITO.

– Locales asentados en barrios y núcleos habituales para estudiantes. Dicho sector de población juvenil habita con frecuencia en pisos compartidos, habitaciones de alquiler o colegios mayores; y suelen asentarse alrededor de los campus universitarios, centros de estudios y academias. Estos verdaderos "guetos juveniles" poseen un gran dinamismo cultural, actividades lúdicas y diversión. De todos es sabido –podemos afirmarlo– que la mayoría de los jóvenes no cocina, éstos prefieren la comida preparada o la comida para llevar. Es más práctico y no les quita su preciado tiempo. Ellos serán nuestros clientes incondicionales. (Negocio todo el año).

– Locales en zonas muy turísticas tanto de mar como de montaña. En periodos vacacionales y días de descanso poca gente está dispuesta a cocinar. (Negocio de temporada).

– Los mostradores/refrigeradores de comidas deben situarse muy cerca de la entrada al local, casi pegados al exterior. Será el reclamo perfecto al mostrar a los viandantes de la calle los maravillosos manjares que se exponen. La gente mirará al pasar, hambrienta y deseosa, nuestro escaparate emplazado "casi en la vía", aunque cumpliendo la ley. Evitar que se den aglomeraciones de clientes que puedan invadir la acera; por ello, deberemos despachar con gran prontitud.

– Cocina casera y tradicional bien conocida por todos y evidentemente muy bien elaborada. En el caso de España: paellas, fideuà, croquetas, bacalao, lasaña, platos de cuchara, berenjenas rellenas, tortillas, ensaladas, pollo, costillas y un inmenso etcétera. Para otros países se propondrá su cocina regional típica y más popular.

Comercio situado en esquina o esquinero a dos caras y con doble entrada/mostrador.

149

Estudio y análisis de 3 modelos presentes en el mercado.

Inicialmente presentamos los dos modelos existentes en múltiples construcciones y **no recomendados**. Es decir, los dibujos o planos muestran las deficiencias en relación a la exposición correcta de las "comidas para llevar". Como hemos desgranado en nuestra propuesta, la premisa u objetivo fundamental conducente al éxito, será la cercanía de los expositores hacia la calle exterior.

Los mostradores alejados del exterior y de la entrada al local, perjudican la exhibición de los productos a comercializar; no facilitan su autopromoción a los viandantes de la calle donde este asentado el comercio.

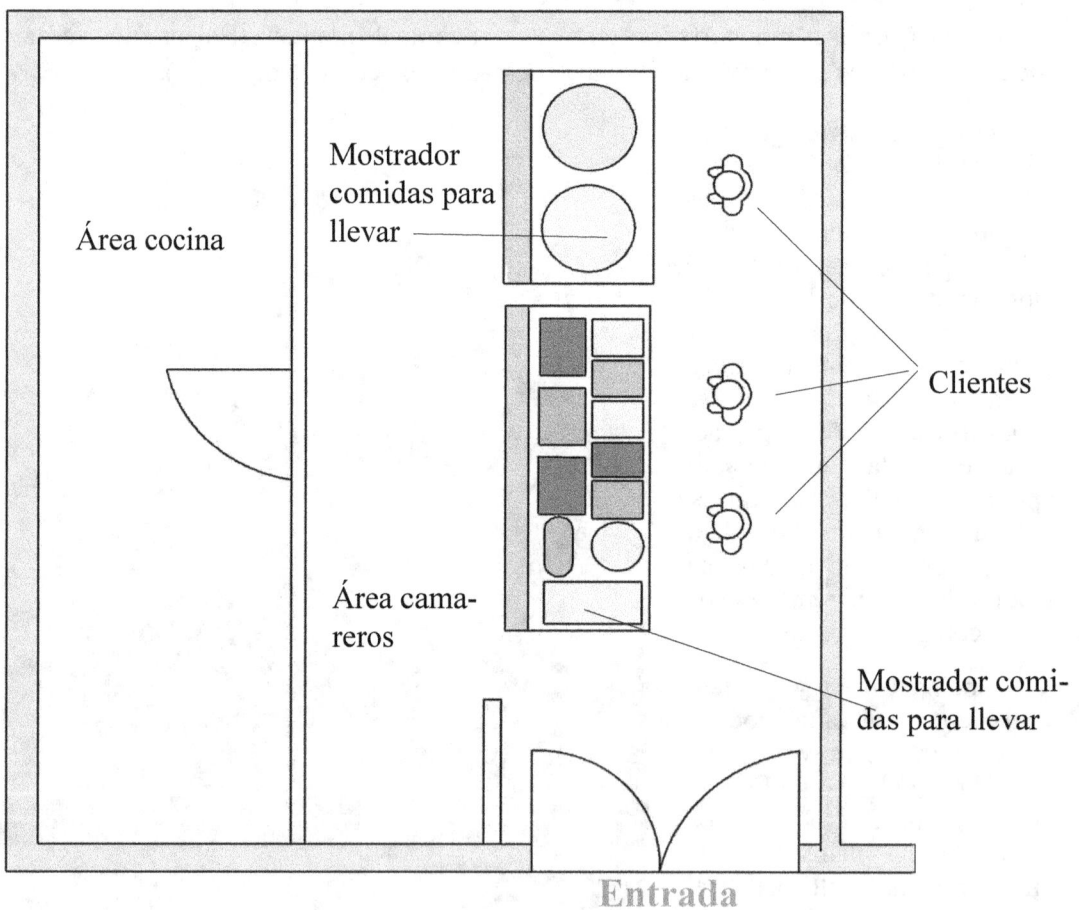

Modelo 1.

Los dos mostradores donde se exponen las "comidas para llevar" están situados de forma vertical, o dicho de otro modo, perpendicular a la puerta de entrada. Por tanto, su emplazamiento anula totalmente la visión de los productos desde el exterior. El cliente necesita entrar por completo en el local abriendo las puertas y buscar los platos preparados. Se sentirán incómodo al mirar los productos y luego salirse sin comprar nada.

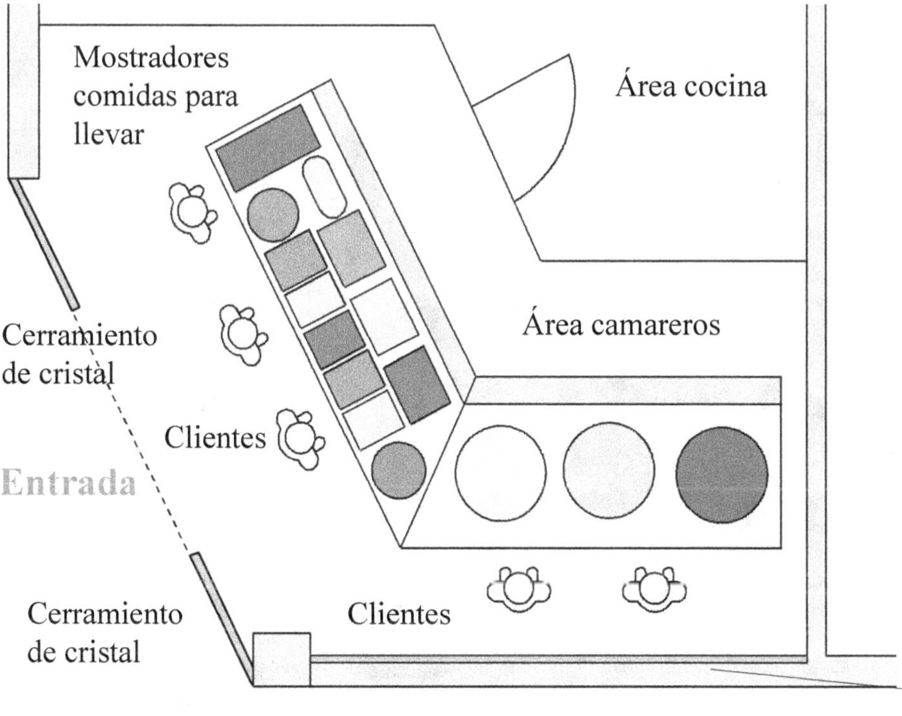

Mostradores comidas para llevar

Área cocina

Cerramiento de cristal

Área camareros

Clientes

Entrada

Cerramiento de cristal

Clientes

Modelo 2.

Si bien posee una gran entrada, el mostrador izquierdo está situado en la zona profunda del local, por tanto, los clientes no pueden divisar los alimentos desde la calle. El mostrador derecho se asienta más cercano al exterior pero se ve a través de un cristal puesto que existe un cerramiento con tabique en el lado inferior.

Tabique y cristal

Modelo 3. Propuesta recomendada. Fotografías páginas 148 y 149.

Observamos dos características muy importantes que se dan en este diseño exitoso: 1. Dos entradas amplias con ausencia de tabiques, cristales y perfiles de aluminio. El cerramiento se produce mediante las persianas metálicas, que siempre están subidas. 2. Los mostradores de las "comidas para llevar" están situados muy cerca del exterior. Dejar tan solo el espacio suficiente para que quepan las personas (unos 70 cm.).

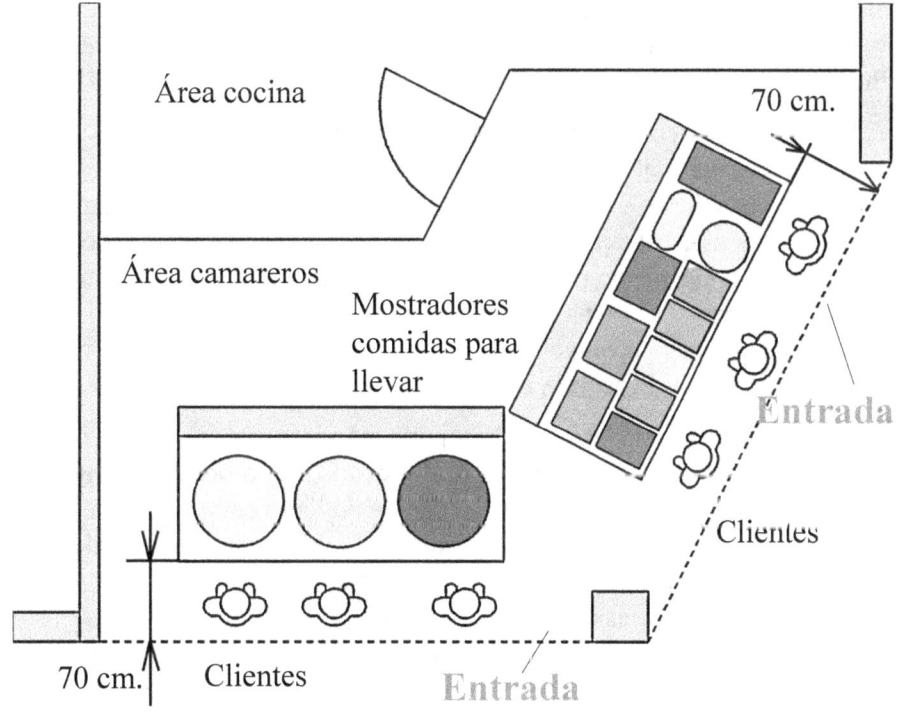

Área cocina

70 cm.

Área camareros

Mostradores comidas para llevar

Entrada

Clientes

70 cm. | Clientes

Entrada

7.5 ROBATERÍA.

La propuesta que presentamos tiene su origen, como modelo hostelero, en el archipiélago nipón. Compuesto por más de 6.000 islas, Japón es realmente un país singular en el que sobresalen por su originalidad muchas de sus actividades económicas. De ellas extraemos dos realmente notables por su tradición a lo largo de los siglos y por su riqueza y variedad: la pesca marítima y la gastronomía.

Para asegurarse una correcta alimentación, los pescadores japoneses en sus interminables viajes por barco sobre las largas temporadas de pesca, desarrollaron un sistema de asado y cocción de los alimentos, sencillo, manejable y sobre todo fiable: a prueba de incendios en cubierta. Construyeron un cubo de hierro rectangular como fuente segura de calor, en el que introducían carbón. A este habitáculo metálico lo llamaron *"robata"*.

Las tradiciones culinarias orientales (japonesa, tailandesa o china), confeccionan sus elaboraciones hacia una cocina saludable y con ausencia de grasas. En nuestra propuesta y gracias a la *robata*, la falta de contacto con la fuente de calor (las brasas) y su lento cocinado, ensalzan e intensifican el sabor y aroma de los alimentos. Una *robatería* tiene como centro neurálgico a una *robata* o *robatayaki*. Equipamiento industrial basado en un alojamiento cerámico de paredes gruesas para conservar y aislar el calor. En él se colocan brasas de madera o carbón al estilo de una clásica parrilla o barbacoa. Sobre este "pozo refractario", se montan normalmente 3 niveles en estructura de acero. Dichas barras metálicas se colocan paralelas para sustentar a las brochetas o *yakitoris*.

El primer nivel (más cerca del carbón incandescente) se utiliza para braseados (normalmente carnes). En el segundo nivel, un poco más elevado, se colocan alimentos más sensibles al calor y fuego como verduras o pescados que necesitan de un lento cocinado para imprimirle un sabor concentrado, intenso y ligeramente ahumado, delicioso. Finalmente el tercer nivel o altura, lo utilizaremos para conservar los alimentos calientes, ...esperando para emplatar la comanda. En los tres niveles, se comercializan, pequeñas parrillas metálicas para colocar sobre las barras. Además de estas rejillas, existen accesorios como los *kebabs* o los *teppan* (pequeñas planchas de acero). La adaptabilidad y versatilidad para crear diferentes tipos de elaborados o acabados es total.

La carta se basará en una larga lista compuesta a base de creaciones de brochetas orientadas hacia la cocina de nuestro país pero con toques exóticos para hacerla más fresca, actual e innovadora.....De carnes con verduras, de carnes maceradas, de pescados y mariscos, de verduras, *yakitoris* mixtos de mar y montaña....Las combinaciones son infinitas. Los emplatados de las mismas se enriquecerán con especias, salsas, vinagretas y aderezos vegetales.

En los casos en que el ensartado lo permita es preferible que la brocheta o *yakitori* sea de madera o bambú y no de acero. Nunca se calentará ya que la zona no rellenada de alimentos deberá siempre reposar sobre las barras metálicas y por tanto, no estará en contacto con el calor. Al ser de madera se manejarán sin riesgo de quemaduras por parte de cocineros y comensales.

La *robata* debe situarse en medio de la sala, dentro de una barra cuadrada o rectangular y siendo la protagonista del espectáculo que ofreceremos a los comensales. No será necesario una cocina. Ver trabajar a un chef en la *robata*, es muy vistoso y colorista. Una gran e innovadora atracción. Está puede ser la única inversión en maquinaria industrial. Sin hornos, cazuelas, planchas o freidoras,

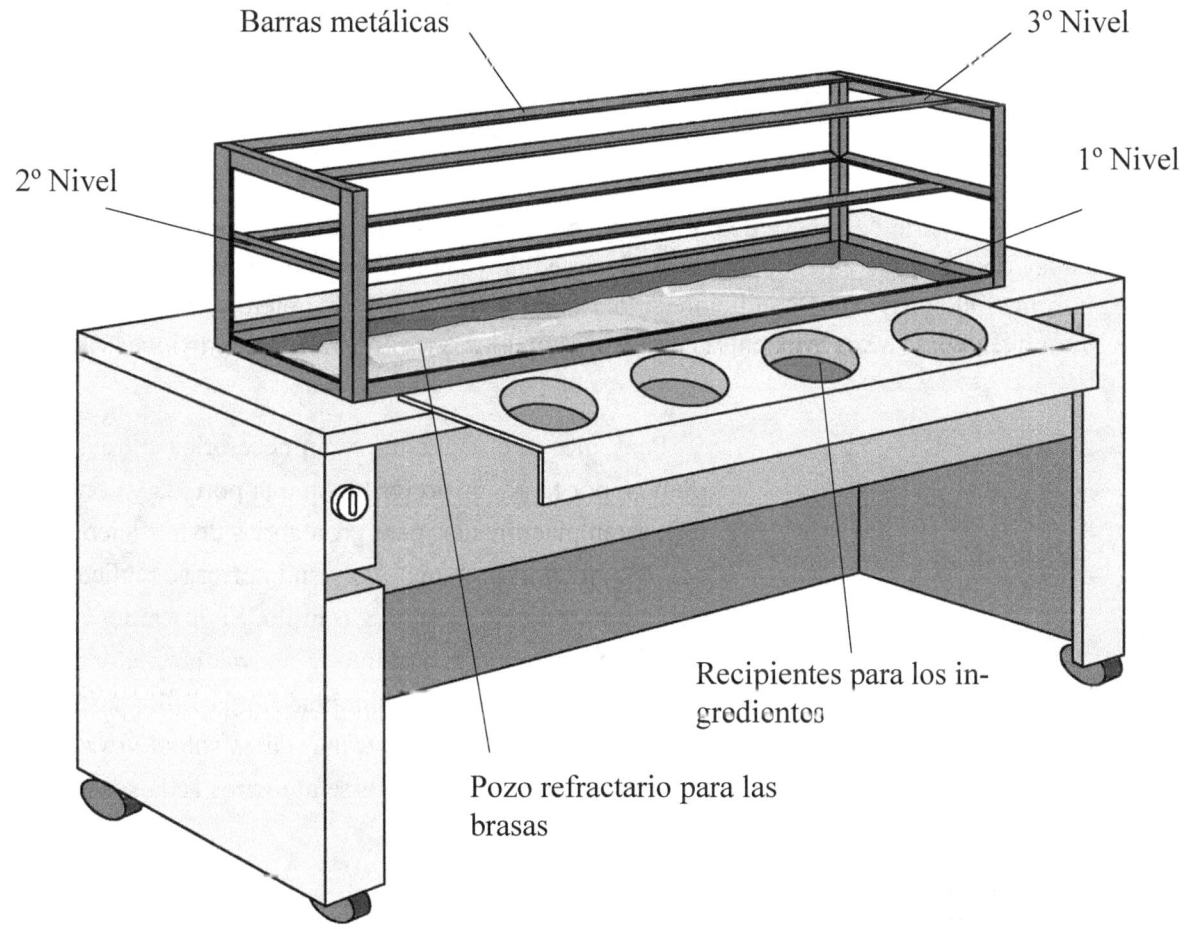

Barras metálicas

3º Nivel

2º Nivel

1º Nivel

Recipientes para los ingredientes

Pozo refractario para las brasas

153

8. LA CARTA.

La carta representa, en cualquier apuesta culinaria, el centro vertebrador de toda la actividad empresarial; podríamos denominarla como el resumen de todo el esfuerzo generado por el equipo de personas que han hecho realidad el nuevo proyecto. Propietarios, diseñadores, cocineros, camareros, sumilleres y proveedores han realizado un trabajo encomiable para presentar a los comensales las excelencias de nuestro establecimiento, sintetizadas y cristalizadas en un papel o cartulina.

El menú es el nexo de unión entre el restaurante y el cliente. Por ello es de suma importancia un correcto diseño, presentación y organización. Sin embargo, no sólo hablamos del valor de la presentación, sino de otro factor aún mucho más destacable y elegido como una de las llaves que pueden conducirnos al éxito de nuestro enclave gastronómico. Nos estamos refiriendo a, ¿qué tipo de elaboraciones y platos vamos a ofrecer a los comensales desde el amplio abanico de menús, entrantes, tapas, carnes, pescados o postres?. Este capítulo es una continuación de esa filosofía de trabajo y modelo de negocio que hemos ido desglosando en el Capítulo 5. Apartado 5.2 **Simplificación en las Elaboraciones y Cocinados**.

8.1 DISEÑO Y REDACCIÓN DE LA CARTA.

El diseño.

Nuestra propuesta parte de la base de un formato económico. Así lo venimos sugiriendo a lo largo de este manual, donde se recomienda una actitud comedida y ahorradora con respecto al gasto. El diseño de su forma funcional estará condicionada por la provisionalidad del objeto. Debe ser proyectado para evitar que debido a sus frecuentes cambios, tengamos que repetir nuevas ediciones cada vez.

Pensemos que, al menos serán necesarios entre 25 y 35 menús, por tanto, es preferible que la portada y contraportada estén plastificadas para protegerlas de la suciedad producida por comidas o bebidas y su interior se realice en papel, unido todo ello con un gusanillo. Si deseamos renovar las páginas por incorporación de nuevas recetas y ofertas, tan sólo tendremos que desmontar el gusanillo, sustituirlas por las nuevas y listo. Es una magnífica solución ya que en general, la carta debe renovarse al menos cada seis meses.

El papel será de color claro y las letras en negro para que el contraste sea legible incluso con poca luz. La escritura de tipo estándar (Arial, Times New Roman) y grande, no menos de entre 12 y 14 pt. de tamaño o altura para que todo el mundo consiga leer sin esfuerzo, sobre todo en mayores y niños. Los grafismos especiales aunque tienen un estilo atractivo a menudo no se logran entender.

En la portada destacará el logotipo o anagrama del restaurante; su nombre, dirección de la calle, teléfono, correo electrónico y dirección de web. Quizás pueda ser interesante asesorarnos por algún ilustrador o diseñador gráfico.

Redacción y organización.

Existen infinidad de métodos y tipos de estructuración. Las hay organizadas por el orden de las comidas, es decir, tapas, entrantes, pescados, carnes, postres y bebidas o aleatoriamente destacando los platos que nos dejen más margen de precio y ocultando los más económicos.

Las descripciones de los emplatados deber ser claras y explicativas en la medida de lo posible. Por ejemplo si ofrecemos "patatas a lo pobre" y colocamos el precio sin más, muchos clientes saben lo que es, pero otros muchos no. El título del plato debe permanecer, pero añadiendo una concisa explicación. Puede exponerse como estas dos posibles alternativas:

- PATATAS A LO POBRE
Cazuela de patatas al ajo
con huevos fritos y jamón....5 €

- PATATAS A LO POBRE
Cazuela de patatas al ajo con huevos fritos y jamón.. 5 €

Si observamos su disposición descubrimos que en la primera propuesta el precio no está en la parte final de la derecha como en la segunda propuesta; con esto evitaremos la costumbre de muchos clientes de sólo fijarse en la columna de precios quizás para buscar el más económico e ignorar nuestra carta. Por el contrario, si escribimos el valor a continuación de la descripción obligaremos al cliente a leer el plato y disimular más el precio. Nuestro menú debe invitar a disfrutar de la comida, a soñar con suculentos sabores y olores, debemos lograr despertar sensaciones y hasta recuerdos.

La estancia en nuestra casa debe ser siempre para nuestros distinguidos *gourmets*, no sólo el placer gustativo de comidas y bebidas sino momentos de relax, gran alegría y felicidad.

En definitiva, nuestro menú plasmará la organización del propio proceso de una comida, a saber: primero se indicarán las sugerencias de entrantes con los mejores ratios o márgenes de beneficios, a continuación el resto de entrantes y así sucesivamente con el resto de la carta. Siempre destacando lo que nos interese y dejando en un segundo plano lo menos rentable y trabajoso para nosotros.

Volviendo al título del plato anteriormente citado, "patatas a lo pobre", deberemos posicionarlo al inicio de la carta por dos razones: primero, por su alto margen de beneficio y segundo, debido a que es un plato que se obtiene con poco trabajo en cocina (siempre que marchemos la fritura de patatas a medio cocer con suficiente antelación).

El menú diario, que sólo se debe ofrecer de lunes a viernes, debe estar en una separata cogida a la carta con un clip para poderlo sustituir cada día y situado en la última hoja. Su intención facilitará un cambio de criterio en ciertos clientes que entran en nuestro establecimiento con la idea de comer un económico menú y finalmente terminan eligiendo platos de la carta que han sido descritos y presentados de una forma tan sugerente que resultan realmente irresistibles.

8.2 CARTA INICIAL. PRIMERAS SEMANAS.

La pauta inicial a seguir en el momento de la apertura de nuestro restaurante o bar será la de elaborar una carta provisional, una carta en rodaje. Con nuestra propuesta de diseño de la carta nos será fácil colocar las hojas interiores preliminares y posteriormente sustituir las mismas por otras de la carta definitiva. Pensemos que para nuestro establecimiento con un aforo para 24 comensales, más 10 de la barra, será imperativo –lo hemos cifrado anteriormente– tener al menos 35 cartas.

Dicha cifra elevada de cartas conllevaría unos gastos importantes de imprenta cada vez que tengamos que corregir, añadir o renovar todo el menú. Pero gracias a nuestro diseño sólo será necesario sacar el gusanillo de alambre, sustituir las hojas interiores de cartulina y volver a colocar el gusanillo. Incluso podemos terminar las hojas con nuestra impresora y realizar nosotros mismos el montaje. En ningún caso corrijamos las páginas interiores con tachaduras de bolígrafo y pinceladas de blanqueador puesto que sería una verdadera chapuza.

La apertura de un nuevo negocio implica una serie de condicionantes importantes como pueden ser nuestra inexperiencia –si es la primera vez que nos introducimos en el campo de la restauración–, la falta de clientes y el desconocimiento de sus costumbres y preferencias. Por tanto no es aconsejable arriesgarnos en ofrecer una larga carta, incrementando la inversión en acopio de existencias y la contratación de personal que ello supone. Debemos de comenzar poco a poco. El cliente no estará muy satisfecho de la exigua oferta pero será compresivo si le explicamos que acabamos de abrir. Lo único necesario será que lo poco que ofrezcamos tenga el marchamo de original, bueno y a buen precio.

Ejemplo de **CARTA INICIAL**. En el dibujo inferior observamos las sugerencias a base de una serie de platillos, sin ofrecer menú y carta de vinos (a lo sumo un "vino de la casa"). Elaborar al Carta con nuestra cocina del país, esta es solo una propuesta.

TAPAS

Pulpo con patatas al pimentón... 9 €
Sepia plancha en salsa verde... 7 €
Jamón o queso de Teruel 6 €
Calamares romana frescos...6 €
Champiñones rellenos de jamón y queso...5 €
Patatas *Cajún* picantes de la casa...4,50 €
Puntillas rebozadas con *allioli*...6 €
Brochetas *thais* de pollo a la naranja...5 €

SUGERENCIAS

Ensalada César crujiente (Pollo, dados de pan crujientes, lechuga romana, salsa César y parmesano al grill...6,50 €
Entrecot de Ternera Gallega...11 €
Solomillo ibérico a la crema de pimienta...9 €
Rodaballo al azafrán...11 €
Paella Valenciana (fines de semana)....6,50 €

POSTRES

Creps de chocolate caliente y nata...3,50 €
Tarta al *whisky*...3,50 €
Tarta de queso con frutos rojos...4 €

Ya hemos comprobado la sencillez de nuestras propuestas en el Capítulo 5 (Nuestro Modelo de Negocio. Bases para el Éxito), cuyos resultados derivarán en:
– Disminución del tiempo necesario en elaboraciones de cocina.
– Reducción del número de ingredientes.
– Descartados los platos cocinados previamente, anulando así, el riesgo de pérdida por falta de su consumo. Al contrario, nuestros platos, se cocinarán en el momento salvo las salsas y ciertos *mise en place*.

Recordemos que desde el punto de vista y posición del cliente que viene a comer, éste no esta pensando en cuanto nos ha costado de tiempo y esfuerzo el plato y si incorpora multitud de ingredientes y procesos. Lo que él desea es disfrutar de la comida, saboreando buenas recetas, muy bien presentadas y en compañía de amigos o familiares.

PROPUESTA RECOMENDADA DE CARTA DEFINITIVA.

TAPAS
- Gamba grande plancha (6 u.) 9 €
- Pulpo con patatas al pimentón 9 €
- Sepia plancha en salsa verde 7 €
- Patatas *Cajún* picantes de la casa 4,50 €
- Calamares Romana frescos 6 €
- Puntillas de calamar con *allioli* 6 €
- Champiñones rellenos de jamón y queso 5 €
- Mejillones al aroma de limón y pimienta 5 €
- Tosta de *foie* de pato con huevas mujol 4,50 €
- Tosta de salmorejo con huevo y jamón 2 €

CAZUELITAS
- Cazuela de patatas a lo pobre con huevos, 4 €
- Cazuela de Chistorra a la Iruña, 6 €
- Cazuela de Habitas tiernas con huevos codorniz, 6 €
- Cazuela de gulas al ajillo, 6 €
- Cazuela de higaditos a la pimienta con cebolla, 4.50 €

SUGERENCIAS
- Ensalada César crujiente (Pollo, dados de pan crujientes, lechuga romana, salsa César y parmesano al grill...6,50 €
- Solomillo de Ternera, 14 €

BOCADILLOS
- Chivito (lomo, bacon, tomate, lechuga, huevo y queso) 6 €
- Almusafes (sobrasada, queso y ceb) 5 €
- Lomo con queso 4 €
- Alcañiz (untado de tomate, mahonesa, picadillo de huevo frito y chorizo) 5 €
- Atún con olivas 5 €
- Noruego(salmón, huevo duro y pepinillos) 5 €
- Brascada (ternera, jamón, cebolla) 6 €
- Jamón y queso de Teruel 5 €
- Calamares rebozados 5 €
- Sepia plancha con *allioli* de piquillo, 6 €
- Port (pechuga de pollo, queso Roquefort y bacon) 5 €
- Ventresca (ventresca de atún, pimiento de piquillo, untado de mahonesa y tomate) 5 €

SÁNDWICHES
- Santamaría (jamón de pavo, queso y finos pepinillos) 4 €
- *Sky* (pechuga de pollo, salsa savayón y maíz dulce) 4 €

- Entrecot de ternera gallega, 11 €
- Solomillo Ibérico a la crema de pimienta, 9 €
- Chuletitas de cordero lechal con ajos tiernos, 10 €
- Rodaballo al azafrán, 11 €
- Lacón ahumado a la gallega, 7 €
- Brochetas de pollo oriental con guacamole, 6 €
- Salmón crujiente en salsa de pimientos verdes, 6 €
- Paella Valenciana (fines de semana). 6,50 € -
- Paella de Marisco (por encargo), 8 €
- Arroz meloso de bogavante (por encargo), 14 €
- Fideuá de marisco (por encargo), 8 €

- Morar (salmón, huevo duro y finos pepinillos) 6 €
- Mixto (jamón York y queso) 4 €

ALMUERZOS

- Incluye bocadillo, bebida, patatas fritas y café, 4,50 € (hasta las 12,30 horas)

POSTRES

- Creps de chocolate caliente y nata, 4 €
- Tarta al *whisky*, 5 €
- Crema catalana, 4 €
- Tarta de queso con frutos rojos...4 €

CONSEJO

En todas las propuestas de tipos de carta que desarrollemos debemos de tener en cuenta al público joven. A estos clientes no suele interesarles la cocina creativa de mercado o tradicional por muy sabrosa y suculenta que parezca. Por ello una oferta de buenos bocadillos se hace imprescindible.

DISEÑO DE CARTA NO RECOMENDADA. COCINA ELABORADA.

TAPAS

- *Tramezzini* con pavo ahumado y *pesto trapanese*......................................9 €
- Canapés de queso con gelatina de jamón..9 €
- Cóctel de cangrejo en tartaleta de hojaldre..12 €
- *Tartar* de ostra con cortezas de cerdo.. 10 €
- Croquetas caseras de pollo, queso y jamón..10 €

ENTRANTES

- Ensalada exótica (*Mozarella*, tomate, lechuga, gambas, palmitos, maíz dulce, *lichis* y brotes de alfalfa).......................14 €
- Tronco de aguacate rellenos de cangrejos, langostinos y aceitunas verdes............10 €
- Rollitos de hojaldre con verduras...........12 €
- Empanadillas de setas y gambas............9 €
- *Carpaccio* de vieiras.............................16 €
- Champiñones rellenos de paté de trucha, confitura de fresas y azúcar al caramelo..12€

PESCADOS

- Lubina rellena de carabineros, langosta y dátiles de mar....................42 €
- Salmón ahumado en maderas de encina en hojaldre..........................35 €
- Rodaballo salvaje al horno en sidra y patatas
  rojas de Flandes...38 €
- *Suquet de peix* con romesco y angulas...42 €
- Mero al horno con pure de limón, aguacate y
  langostinos...38 €
- Rape confitado y envuelto en tocino
  Ibérico de naranja..32 €

CARNES

- Mil hojas de Solomillo de ternera con *foie*
  y boletus...38 €
- Entrecot de buey con salsa de sidra, puré
  de manzana, *lemon gras* y *ratatui* ....36 €
- Solomillo de Cerdo relleno con membrillos
  al vino tinto...25 €
- Rabo de toro a la cordobesa................32 €
- Carré de cordero lechal a la miel
  de romero...34 €
- Manitas de cerdo a la salsa trufada... ...38 €
- Callos a la madrileña............................32 €
- Pollo relleno al horno............................29 €
- Chuletitas de conejo confitado con
  patatas y setas.......................................29 €
- Lasaña de carne y berenjenas...............25 €
- Albóndigas caseras en salsa de
  almendras y rebozuelos.........................24 €

POSTRES

- Pastel de frutas y pistachos, helado
  de nata y galleta de naranja.................18 €
- Tiramisú "de la casa" con espuma de
  mango y fruta de la pasión..................16 €
- Bizcochuelo de chocolate y frutas
  del bosque...22 €
- *Gelée* de queso fresco, fresas y
  crumble...20 €

Para terminar, algunas puntualizaciones:

1. Los alimentos congelados se deshelarán en el microondas eligiendo la correspondiente opción..

2. Productos que requieran horneados como el pan semicocido es mejor adquirirlo fresco de gran calidad y posteriormente, si sobra, congelarlo.

3. La bollería es interesante que sea fresca del día y si queda género se tira o se entrega a beneficencia para su consumo a la mañana siguiente.

4. Los postres se aprovisionarán ya elaborados como producto congelado (crema de turrón, mousse de chocolate, pudin de café...) o muy fríos, caso de las tartas provenientes de pastelerías. Otros como los rentables crepes se pasarán por la plancha y listos. Lo verdaderamente importante en los postres es una presentación muy atractiva y una elaboración final (plancheados o tostados como la crema catalana). Decoraciones como guindas, galletas, sirope y nata, les darán un toque casero y muy apetecible.

8.3 EL MENÚ DIARIO.

MENÚ DIARIO
10 €

Entrantes
- *Ensalada valenciana: Lechuga, tomate, cebolla, zanahoria, huevo duro, atún, olivas*

1º Platos
- *Espagueti a la carbonara*
- *Espinacas con jamón*
- *Potaje de garbanzos*
- *Escalivada de pimientos, cebolla y tomate*

2º Platos
- *Cazuela de calamares encebollados*
- *Pollo al horno*
- *Arroz a la cubana*
- *Dorada al horno*

Postres
- *Flan de la casa*
- *Copa de helado. Vainilla, turrón, chocolate y turrón*
- *Tarta Santiago*
- *Fruta del tiempo*

Incluye: Pan, 1 bebida y café
Horario: De 13.00 h. a 15.30 h.

Menú estándar de cualquier restaurante

La disponibilidad de menú diario adscrito a la carta es una de las ofertas más problemáticas debido a su escasa rentabilidad. Vamos a enumerar unas cuantas razones:
– Inversión elevada en horas de trabajo.
– Inclusión considerable de número de ingredientes.
– Alto consumo de energía.
– Margen de beneficio escaso.
– Riesgo considerable de menús no consumidos.

Desde de nuestra experiencia dicha modalidad es la que más quebraderos de cabeza y preocupaciones importantes nos ha causado. ¡Cuántos menús tirados a la basura!.

La opción es realmente un auténtico dilema ya que, si no se ofrece menú nos encontraremos con frecuentes quejas de clientes y su lógico enfado. La mayoría probablemente no volverán. Por tanto ahí ya vamos a tener una pérdida de comensales debido a la poca oferta y mala imagen (para estos clientes evidentemente). Esto hay que evitarlo pero con condiciones, como ahora veremos. Lo primero que hay que dejar claro es que, es imperativo ofrecer menú, no hay más remedio por muy poco que nos guste.

CONSEJO

Es interesante hacerse con los servicios de un ilustrador/a que defina la imagen de empresa en los carteles-pizarra. En el centro escribir el menú de todos los días. Su emplazamiento deberá estar situado en los lugares más visibles del exterior del negocio. A ambos lados de la puerta principal colocar los que van sobre la pared. Para la pizarra de suelo el lugar más eficaz suele ser justo en la línea o senda de paso de los viandantes; aunque para ellos debamos situar el cartel un poco lejos de local.

Según hemos observado en el menú estándar (cuadro de fondo negro y letras blancas de la página anterior), la minuta suele estar compuesta por varios entrantes, tres o cuatro primeros, diferentes segundos, más diversas opciones para los postres. En nuestro modelo de negocio vamos a desechar completamente este sistema.

...Entonces, ¿cuál va a ser nuestra estrategia a la hora de ofrecer el menú?. La respuesta consiste en un **Menú Diario Único**. Los platos ofrecidos van a ser innegociables. Desde luego muchos clientes no estarán nada satisfechos con que ofrezcamos un sólo plato y probablemente perderemos algunos de ellos, pero en nuestro restaurante no se podrá decir que no se ofrece menú, un menú único pero diferente cada día.

¿Cómo poder compensar esta escasa oferta?. Muy sencillo, en la calidad de las platos. Como todos sabemos un menú de 10 € en el que se proponen muchas opciones a elegir de cada grupo a lo más que aspirará es a un correcto cocinado y nada más, ¡es un menú!.

Menú propuesta: Plato único del día. Alta degustación, presentación y calidad. Sin ganancias durante el primer año, si bien, nuestra meta tiene que basarse en conseguir amortizar todos los costes de su elaboración (directos e indirectos: estudio de escandallos). Veamos las numerosas ventajas de esta estrategia:

1. Reducción de número de cocineros o ayudantes de cocina al disminuir la cantidad de servicios por menú: de 13 platos a 4.
2. Simplificación en la organización de la cocina, logística y compra a proveedores.
3. Disminución eficaz del riesgo de menús no consumidos.
4. Incremento del número de clientes asiduos a nuestro local, evitando el contagio de la «Enfermedad del Restaurante Vacío».

Además de las ventajas citadas, el restaurante será visitado y conocido por más comensales y segundo, muchos de ellos podrán optar en vez del menú, por la carta (o un menú degustación jugando con los platos de la propia carta), con el consiguiente beneficio y rentabilidad para nosotros. El local será conocido en el barrio e incluso en la propia población por sus magníficos y económicos menús. ¡QUE MENÚ OFRECE, ENTRECOT DE TERNERA GALLEGA POR 10 €!.

CONSEJO
Es preferible adquirir los entrecot por piezas de unos 10 o 15 kilos. Cortar para filetes de 250 gramos. Por piezas es fácil encontrar en carnicerías para hostelería o en Internet precios de hasta 12 euros/kilo. Por tanto, si dividimos 12 Euros por 4 cuartos nos saldría la pieza a coste de 3 Euros.

MENÚ DIARIO
10 €

Entrante

- *Ensalada César de pollo con nueces*

1º Plato

- *Cazuela de salmorejo cordobés con huevo y jamón serrano*

2º Plato

- *Rodaballo fresco plancha con verduras a la salsa de azafrán*

Postre

- *Crema catalana con guindas rojas y nata*

Incluye: Pan, 1 bebida y café
Horario: De 13.00 h. a 15.30 h.
De Lunes a Viernes excepto festivos

MENÚ DIARIO
10 €

Entrante

- *Ensalada con trucha ahumada*

1º Plato

- *Cazuela de habitas tiernas y huevos de codorniz*

2º Plato

- *Entrecot de ternera gallega a la salsa de pimienta negra*

Postre

- *Crépes de chocolate con nata y sirope de caramelo*

Incluye: Pan, 1 bebida y café
Horario: De 13.00 h. a 15.30 h.
De Lunes a Viernes excepto festivos

Según se constata en las dos propuestas anteriores, los menús corresponden a lo que se suele ofrecer en la carta de un restaurante de nivel medio/alto. Es decir, lo mejor de lo mejor. Su filosofía y concepto empresarial o de negocio –hablamos de la propuesta de menú único– es el mismo que aplicamos en el resto de la carta y que ya hemos visto en el Capítulo 5 "Nuestro Modelo de Negocio. Bases para el Éxito".

Otras propuestas de segundos platos pueden ser, arroz de magro y setas, solomillo ibérico, lubina a la espalda, cazuela de caballa en escabeche, arroz a banda, si de marisco, no importa. Lo primordial es atraer clientes y amortizar los gastos del menú. Las ganancias aseguradas vendrán después del primer año. Entonces, podremos ir bajando el listón de los productos más caros, incluir más platos alternativos, subir el precio e ir generando beneficios.

Menú de pescado. La propuesta de menú único va a obligarnos a ofrecer un par de días a la semana un segundo plato compuesto de pescado de gran calidad. Esto también es innegociable. Sabemos que perderemos algunos clientes que no estén acostumbrados a comer pescado, pero ahí está la labor del cocinero elaborando propuestas deliciosas y sobre todo "sin espinas"; y del camarero exponiendo las extraordinarias bondades de comer pescado fresco.

8.4 CÁLCULO DE UN ESCANDALLO.

El estudio de los costes (escandallo) de todos los platos que conforman nuestra carta es otro de los aspectos prioritarios en la buena gestión de nuestro establecimiento.

El escandallo es una herramienta que nos ayuda a determinar el coste total de un plato calculando los precios de la materia prima que interviene en la elaboración del mismo y el resto de los costes que recaen sobre él.

No debemos confundirnos y querer obtener con esta herramienta el precio de venta (sin IVA o el impuesto que corresponda), pues para determinar este cálculo es necesario añadir el margen de beneficio.

Aunque es cierto que ciertas aplicaciones no incluyen los costes fijos –costes financieros, costes de mantenimiento, costes de personal y del inmovilizado– para realizar los cálculos de los escandallos, nosotros si que los vamos a tener en cuenta ya que lo que nos interesa en realidad es saber que coste final resulta y así calcular posteriormente el precio de venta que podemos aplicarle al plato por persona.

Para realizar una valoración aproximada de los costes fijos por plato, tendremos que dividir la suma de todos los costes fijos al mes por el número total de platos vendidos a los comensales en un mes.

Según hemos visto en el Capítulo 2. Elaboración Presupuesto Inicial, los gastos fijos ascendían a **5.790 €**. La cantidad de platos que se venderán en un mes es imposible de calcular, pero podemos imaginar que con 40/50 comensales, –que es el número que puede alojar nuestro proyecto de restaurante analizado en el Capítulo 4. Diseño y Organización del Restaurante, sumando sala, barra y terraza– el número de servicios podrían ser de 1 cada hora x 25 clientes (50% de ocupación)= 25 platos por hora x 358 horas trabajadas al mes (Ver Capítulo 9. Definición de horarios de apertura y cierre) = **8.950** platos vendidos al mes.

*Costes fijos por plato = 5.790 € / 8.950 platos = 0,646 €
(Dividiremos esta cifra por el nº de ingredientes, en el caso de las "Patatas a lo pobre",
5 ingredientes= **0,129 €**)
Nuestro cálculo sería: Precio Coste o Escandallo + Costes Fijos = Precio Final (Parcial).

Como ejemplo vamos a analizar el coste (sin IVA) de una ración de "Patatas a lo pobre":

Ingredientes	Peso Bruto	Peso Neto	Merma	Precio Mercado	Precio Coste	*Costes Fijos	Precio Parcial
2 Patatas	200 grs.	180 grs.	10 %(20 grs)	1 €/kg.	0,20 €	0,129 €	0,329 €
2 Huevos	100 grs.	70 grs.	30 %(30 grs)	1,8 € 1/2 docena	2 (0,60 €)	0,129 €	0,729 €
3 Ajos	30 grs.	27 grs.	10 % (3 grs)	5,60 €/kg.	0,16 €	0,129 €	0.289 €
AOVE	50 cc	50 cc	----	3 € /1 litro	0,15 €	0,129 €	0,279 €
Sal	2 grs.	2 grs.	----	0,40 €/kg.	0,0008 €	0,129 €	0,1298 €
					Suma	Precio Final	1,8856 €

El cálculo del Escandallo + el Coste Fijo arroja una cifra para la ración por persona de "Patatas a lo Pobre" = **1,8856 €**.

Nuestro precio de carta (sin IVA), podría ser de 4 €. Esto significa que obtendremos un beneficio neto del 112%, que no está mal si tenemos en cuenta el económico precio con el que se lo ofrecemos al cliente. Es ciertamente un beneficio neto, puesto que hemos incluido en el escandallo todos los gastos fijos incluidos los del personal o gastos de mantenimiento como, el agua, gas o electricidad.

8.5 CARTA DE VINOS.

Los datos lo evidencian, la actividad vinícola en numerosos países del mundo se ha convertido en una interesante ocupación empresarial debido a la buena rentabilidad y prestigio. Convertida en verdadera especialidad, es incluida cada vez más en muchos restaurantes. Dirigida fundamentalmente por los sumilleres (aunque los propios propietarios pueden ejercer también esta función) que, a su vez, se orientan de la mano de enólogos y viticultores.

En el inicio del diseño de nuestra carta de caldos o pequeña bodega, deberemos ser prudentes con lo que ofrezcan los proveedores, sobre todo, si desconocemos las características de las distintas variedades. Dichos profesionales intentarán vendernos o colocarnos sus catálogos con atractivas ofertas. Antes de tomar una decisión más vale asesorarnos en estas cuestiones, primero, con algún sumiller profesional y en segundo término por consejos de clientes expertos, para así, entender sus necesidades, gustos y preferencias.

En nuestro caso hemos preferido elegir personalmente los vinos acudiendo a bodegas de prestigio o establecimientos especializados con raigambre. Una vez adquiridos los iremos ofreciendo a los clientes. La experiencia del día a día y nuestro interés por ellos irán conformando una cultura adquirida. Según las opiniones y peticiones que se realicen sobre nuestra carta, configuraremos y reestructuraremos los vinos hasta hacernos con un listado equilibrado donde todos los caldos presentes se consuman.

Puede darse en alguna ocasión que, existan vinos que no se beban y que los clientes no los soliciten quizás por precio o por desconocimiento; en esos casos, esperaremos unos meses y si persiste la situación sustituir inmediatamente por otros.

En lo referente a la conservación de los vinos y cavas es imprescindible poseer un armario refrigerado cuyo frontal este compuesto de una puerta de cristal, para así poder divisarlos y localizarlos. En hostelería se denomina vinacoteca o expositor de vinos. Empezaremos por adquirir cavas de tamaños pequeños con una capacidad máxima de 18 botellas. Desde este pírrico expositor, conforme vaya creciendo nuestro negocio adquiriremos expositores de mayores tamaños y armarios abiertos a temperatura ambiente. La bodega puede ir creciendo paulatinamente, necesitando seguro, de cada referencia al menos diez unidades de cada descorche.

EJEMPLO DE CARTA

TINTOS

- *Rioja Remelluri, Reserva 2005, 17 €*
- *Rioja El Coto, Crianza 2005, 9 €*
- *Rioja Albina, Reserva 2003, 11 €*
- *La Mancha Castillo de Manza, Crianza 2006, 5 €*
- *Ribera del Duero Sainz de la Vega, Crianza 2005, 8 €*
- *Utiel-Requena Carcel de Carpa, Reserva 2003, 9 €*

ROSADOS

- *Rioja Marques de Riscal, Crianza 2008, 9 €*
- *Melior Rosado de Cubillas de Santa Marta, Crianza 2011, 4,95 €*
- *Ull de Llebre de Coma Romà, Joven 2013, 9 €*

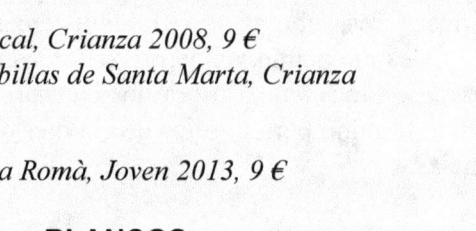

BLANCOS

- *Albariño Adegas D'Altamira, Crianza 2007, 8 €*
- *Valencia Analivia, Crianza 2008, 7,50 €*
- *Valencia Viña Costosa, Crianza 2008, 7 €*

CAVAS

- *Raimat, Brut Nature, 14 €*
- *Torre Oria, Brut Nature, 10 €*
- *Calles, Brut Nature Dominio de Call, 9 €*

9. DEFINICIÓN DEL HORARIO DE APERTURA Y CIERRE DEL LOCAL.

Aunque si bien es cierto que no es un aspecto que dé para muchas líneas hemos querido organizarlo en un capítulo separado dada la importancia del asunto. Así como el diseño del proyecto de construcción del local, o la redacción de la carta y la implantación de procedimientos sobre el orden, la limpieza y calidad, nos indicarán el nivel acerca de la correcta gestión del negocio gastronómico, el horario, es igualmente trascendental. El cumplimiento estricto de la jornada de trabajo por parte de los propietarios o empleados será otra de las claves en el éxito del emprendimiento.

No hay peor imagen y situación más irritante que un horario anárquico; unas veces abre a las 9,00 horas, otras a las 8,00 horas; anuncia que cierra a las 23,00 horas y los clientes acuden a las 22,00 horas y lo encuentran cerrado. Entran los clientes bien temprano a tomar café porque lo han hecho otras veces y esta vez la persiana está bajada. Con frecuencia hemos observado a clientes que han sufrido dicha situación en alguna ocasión y no han vuelto más, por mucho que les agradase el local; realmente son muy sensibles o susceptibles a estas situaciones.

Por ello es primordial analizar las posibilidades de apertura en función de los condicionantes de nuestra vida personal. Deberemos prever situaciones que podrían impedir la efectiva apertura, teniendo programada una sustitución inmediata en caso de emergencia. Si el trabajador que levanta la persiana es el propietario pactará con algún empleado la posible sustitución en caso de necesidad, eligiendo aquella persona que, por cercanía al local, pudiera acudir más prontamente. A la hora de cierre, estudiaremos con detalle, si realmente vale la pena alargar el horario hasta las 24,00 horas, cuando quizás, sea suficiente con indicar el cierre a las 23,00 horas, puesto que, avanzada la noche la afluencia baja drásticamente. Lo mejor en estos casos es plasmar en la placa anunciadora todas las variantes posibles de horario según los diferentes días de semana y que, si bien, al cliente le parezca un poco complicado, nosotros estaremos justificados. No será lo mismo cerrar las puertas del local entre semana, que los viernes, sábados o los domingos. Veamos un ejemplo:

HORARIO RESTAURANTE

DE MARTES A JUEVES DE **8,00** HORAS A **23,00** HORAS

− 180 horas de 4 semanas (12 días) +2 días para terminar el mes= 30 horas

VIERNES Y SÁBADOS DE **8,00** HORAS A **24,00** HORAS

− 128 horas de 4 semanas (8 días)

DOMINGOS DE **9,00** HORAS A **16,00** HORAS

− 28 horas (4 días)

DOMINGOS TARDE Y LUNES CERRADO

NO CERRAMOS A MEDIODÍA

TOTAL= 366 horas

Cartel horario

La solución más extendida es un placa de plástico transparente tipo metacrilato con posibilidad de introducir el papel impreso por detrás para indicar el horario y facilitar la intercambiabilidad.

Es fijado a la pared con unos bornes decorativos bien robustos cuya función será la de impedir una fácil sustracción por parte de alguna persona con no muy buenas intenciones. El área de colocación sería la exterior del restaurante para evitar que el cierre de la persiana la oculte. Siempre debe estar a la vista de los clientes aunque el establecimiento este cerrado.

Otras ideas como vemos en la imagen de la derecha, pueden ser un simple marco decorativo que contenga una pizarra de color. Con buena letra es fácil escribir el horario.

Para terminar, otra interesante solución: colocar en el exterior un pequeño armario de elegante madera con puerta de cristal y cerradura donde exhibamos el horario. Dicha propuesta es bastante habitual en restauración; presente en establecimientos de cierto nivel. En ella se introduce además del horario, la carta.

CONSEJO

Aceptando como horario de apertura a las 8,00 horas o incluso antes para dar servicio a los desayunos, deberemos de tener la precaución de programar la máquina de café con un encendido previo de al menos media hora; que es lo que necesita para calentarse, pues de nada vale abrir a las 8,00 y no poder servir cafés. Es habitual entonces que las personas que entran por primera vez y se encuentran en esta situación no vuelvan más. Un tipo de clientela trabajadora que gusta de tomarse un café antes de entrar en la empresa y disponen del tiempo justo.

Instalación: colocar entre el cableado del encendido de la máquina de café y el enchufe directo a la pared, un temporizador digital.

10. SELECCIÓN Y CONTRATACIÓN DE PERSONAL.

1º supuesto.

El inicio de la actividad es ya una realidad, hemos finalizado la inauguración de forma exitosa. En el caso de que los gestores sean dos propietarios, es probable que no sea indispensable incorporar el refuerzo de un trabajador más. Un cocinero/a y un camarero/a en barra serán suficientes. Más tarde, es probable que, una vez superado el umbral del primer trimestre, si se demuestra que se están incrementando los clientes, necesitemos de un tercer trabajador/a.

Tan sólo en las elaboraciones de una carta completa será imprescindible un cocinero y ayudante de cocina. Este último realizará labores mixtas asistiendo al cocinero y en horas punta ofreciendo apoyo al camarero de barra y sala. Si insistimos en controlar el local con dos personas y por cualquier circunstancia la entrada de clientes es masiva, nos será imposible cumplir las demandas de los comensales. Es un riesgo muy alto puesto que el cliente desatendido, servido con retraso y tardanza no volverá más, trasmitiendo esa insatisfacción y descontento a otros clientes, amigos o familiares. Recordemos: «la peor publicidad es un cliente desairado»; más si cabe ahora, con las redes sociales.

2º supuesto.

Local de dimensiones reducidas (puede darse con frecuencia y nosotros así lo recomendamos) y perteneciente a un solo propietario. Lo más probable en este caso es que precise de un segundo empleado. Muy mal tendrían que ir las cosas para no necesitarlo. Dicho asalariado realizará labores mixtas en cocina y barra. Elaborar los almuerzos, el menú diario y apoyos puntuales en el servicio en sala serán su cometido y responsabilidad.

Con respecto a la selección en las contrataciones, la entrevista personal es imprescindible. Es conveniente realizarla en una mesa apartada y tranquila del propio salón. La conversación nos puede ayudar a conocer a la persona al margen de su historial de trabajo. La selección se decantará hacia profesionales que se muestren relajados, naturales, poco agresivos y sonrientes. En definitiva equilibrio, madurez y seguridad.

Se debe exigir un currículum con fotografía reciente en color, datos personales, teléfono, formación, experiencia profesional y a ser posible referencias de otros establecimientos donde anteriormente se haya trabajado. Un historial profesional bien redactado y realizado nos puede dar pistas de como es la persona: si es organizada o no, gusto por las cosas bien hechas e interés de ofrecer buena imagen al contratador. «Les aseguramos que en la infinidad de entrevistas personales que hemos realizado, nos han llegado a entregar un currículum rellenado sobre una hoja de publicidad de una empresa de cosméticos».

Otro requisito necesario a la hora de la contratación exigida por las administraciones públicas para beneficiarnos de subvenciones será la previa inscripción en las oficinas de empleo como trabajador en situación de desempleo.

Por último el Carnet de Manipulador de Alimentos es requisito esencial tanto para camareros como para cocineros. En realidad es un fácil y sencillo curso homologado. Se puede asistir personalmente en academias o realizarlo *on-line* por internet.

CONSEJOS

– Remuneración adecuada y justa al trabajador. Ciertas empresas adoptan el criterio de retribuir con el salario mínimo según marque la legislación en un intento de ahorrar costes; a nuestro juicio es un grave error; lo único que conseguiremos es que el profesional trabaje a disgusto, insatisfecho y con alta probabilidad de abandonar la empresa. Los problemas derivados de este tipo de política significarán los mismos gastos que el ahorro pretendido. (Pérdida continua del "saber como" o *"know how"*, ya que cuando el empleado empieza a adquirirlo y sus rendimientos son rentables, se marcha y vuelta a empezar).

– Ofrecer un trato respetuoso hacia el contratado otorgándole responsabilidades y libertad en la toma de decisiones. Crear un buen ambiente de trabajo entre los propietarios y los trabajadores redundará en beneficio de la empresa.

– El jefe o responsable no debe poner barreras a las iniciativas e ideas creativas de los profesionales. Al contrario debe crear un equipo entusiasta, apasionado y comprometido con su trabajo y con "la casa". Evitemos los típicos "No" del jefe. Evitemos a toda costa que los trabajadores se conviertan en una "válvula a presión" por sus insatisfacciones.

Contratación.

La lucha contra el desempleo en la mayoría de los países occidentales les ha forzado a desarrollar múltiples fórmulas en las que la flexibilidad y adaptabilidad permiten al empresario todas las combinaciones posibles en los modelos de contratación de personal. Veamos algunos ejemplos:
– Contrato indefinido a tiempo completo.
– Contrato temporal (6 meses), renovable.
– Contrato de duración limitada (por servicio determinado), puede ser un banquete o celebración.
– Contrato a tiempo parcial. Trabajos por un número de horas al día, a la semana, al mes o al año, inferior a la jornada de trabajo a tiempo completo. Se pueden asalariar a tiempo indefinido o tiempo parcial.
– Contrato de trabajo fijo discontinuo. Es posible contratar por ejemplo a un camarero que acuda al restaurante a trabajar sólo los domingos para la comida.
– Contrato en prácticas desde la Formación Profesional.

Subvenciones.

Las bonificaciones por contratación pueden llegar al 100% en las cotizaciones de la empresa a la Seguridad Social durante al menos un año. Existen diferentes posibilidades según seleccionemos a grupos con dificultades para encontrar trabajo: subvenciones por contratar a jóvenes menores de 30 años, personas con un determinado grado de minusvalía, mayores de 50 años, mujeres afectadas por violencia de género, primer trabajo al terminar los estudios, etc. Consultar la legislación vigente de cada país ya que suele ser modificada o mejorada con mucha frecuencia.

11. COMPRAS. RELACIÓN Y ESTRATEGIAS CON PROVEEDORES.

Mencionada ya en varias ocasiones, la gestión y responsabilidad en un negocio hostelero, llámese, restaurante, cafetería o gastrogarito, debe compartirse entre todos los propietarios y/o socios. De igual forma, en el apartado de las compras, sugeriremos dividir las responsabilidades entre las áreas que componen cualquier modelo estándar representativo. Área primera: barra-sala y área segunda: cocina.

Las necesidades de inversión en equipamiento, maquinaria y obras de albañilería se pueden decidir conjuntamente. En cualquier caso las compras de alimentación, bebidas y complementos tendrán el responsable correspondiente y será totalmente autónomo en las decisiones.

Compras Cocina: Todo lo que pertenezca a alimentación: verduras, hortalizas, carnes, pescados, congelados y aderezos; productos de limpieza, reciclado de aceites, menaje, pequeño electrodoméstico, vestuario cocina, mantenimiento maquinaria, mantenimiento instalaciones, etc.

Compras Barra y Sala: Bebidas refrescantes, licores, vinacoteca, cervezas, refrigerios, helados, productos de limpieza de barra y sala; gestión teléfono, datáfono, menaje sala, vestuario, pequeño electrodoméstico, gestión maquinaria lúdica, instalaciones generales, TV, mobiliario, terraza, baños, etc.

¿Relación con proveedores o compra directa en grandes superficies?. Cuestión espinosa. En nuestra opinión y aunque la inversión en tiempo y desgaste personal sea mayor, recomendamos el primer año, realizar las compras –en la medida de lo posible– directamente en grandes superficies, salvo casos aislados, como algún congelado, maquinaria industrial o productos de limpieza. Los motivos son diversos y todos justificados:

– **Primero**. Vinos y bebidas. La dependencia de obtener estos productos a proveedores nos sometería a una presión adicional por el compromiso adquirido en el pago de las facturas, hayamos consumido el género o no.

– **Segundo**. Los proveedores suelen comercializar sus artículos al por mayor; esto quiere decir que, por ejemplo, si anotamos adquirir bacalao desalado y congelado ya que nuestra necesidad de compra semanal es de 10 piezas, el proveedor solo puede suministrar un mínimo consistente en cajas de 40 o 50 ejemplares. Por tanto nos sentiremos obligados a realizar un desembolso mayor y a ocupar un espacio en congelación sin uso inmediato. De igual forma ocurrirá con otros productos de consumo fresco como las cajas de huevos, frutas y verduras, agravando el problema por su pronta caducidad.

–**Tercero**. Los precios de los suministradores externos añaden el sobre coste del transporte y de la propia comercialización; todo lo contrario que las grandes superficies con precios muy competitivos.

–**Cuarto**. La dependencia y compromiso hacia los suministradores nos quita libertad a la hora de adquirir otros productos con mejores condiciones en precios y en calidad.

Dicha estrategia mencionada será necesaria aplicarla al menos durante el primer semestre/año, debido a la variabilidad en la entrada de comensales y al necesario control y adquisición de las existencias según su consumo. Muy perjudicial puede ser el incremento de suministro con proveedores en producto fresco perecedero, sin su posterior consumo y en producto congelado que ocupe todo el espacio de los refrigeradores.

En definitiva, si establecemos una relación comercial con este tipo de empresas nos veremos obligados a compromisos que posteriormente serán difíciles de romper. En el caso de hacerlo, las consecuencias se traducirían en la posible pérdida de ese suministrador para futuras compras.

CONSEJO

Practiquemos la compra por internet, actualmente ya es muy segura. No existirá relación personal y los precios son los más competitivos del mercado.

Es aconsejable disponer de la llamada "Tarjeta Monedero", donde solo ingresaremos el dinero destinado a las compras que vayamos hacer en el día o durante la semana.

Clientes de nuestro restaurante: Paco y Merche, propietarios del restaurante Fran, de Manises.

12. LOS TRES PILARES EN LOS QUE DEBE SUSTENTARSE EL ÉXITO.

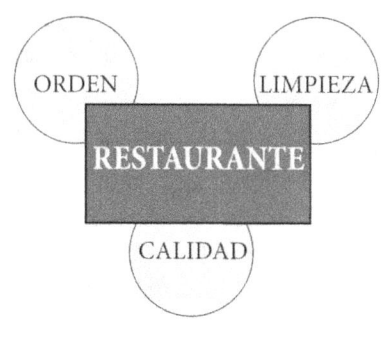

Imaginemos una estructura que deba soportar un gran peso, y que por ello, necesite de una sólida estabilidad a lo largo del tiempo. El mejor diseño calculado esta demostrado que es el trípode. Tres puntos de apoyo generan un equilibro perfecto, no así, cuatro o dos. Todos hemos comprobado cuanto fallan las mesas de cuatro patas, a menudo cojean. De igual modo acontecerá en la empresa. A nuestro juicio dicha estructura estable será capaz de soportar todo el peso del negocio; aportando confianza y fiabilidad. De este estudio nacen en la mayoría de las empresas innovadoras, con buena organización y exigencias de calidad, los tres pilares básicos en los que se debe sustentar el éxito: Orden, Limpieza y Calidad.

12.1 ORDEN.

Según la descripción del diccionario, orden, es la forma de estar colocadas adecuadamente las cosas siguiendo un determinado criterio. Decimos que un espacio o una persona está o es ordenada porque prepara las cosas o se las prepara cuidando todos los detalles.

Los conceptos de orden y limpieza implantados en las empresas nacen de la metodología japonesa llamada "Las 5 S". El orden en las instalaciones puede contribuir en gran medida a la mejora de la productividad y la seguridad en el trabajo. Estas son las "5 S" provenientes de cinco palabras en japonés que describen el modo de actuar:

-*Seiri,* clasificación= despejar, seleccionar. Separar lo útil de lo inútil. Apartar todos los elementos innecesarios para desarrollar nuestro puesto de trabajo. Mantener solo lo que vamos a necesitar.

-*Seiton*, orden= ordenar, organizar. Colocar lo útil en su sitio. Organizar los elementos que hemos seleccionado para nuestro puesto de trabajo de forma que los encontremos fácilmente.

-*Seiso*, limpieza= recuperar, limpiar. Reparar lo que no está bien. Mantener los equipos y las instalaciones de forma que adquieran una estética agradable. Identificar las fuentes originarias de la suciedad.

-*Seiketsu*, normalización= mantener. Establecer los procesos. Crear una metodología para conservar los logros de las 3 primeras "S".

-*Shitsuke*, mantener la disciplina= respetar las reglas. Actuar sistemáticamente respetando los criterios establecidos.

Vamos a analizar nuestro establecimiento por áreas acotadas según la actividad desarrollada:

Barra

Es el área más expuesta al cliente. Un porcentaje considerable de restaurantes, bares o cafeterías tienen las barras desordenadas y sobre todo llenas de objetos inútiles y absurdos. Concienciémonos: la barra no es un almacén, no es un trastero para ir acumulando cosas y cosas; es el espacio de comunicación e interacción con el cliente, es la fachada interior de nuestro negocio que presentamos a los comensales, y por tanto debe estar perfectamente ordenada.

Como norma o procedimiento: sólo deben existir los elementos que sirven para elaborar los productos a comercializar, como la cafetera, el molinillo de café y otros como el teléfono, el datáfono y la registradora TPV. El resto debe estar oculto a las miradas y perfectamente guardado y ordenado. En la mayoría de los establecimientos citados, es increíble, pero puedes encontrarte de todo: imágenes religiosas, botes, bloques de comandas, rollos de papel de la caja registradora, botes de bolígrafos, botellas medio vacías de bebidas alcohólicas, palilleros, mandos a distancia, saleros, botellas de aceite de 1/4 e infinidad de papeles y facturas. La lista es casi interminable, podríamos decir, de porquerías. El aspecto que se ofrece es penoso.

Un verdadero "trastero"

Como decimos, es una cultura del desorden asumida por todos. Todos los elementos innecesarios tienen que estar contenidos en pequeños compartimentos de los armarios y estanterías. Facturas y papeles en un archivador, *convoys* no rellenables de aceite y vinagre y otros elementos necesarios alojados en las estanterías metálicas inferiores. Las bebidas nunca en el mostrador de la barra sino correctamente ordenadas en la estantería superior para bebidas.

Antes

Después

CONSEJOS

1. Como exigencia obligatoria: todos los objetos que se han sacado de su lugar, necesarios para utilizar durante el horario de trabajo, deben ser guardados al terminar la jornada diaria.

2. Es fácil mantener el orden los primeros meses de la inauguración, después nos relajamos y acaba todo en un completo desastre. Lo verdaderamente importante es mantener el orden a lo largo del tiempo.

Cocina

Del conjunto de estancias diseñadas en el plano del proyecto, la cocina es el espacio funcional más afectado por los tres pilares citados. Si bien, aunque en este caso no está presente el comensal, aún es más condicionante si cabe que la barra. Vamos a realizar un listado de las necesidades en una cocina profesional:

– Todos los muebles deben ser de acero inoxidable con los cantos redondeados. No puede existir mobiliario de madera u otro materiales. Para obtener la licencia de actividad o en las inspecciones habituales de sanidad será obligatorio.

– Al final de cada período de trabajo realizado en los fogones, ya sean elaboraciones de tapas, almuerzos, comidas o cenas, la cocina debe acondicionarse de nuevo y no al final de la jornada. Gracias al desarrollo de un "**procedimiento escrito**" sobre el modo de proceder y requerimientos de uso en utensilios/maquinaria o ingredientes, estas normas serán las garantes de mantener el orden y la organización.

– En una cocina desordenada perderemos mucho tiempo buscando las cosas; además, el riesgo de sufrir accidentes será atribuible a la presentación anárquica de equipos y utensilios peligrosos como cuchillos, cortadoras, freidoras o aparatos conectados a la corriente.

Sala

Volvemos a incidir sobre los casos más críticos que evidencian estas malas costumbres: acumular cascos de botellas vacíos, sillas apiladas de terrazas, grandes carteles de menús, cajas vacías de cartón e incluso periódicos y revistas viejas apilados. «Hasta hemos visto trozos de precinto adhesivo colgando de la pared como técnica para la eliminación de las molestas moscas; o escobas y fregonas a la vista». Los objetos referidos ofrecen un aspecto lamentable. Realmente es una cuestión cultural, costumbres adquiridas. No se es consciente del problema, no se percibe la pésima imagen hacia los clientes. Todo tiene solución, las cajas de bebidas deben estar en el almacén (por ello es necesario disponer de esta habitación), los carteles colgados o guardados, las sillas si no hubiere espacio suficiente en el lugar correspondiente deben apilarse en la calle con sus cadenas y candados.

Resumiendo, en el salón no puede haber nada ajeno a él, sólo las mesas, las sillas, mesas auxiliares de servicio y el armario de vinos. Las mesas una vez que el cliente termine su consumición y abandone el local deben ser inmediatamente ordenadas. Cuantas veces hemos querido sentarnos en una mesa y ésta no ha sido recogida con restos desperdigados y vajilla sucia.

12.2 LIMPIEZA.

Segundo pilar de nuestra estructura. Aspecto igual o más considerable que el primero. Exigida sin límite por parte de la inspección de Sanidad debido a sus condiciones de establecimientos que ofrecen bebidas y comidas es un aspecto a controlar de forma muy exigente por parte de propietarios y responsables.

Los hábitos de una mala limpieza puede traer muy graves consecuencias, no sólo refiriéndonos al rechazo de comensales y empleados, sino al peligro cierto de enfermedades por virus o bacterias y otros problemas sanitarios.

Barra

Damos por sentado que la limpieza debe ser de todo el mobiliario que integra la misma así como las estanterías, mostradores e incluso botellas; aunque el objetivo nº 1 es tener la propia barra-encimera donde se sirven comidas y bebidas en la más absoluta pulcritud. Insistimos una vez más, cada vez que un cliente termina es necesario recoger y limpiar. En numerosas ocasiones recordamos haber acudido a barras de restaurantes o bares y encontrarlas llenas copas y tazas de café vacías; o esa otra vez que, ilusionados en el comienzo de una grata lectura del periódico observamos aterrados como las páginas se van mojando paulatinamente de la olorosa cerveza. Atención especial merecerá el suelo de la zona de los clientes. Barrer y limpiar continuamente. Seguro que todos recordamos esos suelos que pisamos llenos de bolas de servilletas, trozos de pan y palillos.

Cocina

Que decir de la cocina, de su limpieza dependerá la calidad de los productos que ofrezcamos a los consumidores; así de trascendental y condicionadora es la higiene. Es esencial no acumular vajillas y utensilios sucios en los fregaderos; la sana costumbre de fregar inmediatamente lo que se utiliza y lo que va llegando de la sala sólo nos traerá beneficios. La jornada ha llegado a su final, todo quedará inmaculado incluyendo suelos, paredes, bancos, mobiliario y utensilios.

Un nivel indicador que marca con certera fiabilidad la limpieza de una cocina profesional, es sin duda, la freidora y la plancha. En el caso de la primera, el agente a cuidar es el aceite. No debemos tenerlo más de un día o dos, sucio. En él se acumulan un fondo de restos de rebozados que lo ennegrecen y le aportan un sabor rancio. Para su limpieza abriremos la llave de desagüe de la parte inferior y vaciaremos sobre grandes bidones de plástico para su posterior reciclado. Bajo ningún concepto verter los aceites usados en el fregadero ya que son altamente contaminantes. Con respecto a la plancha, su higienización se realizará inmediatamente después de cada uso eliminando los restos con la rasqueta y terminando con detergente y cepillo de limpieza.

Campana de humos. De todas las instalaciones quizás ésta sea el que menos se le presta atención pero con consecuencias graves sin una adecuada limpieza. Los humos de las frituras y plancha van poco a poco adhiriéndose a los filtros que, generan por acumulación, un goteo de grasas directamente sobre la comida. Limpiar a diario y cada dos meses sustituir por otros filtros. Existen empresas que ofrecen estos servicios, es decir, se llevan el filtro sucio y entregan uno limpio a un precios muy competitivos.

Sala

Sabemos que es un trabajo sacrificado pero es ineludible: al tiempo que se retiren los clientes, limpiar las mesas, reponer servilleteros, revisar el nivel de *comboys* irrellenables, mantelería y limpiar el suelo. Nada más diremos de la sala, pero recordemos, barrer y fregar al menos dos veces al día.

12.3 CALIDAD.

La calidad es producto y dependencia de las dos anteriores. Sin orden y limpieza no puede haber calidad. Sin embargo, la calidad también esta condicionada por otros aspectos no menos cruciales como los relacionados con los productos de alimentación.

Vamos a reglar una serie de normas que debemos de tener en cuenta en la gestión de la empresa:

– Adquisición de todas las mercaderías con etiquetado homologado y fecha de caducidad; se recuerda especialmente los huevos que deben poseer su cuño de puesta. Citamos este producto por su especial riesgo a la hora de la transmisión de enfermedades tan peligrosas como la *salmonella*, y que si se llega a producir algún contagio puede ocasionarnos fuertes sanciones e incluso el cierre del establecimiento.

– En congelados respetar la fecha de caducidad y una vez descongelado el producto, consumir y no volver a congelar. Descongelar si es posible dentro del frigorífico o la opción para ello en el microondas..

– Mucho cuidado con las salsas. Una vez preparadas y conservadas en el refrigerador no mantener más dos días. Pasado este tiempo desechar y volver a elaborar.

– Productos cocinados y preservados en las neveras no mantener más de dos días o a lo sumo tres.

– El primer año, debido –como ya hemos resaltado varias veces– a la falta de clientes, ciertos productos que posean un alto precio o una pronta caducidad es conveniente recurrir al congelado. Por ello es primordial una atención especial hacia estos alimentos, descongelándolos en el momento del consumo con la ayuda de un buen microondas industrial.

–Todos los congelados así como los platos cocinados y mantenidos en el frigorífico deben estar etiquetados con su descripción y fecha de caducidad o de cocinado.

– Evitar el uso del huevo crudo en platos y recetas. Por ejemplo, nunca servir un ajoaceite realizado en nuestra cocina. Adquirir ajoaceite en supermercados o realizarlo con ajo, leche y aceite. Igualmente mahonesas, tortillas medio crudas o huevos fritos mantenidos en los refrigeradores de tapas. Imprescindible el uso de huevina (huevo pasteurizado para elaboraciones por debajo de los 70 grados). Los huevos no pueden mantenerse en el cartón original.

– Nunca mezclar en nuestro frigorífico alimentos cocinados con crudos o pescados con carnes. No introducir salsas calientes en la nevera. Tampoco se pueden tener recipientes metálicos en el refrigerador, utilizar fiambreras de plástico. En cualquier caso todas estas reglas o recordatorios se estudian profusamente en el Curso de Manipulador de Alimentos, obligatorio para todos los integrantes de un negocio de hostelería.

13. PUBLICIDAD Y REDES SOCIALES.

Es frecuente observar dentro del gremio hostelero en porcentajes significativos, como ciertos propietarios siguen manteniendo un tipo de mentalidad trasnochada, donde el desprecio hacia las tácticas comerciales se justifica plenamente: «están convencidos de que los clientes vendrán solos a su local». Error imperdonable. Las estrategias promocionales deben ser el buque insignia de la actividad empresarial.

La difusión de nuestro espacio culinario o bar coctelería debe partir –como ya hemos mencionado en otros capítulos– desde la presentación atractiva de nuestras especialidades. Comenzaremos por el propio local, sobre las paredes exteriores e interiores. Este será el comienzo de una larga lista de actividades e iniciativas encaminadas a dar a conocer todas las propuestas.

13.1 PUBLICIDAD FÍSICA. CANAL CLÁSICO. DESARROLLO DE LA MARCA.

– Paneles anunciadores de tapas, platos y bebidas. (Capítulo 4. Diseño y Organización del Restaurante, pág. 43).
– Carteles metálicos autorizados por el ayuntamiento situados en sitios estratégicos (cruces de calles, plazas, avenidas, lugares de gran concurrencia) que orienten y expongan a los posibles clientes donde está situado y que se ofrece como experiencia gastronómica o barra de artesanía en copas.
– Anuncios en folletos locales que suelen imprimir los pequeños pueblos agrupados o las ciudades.
– Reparto personal de publicidad por medio de pequeños folletos colocados en automóviles, correo y reparto en los comercios del barrio. El buzoneo tiene que ser constante y machacón en el barrio o pueblo hasta que la mayoría de la gente lo conozca o le suene el nombre. Introducir los folletos de publicidad sólo en buzones particulares y no en cestas para propaganda de comunidades de vecinos ya que irán invariablemente a la basura.
– Anuncios en las revistas de fiestas locales.
– Colaboración con los organismos relacionados con la cultura y la gastronomia.
– Reparto de octavillas con ofertas de celebraciones como las cenas de Navidad, comuniones, bautizos, cumpleaños...También, presentaciones de nuestro local y sus especialidades en fábricas y polígonos industriales (a ser posible entrar oficina por oficina y despacho por despacho siempre que nos lo permitan).
– Colaboración con otros restaurantes en ferias, actos gastronómicos o acontecimientos culinarios.

13.2 PUBLICIDAD Y PRESENCIA EN INTERNET. CANAL VIRTUAL.

Las herramientas informáticas presentes hoy en el mercado abarcan desde el ordenador, el portátil, tableta, hasta aplicaciones (*apps*) para móvil, y que sin duda, está siendo y va a ser en el futuro uno de los soportes y medios más influyentes de todos. Una parte de los aspectos necesarios pueden desarrollarse parcialmente por nosotros o nuestro equipo, pero es muy recomendable asesorarnos a través de un gestor de internet (*community manager*).

"Medio de comunicación" por excelencia, abarca desde hace bastantes años muchos aspectos de nuestra vida, tanto profesional como personal. Con esto queremos decir que, no es posible ahora, abrir una pequeña empresa o negocio sin el apoyo y actividad en internet. No habrá éxito continuado sin su presencia. Las fórmulas activas para darse a conocer en la "red de redes" son variadas y ofrecen enormes posibilidades para nuestra casa.

Webs. Es la solución más costosa pero también la más efectiva en aras a obtener una imagen de calidad, prestigio y generación de tráfico web. En ella se debe desarrollar todo el potencial que tiene la empresa. Imprescindibles serán las fotografías bien realizadas con detalles del mobiliario, decoración, entrada principal e incluso cocina.

Un extracto de la carta debe estar incluido. No es necesario exponer toda la oferta; estrategia que evitará la posible "toma de ideas" que puedan tentar a la competencia. La exposición parcial de la carta, en las páginas de la web, incluirá los precios. Cada receta tendrá su correspondiente enlace destinado a abrir una sugerente fotografía. Esto es lo más básico si deseamos poseer una web profesional; aún así les aseguramos que una parte significativa de los sitios hosteleros consultados lo incumplen.

Apartados que suelen ser habituales en una web: quienes somos, dirección, teléfono, contacto y como hacer una reserva de mesa. Es aconsejable añadir elaboraciones que no se ofrezcan en el restaurante a modo de recetario general para los usuarios de la web. Una "página" tiene que estar en continuo movimiento, enriquecerse con aportaciones de nuevos contenidos como: reseñas de noticias del mundo de la restauración, coctelería, el mundo del café, secciones dedicadas a utensilios de cocina, estudio de ingredientes, técnicas de cocinado; en definitiva, cuantos más artículos y reportajes tenga nuestro espacio en internet más visitantes navegarán por ella. Otras secciones de interés que priorizan en estos momentos las empresas son las dedicadas a la atención al cliente. Aquí, la respuesta a la comentarios y valoraciones de los clientes que han visitado nuestros salones y barras debe ser inmediata para evitar que su descontento se viralice por toda la red. Incluir a Twitter y Facebook en las explicaciones o justificaciones hacia los comensales es realmente eficaz.

"Desarrollo web", es la acepción desde la que se suelen anunciar las múltiples empresas que por módicos precios ofrecen crearnos una configuración de web, básica o profesional.

Blogs/Webs.
Propuesta 1.
Una posible alternativa a la hora de desarrollar la web, prescindiendo de las empresas que las desarrollan, podría ser –si tenemos unos mínimos conocimientos de ofimática e internet– la creación de nuestra propia web de forma gratuita.

Con entornos como blogger o wordpress, es fácil escribir y programar nuestro propio blog. Posteriormente se adquiere un dominio, que es el que va a sustituir la extensión de *.blog* por una extensión web de empresa como las habituales: *.com, .net, .org,* o la extensión de nuestro país. La gran ventaja añadida es que cada vez que necesitemos actualizar el contenido, circunstancia bastante frecuente, no tendremos que abonar la actualización o el mantenimiento a un profesional; al contrario, nosotros mismos incluiremos las actividades y propuestas que deseemos.

Propuesta 2.
La web ya esta completa y con contenidos periódicamente renovados. Ahora y como complemento orientado hacia otras publicaciones, la posibilidad de crear un blog es realmente interesante. En general el blog se orienta hacia un carácter más dinámico e informal que la web.

El *top* sería, incluir contenidos que se refieran a nuestro restaurante/bar, pero también al mundo que rodea al gremio. Algunos ejemplos a destacar:
– Publicaciones sobre fiestas acontecidas en nuestro local incluyendo numerosas fotografías y vídeos.

– Noticias sobre amigos y clientes que hayan acudido a nuestro negocio.
– Fotografías de los platos servidos en la mesa.
– Fases de la elaboración y proceso de los emplatados.
– Descripción de las actividades y responsabilidades que realizan los trabajadores, como el puesto de camarero de sala, camarero de barra, cocinero, ayudante de cocina, chef, *maître* o maestro de sala, sumiller, etc..
– Ofertas y promociones con bonos descuento en comidas y cenas es de lo "más buscado en la red".

La actualización frecuente de la web y del blog con artículos, va a enriquecer los contenidos e información, y por tanto, irá *in crescendo* el número de visitas. Conviene registrarse en servicios que posean programas para manejar listas de suscriptores (recibirán un correo electrónico cada vez que publiquemos nuevos artículos). Nuestro alojamiento virtual aportará prestigio, solvencia, seriedad y profesionalidad; en definitiva, buena reputación.

Propuesta 3.
La tercera alternativa complementaria a nuestra web y/o blog, tiene como objetivo anunciarnos en un blog de gastronomía, de restaurantes o de cocina. Simplemente remitiremos al propietario del blog cualquier sugerencia interesante de nuestro espacio gastronómico, sin imponerle nada y sin intención de dar publicidad o promoción, puesto que, en ese caso, el propietario *bloguero* rechazaría por completo nuestras sugerencias. Pensemos que los blogs no son para anunciar nada, sino espacios de internet para intercambiar ideas, recomendaciones y exponer opiniones, recetas o artículos sobre todo lo que rodea al mundo de la restauración y bebidas.

Redes sociales.
Grupos de interacción virtual en el que millones de personas alrededor del mundo se conectan a la vez al tener múltiples intereses en común. Se han convertido actualmente en elementos enormemente influyentes e imprescindibles si deseamos captar clientes de todo el mundo gracias a la globalidad de la red.
Se pueden insertar páginas, artículos, fotografías o anuncios de nuestro negocio para que todos sus clientes, amigos o simplemente visitantes y lectores puedan disfrutarlas y compartirlas.

Es la red social con más usuarios del mundo, unos 900 millones. Conecta a amigos, familiares y socios de negocios. Aunque nació orientado hacia las vidas personales se ha transformado en plataforma extraordinaria para las "páginas de empresa". Alcanzar miles y miles de "me gusta" va a ser nuestro objetivo.

Los usuarios suben, visualizan y comparten vídeos. Los enlaces a videos de YouTube pueden ser también insertados en blogs y sitios electrónicos personales usando API o Incrustando código HTML.

Aplicación de *microblogging* que reúne las ventajas de la mensajería instantánea. Los usuarios envían y reciben breves mensajes de hasta 140 caracteres, vía web, telefonía móvil, mensajería instantánea o a través del correo electrónico.

 Es una capa social que integra muchas prestaciones de Google para ofrecerlas como un servicio transversal; podría afirmarse que es un conjunto de aplicaciones orientadas a dar servicio para relacionarse adecuadamente con el mundo exterior.

 Sitio web orientado a empresas. Fue fundado principalmente como red profesional. Eficaz para encontrar puestos de trabajo y oportunidades de negocio. Buena exposición de nuestro currículum. Creación de grupos profesionales.

 Compartir imágenes en esta red social permite a los usuarios crear y administrar, en tableros personales temáticos, colecciones de fotografías como eventos, intereses, *hobbies*, etc. Crearemos un tablero de nuestro negocio hostelero.

 Software que permite comunicaciones de texto, voz y vídeo sobre internet. Los usuarios descargan la aplicación ejecutable del sitio web oficial y hablan frente a frente desde la imagen de la pantalla. Sustituto ideal del móvil en distancias internacionales ya que es gratuito.

 Otra red social con un incremento de usuarios muy fuerte en los últimos años. Puedes compartir fotografías y vídeos de forma creativa. El formato de sus fotos es cuadrado en recuerdo a las cámaras Polaroid. Esta programada para iPhone, iPad, iPod y desde 2012, una versión para Android.

Vídeos.

Proponemos aquí dos opciones. La primera, generar videos sobre cualquier actividad, oferta o acontecimiento de nuestro restaurante o bar de copas y presentados por los propietarios, jefes de cocina y jefes de barra/sala. Estos videos se insertarán en la web o blog. La segunda opción muy interesante es crear un "canal de vídeo" en el mencionado Youtube o en otros canales como Bimeo o Stickam. Un canal dedicado a nuestro espacio gastronómico o coctelero y al mundo que le rodea es una forma magnífica de publicitarnos gratuitamente. Crearemos nuestro logotipo y un entorno visual del canal presentando nuestra marca y empresa de forma divertida y dinámica. Con el paso del tiempo y de los años, si le dedicamos un tiempo o encargamos a alguien que realice los vídeos, montajes de música y texto con programas tan excelentes como SonyVegas, tendremos una herramienta muy poderosa para atraer y obtener tráfico hacia nuestro canal y por tanto hacia nuestro negocio.

Notas de prensa.

Una nota de prensa es un comentario escrito expresando una noticia o una presentación. Debe cumplir una serie de normas gramaticales, estructura del escrito etc.. Existen variadas webs que enseñan a redactar una nota de prensa correctamente. También buscaremos webs gratuitas donde publicarlas.

14. ATENCIÓN Y CAPTACIÓN DE CLIENTES.

El servicio y atención al consumidor puede significar, tan trascendental es, la consecución del éxito o del fracaso en prácticamente el 100% de las empresas hosteleras. Vamos a analizar los defectos y desequilibrios encontrados, aunque también, obviamente, sus soluciones. A lo largo de nuestra experiencia como asiduos de cafés, bares de copas, cafeterías o restaurantes, hemos observado que el trato hacia el público en algunos casos es deficitario. La lista de defectos e inconvenientes es larga y acontece no solo en el sector de la hostelería sino que está presente en la mayoría de los comercios que tienen trato con personas.

SERVICIO DE COMANDAS EN BARRA Y SALA.

Definición del problema: **Demora en las elaboraciones de cocina y servicios en barra/sala**. Estas son las razones probables en origen y a tener en consideración:

1. Motivación. El responsable de la actitud de camareros de sala y barra es el jefe de sala, *maitre* o propietario. Entre sus numerosos cometidos se sitúan los de formar y educar a sus trabajadores "hacia un atento y cuidadoso servicio hacia los clientes". En algunas ocasiones existe cierto desinterés por parte del profesional que tiene que desarrollar esta función. Cuantas veces recordamos «*esa vez que al llegar a la barra para pedir una bebida, una tapa o una mesa para comer y aunque el camarero nos esta viendo y es consciente de que estamos esperando, no se inmuta; es esa desgana en el trabajo, esa desidia y poco interés en atender al cliente*». Repetimos, es un mal común y que define claramente como es el establecimiento en cuestión.

2. Incorrecta planificación del personal y organización de cocina. La incapacidad de elaborar las comandas a tiempo es, probablemente uno de los rompecabezas de más compleja solución que suelen padecer las cocinas y barras profesionales. Dicha insuficiencia derivará a buen seguro en atrasos en del servicio en mesa y barra. La falta de eficacia es provocada por una mala planificación del número de profesionales necesarios para atender a todos los potenciales comensales que entren de una vez, y probablemente también, por una mala organización en el interior de la cocina debido a un excesivo número de ingredientes para cada plato, a la falta de programación previa con un *"mise en place"*, la falta de técnicas de organización en los elaborados como "marcar los platos" según comanda o a complicadas elaboraciones y cocciones.

Incapaces los camareros o cocineros en atender prontamente los requerimientos de los consumidores, en forma de bebidas, tapas, bocadillos, entrantes o segundos platos, las consecuencias pueden ser desastrosas. Cuantas veces hemos pensado para nosotros mismos: «*¡no volveremos más a ese lugar!, ¡qué lentitud para limpiar la mesa!, ¡Cuanto tardan en servir la comida, el café o cobrar la cuenta!*».

Para subsanar el problema, es preferible mantener a un ayudante de cocina o camarero, a tiempo parcial, a la espera de que lleguen esos "clientes extras". Es evidente que en ausencia de este "refuerzo" los clientes no serán atendidos de forma puntual y aflorarán los retrasos a la hora de servir las comandas. El primer año, como se ha recalcado con insistencia, las entradas de clientes fluctuarán de forma muy irregular.

UNIFORMES TRABAJADORES.

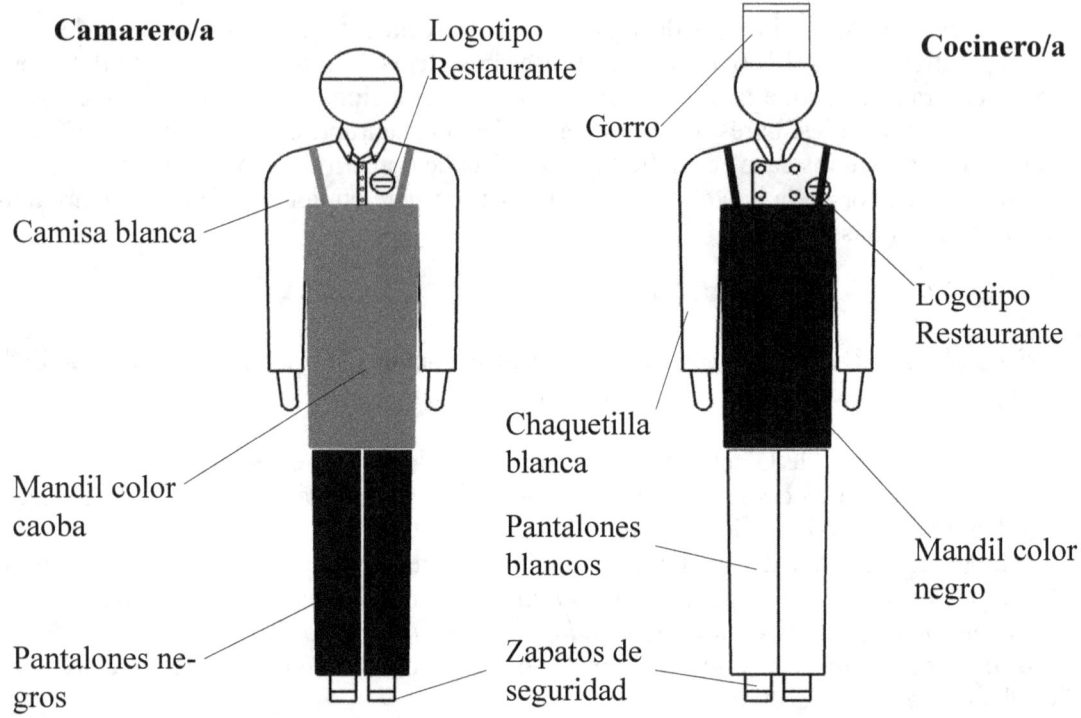

Camarero/a

Logotipo
Restaurante

Gorro

Cocinero/a

Camisa blanca

Logotipo
Restaurante

Chaquetilla
blanca

Mandil color
caoba

Pantalones
blancos

Mandil color
negro

Pantalones ne-
gros

Zapatos de
seguridad

El uniforme de chefs y cocineros no es de obligado uso según la normativa de higiene y salud, si bien, nunca debe ser fuente de contaminación. Tiene que ser una vestimenta limpia y de uso exclusivo para cocina. Tradicionalmente debe constar de chaquetilla (sobre todo los chefs) y pantalón (preferiblemente blanco por su facilidad en la rápida detección de la suciedad), además del gorro para la cabeza y mandil negro o blanco.

Con respecto a los camareros es habitual, desgraciadamente, verlos a menudo con la vestimenta que se usa para la calle; incluso en verano con pantalón corto, chanclas y enseñando las piernas. Error imperdonable. Este tipo de ropaje es totalmente inadecuado para manejar alimentos y bebidas. Por todo ello, podemos afirmar con rotundidad, que la imagen es vulgar y "chabacana". Al contrario, si los trabajadores están uniformados marcaremos la diferencia con respecto a la mayoría de los establecimientos que ya han olvidado lo que significa gestionar de forma adecuada un negocio de hostelería.

Primordial es que, los camareros/as usen camisa blanca con el logotipo de la empresa, pantalón negro e incluso mandil (puede ser en este caso de color caoba o *wengue* para contrastar). Huir de uniformes completamente negros (aunque esté de moda) ya pueden llegar a ser hasta lúgubres si el trabajador no tiene muy buena cara ese día. Les aseguramos que no habrá cliente más satisfecho que verse servido por un camarero perfectamente uniformado.

El uso de la vestimenta adecuada hará que los trabajadores sientan más confianza en si mismos concienciados del puesto profesional que desarrollan y se situarán muchos más cómodos como interlocutores de los clientes. Esta política empresarial va a tener múltiples beneficios: 1. Demostración clara de respeto hacia sus cocineros y camareros. 2. Imagen de experiencia hostelera, seriedad y profesionalidad.

RELACIÓN CON EL CLIENTE.

Aspectos y objetivos prioritarios a tener en consideración por el equipo integrante de la empresa:
1. Realizar autocrítica.
2. Mejorar y enriquecer nuestra formación.

Estos fundamentos descritos son válidos y se deben aplicar a cualquier puesto de trabajo perteneciente a empresas del gastrosector (se incluyen bares de copas y cócteles). Vamos a estudiar los dos aspectos que deberán regir la comunicación con los comensales. El primero de ellos es el más básico y elemental debiendo ser corregido de forma inmediata y, el segundo, trata de crear una serie de habilidades que aporten un dominio en las relaciones sociales para así enriquecerlas y obtener una mayor productividad.

Casos reales.

Reflexionemos. Vamos a empezar por una crítica constructiva: ¿Cuántas veces hemos sentido un trato inadecuado de algún camarero/a?. Describamos un par de situaciones en las que todos nos vamos a reconocer:

«Entramos en un restaurante, bar o taberna y al dirigirnos al camarero/a, éste/a nos atiende de forma totalmente fría, distante y seria. ¿Qué produce esto en nosotros?: lo primero un desapego, también nos transmite esa frialdad y esa seriedad. Intentamos hacerle algún comentario, alguna broma, pero sus respuestas y actitudes no cambian. Entonces no nos vamos a sentir a gusto, no aparece la calidez que siempre buscamos. Consecuencia: la siguiente ocasión que divisemos el local pasaremos de largo».

En este otro caso narramos una actitud más extrema que la mencionada anteriormente aunque, por desgracia, frecuente y extendida en bastantes lugares. «...*Cuando iniciamos las conversaciones a la hora de solicitar como queremos nuestra bebida, aperitivo o comida, sentimos y observamos el hartazgo, el hastío y el mal humor del camarero/a. Su impaciencia y desgana a la hora de servirnos nos produce un malestar importante. Nosotros como clientes queremos disfrutar del momento, salimos con los amigos o familiares para relajarnos y ser felices y no para soportar a desmotivados y malhumorados trabajadores. Cualquier variación, deseo o sugerencia acerca de las propuestas que nos ofrece el camarero/a son tomadas con mala cara y negatividad».*

Lecciones a aprender:
– La formación de camareros en las relaciones con los clientes es prioritaria.
– Aprender a dejar los problemas personales cuando entremos a trabajar.
– Mentalización que el trato positivo hacia los clientes es una inversión de futuro acerca del afianzamiento y fidelidad de los mismos.
– Contratación de empleados de carácter moderado, afable, alegre y abierto.

– **El éxito en hostelería** no proviene de una gran cocina, como nos hacen creer en los medios de comunicación y los chefs mediáticos, sino emana "del secreto en el trato hacia el cliente". **«Una sonrisa, una mirada amable, un acercamiento cariñoso y una escucha comprensiva».**

EMPATÍA.

La empatía es una habilidad y destreza que se adquiere para mejorar la comunicación interpersonal y afectiva destinada a facilitar el buen entendimiento entre dos personas.

La mencionada gran virtud es la característica positiva de la mejora en nuestra personalidad. **«Es querer comprender en profundidad el mensaje del otro y establecer un diálogo positivo y lleno de paz».** A través de ella se pueden valorar los sentimientos y necesidades de los demás dando pie a la calidez emocional, el compromiso, el afecto y la sensibilidad.

Nuestra postura, mirada, tono de la voz, sonrisa fácil y frecuente e incluso nuestros silencios y capacidad de escucha hacia el otro pueden lograr una alegría y felicidad en el interlocutor, sorprendentes. Cuando actuamos con empatía no significa estar de acuerdo con el otro. No implica dejar de lado tus propias convicciones y asumir como tuyas las de la otra persona. Incluso se puede estar en completo desacuerdo con alguien sin por ello dejar de ser empáticos y respetar su posición diferente. Siempre calzarse el zapato de los demás para entender su punto de vista. Nuestra actitud comprensiva y positiva debe adaptarse a cada situación y persona. Lo que vale para una puede que no sea adecuada para otra.

Con la habilidad de la empatía lograremos comunicarnos mucho mejor con los demás, mejorar nuestras relaciones de pareja, conseguir nuevas y rentables amistades y por supuesto enriquecer enormemente el trato con los clientes.

Nuestra recomendación sería la de realizar una pequeña inversión para asistir a:
– Cursos de relaciones sociales
– Cursos de habilidades sociales
– Cursos de empatía

EL PROBLEMA DEL RESTAURANTE VACÍO.

Es obvio que entre los objetivos prioritarios en cualquier negocio de hostelería –ya sean restaurantes, tabernas, gastrogaritos, cafeterías o bares de copas– predominará el de atraer al mayor número posible de consumidores. Será imperativo crear un grupo de clientes/amigos que se conviertan en asiduos y fieles. Éstos conformarán nuestra base de público. Dicho núcleo sustentará al resto del gran conglomerado de personas que ha de venir en el futuro. Al contrario, si el número de comensales es deficiente el negocio no progresará adecuadamente y por tanto estará, desgraciadamente, abocado al cierre. No solo es importante hacer todos los días una buena caja sino que es primordial entablar relaciones cordiales y amistosas con clientes cercanos. Una vez nos hayamos ganado su confianza, éstos traerán poco a poco, primero a sus amigos y posteriormente a sus familiares. El círculo pausadamente y sin esfuerzo por nuestra parte se hará más y más grande.

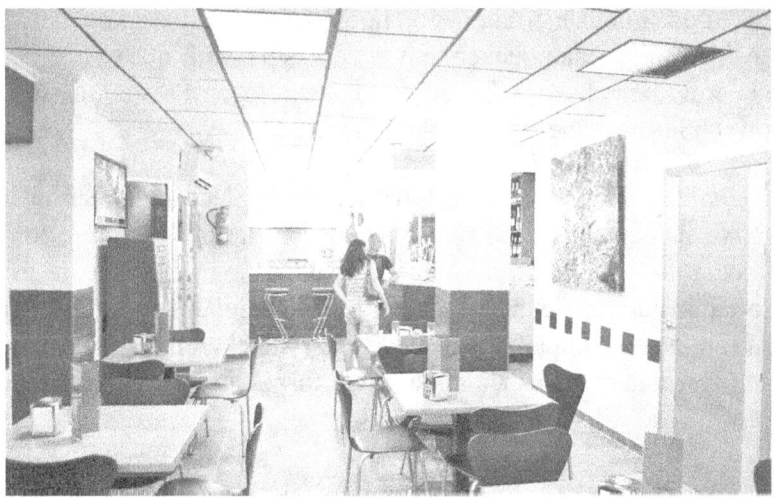

Recabar información acerca de los motivos por los que se producen ausencias de clientes es una prioridad al inicio de nuestra actividad hostelera. No se debe infravalorar o ignorar. El "Problema del Restaurante Vacío" es de vital importancia para mantener a lo largo del tiempo la actividad empresarial.

Después de presenciar infinidad de "inauguraciones" y observar sus resultados y comportamiento; de analizar los porqués de sus éxitos y fracasos, de realizar un profundo estudio psicológico en las actitudes de los clientes nos atrevemos a exponer las razones por las que ciertos restaurantes, bares o cafeterías padecen este problema.

«...Era una noche de verano, paseábamos cerca de nuestro restaurante cuando entramos hacia una calle peatonal ancha y amplia situada en una de las típicas localidades costeras bañadas por el Mediterráneo; en ella se sucedían numerosos negocios de hostelería en la misma acera. La competencia entre todos los locales era acusada. En el centro de aquella calle, como decimos, se situaban dos negocios separados ambos por tan sólo una quincena de metros. El primero tenía un éxito enorme, estaba casi siempre abarrotado. Aquella noche los turistas se agolpaban en la barra, sala y terraza; mientras, el otro local (un excelente restaurante, con idéntica terraza, buenos productos y correctos emplatados), estaba completamente vacío. Todos sus integrantes –después de tanta espera– habían dejado sus puestos de trabajo y se arremolinaban, unos sentados y otros de pie, alrededor de la puerta de entrada. Todos con sus uniformes de cocineros y camareros esperaban expectantes a la llegada de algún cliente».

La imagen era patética. Les aseguramos que cualquier cliente que llegase jamás entraría pues el espectáculo era impactante. Realmente nos produjo una profunda congoja y tristeza: ver a todos aquellos buenos profesionales esperando, sin trabajo y con la terrible amenaza de la peor sombra que a buen seguro terminaría por invadir aquel negocio, el cierre.

Es un mal acusado que padecen algunos establecimientos de difícil corrección y que en un porcentaje importante obliga a la clausura, a lugares que quizás sean excelentes, pero por las circunstancias que ahora intentaremos explicar, fracasan.

Un tipo de "virus" que si llega a contagiar a "nuestra casa" deberemos combatirlo por encima de cualquier otra necesidad o prioridad que tengamos. Jamás permitir que esta situación se prolongue en el tiempo porque la enfermedad se irá extendiendo hasta llegar a los comensales: que no entrarán a disfrutar y consumir en nuestro querido establecimiento.

El problema es de tal importancia que es probable que empiece a generar un circulo vicioso donde el cliente que entra, se encuentra sólo, es centro de las miradas de los trabajadores, se siente incómodo: él, el consumidor, sólo quiere disfrutar de su consumición relajadamente sin sentirse observado, eso es lo que más odia, lo que más le incomoda, es, ese silencio, esa ausencia de jolgorio y alegría que provocan los demás amigos o compañeros de estancia. Este cliente que ha entrado porque le gusta el lugar, porque tiene presentadas sus especialidades de forma atractiva y sugerente, porque esta agradablemente decorado y diseñado, no volverá más.

«...Entonces, el círculo vicioso puede empezar a girar. Los clientes no entran porqué el lugar esta vacío y esta vacío porque no entran clientes».

Imagen de restaurante con muchos clientes

¿Como podemos evitar o resolver este problema?. Vamos a describir algunas propuestas:

– 1. Campaña de apertura. Desde el primer día de la inauguración tendremos presente y en consideración que dicha situación tan amenazante podría producirse. A la apertura del local es conveniente realizar una jornada inaugural invitando a amigos, familiares, vecinos y cuantos más podamos atraer.

– 2. Los primeros meses se realizará publicidad de ofertas muy atractivas para incitar a los potenciales consumidores a elegir nuestro negocio. Ofertas como «*5 quintos de cerveza en cubilete de hielo picado a 3 €*» o «*Bebida con tapa gratis*» o «*Comida/cena para dos, regalo botellín de cava*», «*Café o cortado 1 €*». (moneda local según el país que corresponda). Almuerzos (10,00 h.) y menús económicos manteniendo la calidad (recordemos que es una seña de identidad de nuestra empresa). Bonos descuento anunciados en webs. Las sugerencias dependerán de nuestra imaginación y osadía.

Es indiscutible que este tipo de "ofertones" probablemente no sean rentables (para eso tenemos el fondo de reserva) pero no nos debe importar, lo prioritario es que el negocio tenga una apariencia de funcionamiento, que entren y salgan clientes. Como pauta general los reclamos deberán mantenerse continuos los primeros meses hasta que se estabilicen los consumidores: publicidad mediante buzoneo, folletos promocionales, anuncios en la web y redes sociales; en definitiva darlas a conocer al público.

– **3.** En la medida de lo posible, nos referimos a las condiciones meteorológicas, la terraza siempre estará montada y arreglada. Las puertas del establecimiento abiertas para facilitar la entrada a ese cliente dubitativo o reservado.

– **4.** Insistir a conocidos, amigos y familiares a que vengan a comer o a cenar con frecuencia. Otra propuesta mencionable debe provenir de los arrendadores: sugeriremos a éstos que acudan con asiduidad junto a su familia o amigos a llenar ese hueco en la sala que tanto necesitamos. A ellos les conviene absolutamente darnos este apoyo para mantener en pleno funcionamiento el restaurante, (la renta de alquiler que vienen percibiendo depende de ello), de lo contrario, vuelta a empezar a la búsqueda de nuevos inquilinos.

– **5.** Jamás bajo ningún concepto abramos un negocio copiando el éxito de un establecimiento que esté situado muy cerca del nuestro. Va a ser muy difícil o casi imposible captar clientes que ha fidelizado la competencia con su esfuerzo, trabajo y tesón; además, los situaríamos en nuestra contra al descubrir que les hemos copiado su concepto de negocio. Ganarnos enemigos sería un muy mal comienzo.

– **6.** Como desarrollamos en el Capítulo 3. Búsqueda del local, analizaremos con detenimiento cuales son las razones y motivos, por los que, algunos de los negocios de nuestro alrededor tienen muchos clientes.

– **7.** Debemos ser muy activos en el barrio. Visitar colegios o institutos para ofrecerles comidas o cenas sobre cualquier acontecimiento que celebren. Acudir a la parroquia cercana y presentar nuestro restaurante para bautizos, comuniones, cumpleaños y pequeñas bodas. Visitar el polígono industrial más cercano; los trabajadores de estas empresas suelen celebrar comidas y cenas: las de Navidad imprescindibles. Visitar oficina por oficina de cada fábrica con suficiente antelación entregando nuestras ofertas de forma amable y simpática. Llevará tiempo y esfuerzo pero los resultados son siempre muy efectivos.

Finalmente, el factor suerte. Este sustantivo parece ser que también influye. Es un verdadero misterio pero en ocasiones los clientes se decantan por un establecimiento y no por otro sin que después de analizarlo encontramos las razones. Les aseguramos que no las hay. Simplemente es azar y suerte. Esperamos que ustedes, la tengan.

CONSEJO

Inaugurar un negocio hostelero, no significa abrir las puertas y ya está. Todo lo contrario, significa la búsqueda activa e incansable de clientes para obtener verdaderos "abogados de nuestra marca".

Recordemos: la presencia de consumidores en "nuestra casa" atraerá a otras personas a que entren. Es algo innato en el ser humano: la necesidad de agruparse, de ser sociable. Basta que un grupo de personas que pasea por la calle vea que otro grupo se sientan en nuestra terraza para que ellos hagan lo mismo. Se llama imitación. El ser humano, es fundamentalmente sociable e imitador. Desde la primera infancia tendemos con frecuencia a copiar e imitar lo que hacen las otras personas.

15. PROPUESTAS Y MEJORAS EN HOSTELERÍA.

El capítulo final de esta obra está dedicado a una serie de apartados sobre temas muy diversos que tienen como nexo de unión propuestas y mejoras tan opuestas como el pan "un producto estrella", el diseño de ventanas, o, desde las escuelas de cocina hasta la plancha industrial. Realmente es difícil encontrar este tipo de estudios en otros manuales, webs o cursos; por ello, creemos que pueden ser muy útiles y hasta necesarios.

15.1 ESTRÉS EN UNA COCINA PROFESIONAL.

La actividad realizada en este espacio de elaboraciones culinarias, es, sin lugar a dudas, una de las profesiones más estresantes de entre todas las analizadas. Debido a las especiales funciones que desarrollamos –servir comidas y bebidas en un tiempo record– el mayor problema al que habremos de enfrentarnos en la gestión será, con toda seguridad, todo lo relacionado con la tensión y la ansiedad. Los datos lo evidencian: los oficios que se desarrollan dentro de las cocinas y barras se consideran de entre los más agotadores bajo el amplio abanico del sector servicios. «Tener nuestra sala, barra y terraza repleta o abarrotada de clientes puede ser realmente abrumador». Es evidente que eso es lo que buscamos y deseamos pero, esta alta responsabilidad derivará con toda seguridad en estrés; estrés que si no sabemos dominar y gestionar puede acabar definitivamente con nuestra salud y por tanto con nosotros y nuestro negocio.

Básicamente el estrés se origina desde tres factores o condicionantes:

1. Rapidez. La exigencia más importante en una cocina o barra profesional es la inmediatez en nuestras acciones de trabajo.
2. Desbordamiento. «La ansiedad se genera cuando nuestra capacidad individual máxima de trabajo es,
por ejemplo, la de elaborar o servir a un tiempo 3 comandas correspondientes a 12 comensales y de pronto debemos de atender 5 comandas y 20 comensales».
3. Satisfacción del cliente. Alta responsabilidad para garantizarla.

Vamos a analizar los tres factores o condicionantes:

1. Rapidez. Un buen cocinero o camarero de barra será aquel que realiza los platos o bebidas bien elaborados pero de forma muy rápida. Nunca seremos buenos cocineros o camareros si no somos rápidos. Todo debe ser rápido. Bueno pero lento no vale.
«En una cocina profesional si sentimos que nos quemamos por las salpicaduras de aceite mientras doramos unos calamares, deberíamos seguir cocinándolos hasta que estén listos». Es necesario endurecerse. No hay tiempo para las pequeñas incidencias. Porque...¿qué pasaría entonces si dejamos los calamares friéndose y acudimos al botiquín a curarnos la quemadura?.
2. Desbordamiento. Aunque en el establecimiento tengamos estudiadas las capacidades de nuestro personal o equipo de trabajo en relación al número de comensales que se pueden abordar, siempre van surgir esos días en los que el local va a estar desbordado. Nunca podremos prever la entrada masiva de clientes. En estos casos los nervios, voces, desorden, caos y suciedad serán las consecuencias que definan estas situaciones.

3. Satisfacción del cliente. El conjunto que integra el equipo de trabajo incluyendo a los propietarios, cada uno en su nivel de responsabilidad, sufrirá en algún momento los síntomas del estrés. Existe un alto compromiso al tener que garantizar la entera satisfacción del cliente en un tipo de negocio en el que la misma es realmente difícil de conseguir. No es lo mismo vender un suéter que servir un plato de comida.

– Aprenda a reconocer sus reacciones frente al estrés y véalas como un aviso.

– Acuda en ayuda de un gabinete psicológico. Los 600 o 1.000 euros que nos puede costar el asesoramiento o tratamiento deberán formar parte de un capítulo más en la inversión del negocio.

– No se atormente imaginando las situaciones que van a ocurrir en el futuro inmediato. La mayoría no ocurrirán. **Recordemos: nuestros pensamientos no son reales, solo son reales si se hacen realidad.**

– Si estamos desbordados no perdamos los nervios ni la cabeza puesto que va a ser inevitable la entrada masiva de clientes.

– Haga ejercicio físico para liberar la ansiedad reprimida.

– Evite el tabaco y el alcohol (ambos entre los mayores estresantes) y las grasas.

– El exceso de trabajo nos enseñará a delegar más en el equipo.

– Aprenda a relajarse y a respirar profundamente; tómese su tiempo para realizarlo. Aprenda técnicas.

– Simule y ensaye los síntomas que sufre –cuando tiene estrés en el trabajo– en situaciones de calma o relax (sus días libres). Así aprenderá a controlarlo y manejarlo.

– Aprenda a trabajar muy rápido sin estresarse. Más aún, aprenda a trabajar muy rápido bajo la presión de los clientes del bar o restaurante, riéndose y pasándoselo bien.

– Planifique su carta y menú. Estudie todos los platos de su carta y analice cuantos ingredientes se pueden preparar con antelación, es decir, fuera de las horas de actividad. La mayoría del «*mise en place*» puede estar realizado con anterioridad. De esta forma muchos platos solo habrá que montarlos. Utilice la vitrina refrigeradora para ingredientes picados (verduras, especias o salsas.

Recordemos nuestra estrategia de negocio que hemos repetido tantas veces: elaboraciones sencillas con pocos ingredientes pero, excelentes presentaciones, ricas y suculentas. ¡No!, a los pucheros, ollas y cazuelas. ¡No!, a los hornos. ¡No a la cocina repipi, cursi, llena de florecitas y recargada!. ¡No a las esferificaciones, deconstrucciones, gelificaciones y espumas!.

Veamos de nuevo otro ejemplo sencillo para entendernos:

Patatas a lo pobre. (Tiempo estimado de elaboración, 30/35 minutos).

Aunque parezca una propuesta vulgar les aseguramos que es de las recetas más demandadas y versátiles puesto que estas patatas nos servirán, además del propio plato propuesto, para múltiples acompañamientos en almuerzos o comidas y como ingrediente de numerosos bocadillos.

Ingredientes: Patatas, huevos, aceite de oliva, ajos y sal. Como elemento enriquecedor puede ser jamón serrano, morcilla desmigada, chorizo desmigado, setas de temporada, láminas de trufa o el que nuestra imaginación nos permita incluir.

Pasos a seguir: Pelar, lavar y cortar las patatas con la mandolina. Salar. Chafar de un golpe unos ajos con piel. Pochar en aceite de oliva las patatas y los ajos. Sacar las patatas del aceite y dejarlas a medio cocer (un poco crudas), más o menos a falta de unos 5 a 7 minutos de fritura. Escurrir y conservar tapadas con film transparente. Una vez oída la comanda, freir de nuevo y terminar en 6/7 minutos. Al unísono freir en otra sartén los huevos fritos. Con dicho proceder siempre serviremos "patatas a lo pobre recién hechas". Si realizamos todo el proceso de elaboración con anterioridad nos habremos ahorrado 22 minutos de estrés. Dicho proceso es similar al termino llamado en cocina: "marcar". Es preferible "poner a marcar las comandas" (realizar una media elaboración, cuando el chef o sala cantan la comanda), que elaborar el plato todo a la vez. Por ejemplo, marcar los ingredientes de un arroz y esperar a mojar con caldo cuando se cante "el empiece o marchar" y su posterior "para pase".

15.2 EL PAN.

Acompañante común y básico en gran parte de las comidas es un producto derivado de cereales que con frecuencia en algunos negocios de hostelería se olvida su cuidado y selección. Pero..., justamente y en este caso, puede ser otra de las claves del éxito de nuestro lugar.

Nos hemos referido en otras ocasiones, a que una de las propuestas más rentables en empresas de hostelería siguen siendo los locales de "exposición mixta". No decimos nada nuevo, es un modelo muy habitual. A saber: restaurante o taberna que disponga de sala y barra para cafetería. Este modelo mixto es capaz de captar al mayor rango posible de clientes y dentro del máximo horario.

Desde estos servicios mixtos se pretende incluir (lo hemos mencionado en otros capítulos) a todo el abanico de consumiciones posible: desayunos, almuerzos, tapeo, comidas, meriendas y cenas. El secreto: la flexibilidad.

Vamos a centrarnos ahora dentro de la propia oferta de nuestra carta. Además de los platos habituales en las secciones para comidas, cenas o menús, otros de sus apartados serán:

— La sección de bocadillos.
— El pan como acompañamiento.

En ambos casos, deberemos de considerar al "pan" como un ingrediente realmente influyente y potencial generador de clientes.

CONSEJO

No menospreciar esta oferta dentro de nuestra carta. Puede ser garante de un gran éxito: «preparando los mejores bocadillos de la ciudad» y sirviendo «el mejor pan artesano».

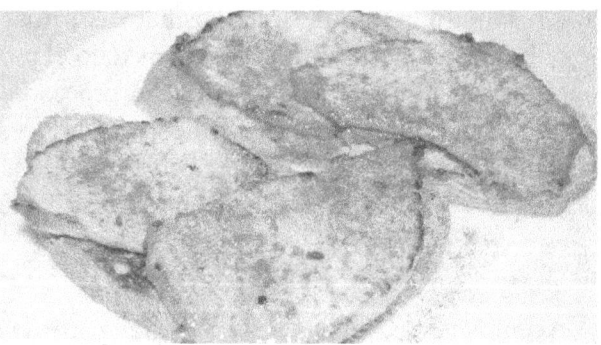

Es notorio observar la cantidad de lugares en los que se sirve un pan mediocre; es obvio: se aprovisionan de panaderías que así los elaboran. El llamado "pan de pueblo, artesano o a leña" que ofrecen estas panaderías y boutiques del pan en realidad es un pan vulgar cuya miga inconsistente endurece y seca rápidamente. No nos dejemos engañar. Hemos de probar el pan y chequearlo en nuestro establecimiento durante varios días para comprobar su sabor, resistencia y durabilidad. Es provechoso entonces, describir las dos posibilidades sobre tipos de pan a las que podemos optar:

1ª Elección: Panadería industrial congelada.

Vamos a relatar una anécdota de nuestros comienzos en el restaurante:

«*Inicialmente para panadería y bollería decidimos decantarnos por la fórmula de los productos ya semielaborados y congelados. Este tipo de hogazas, ensaimadas o cruasanes sólo necesitan unos 10 o 15 minutos de horno para terminar de cocerse y dorarse. Nos parecía una propuesta interesante y válida. Conforme se necesitan se sacan del congelador se cuecen y ¡tan frescos!.*

...Era una noche de agosto, trabajábamos dos en cocina y dos en barra/sala. De pronto, el restaurante empezó a llenarse a oleadas. Toda la sala, más dos filas de clientes en la barra y toda la terraza. ¡La locura, completamente desbordados!.

Justo en la vorágine, trabajábamos la plancha (situada detrás de la barra) para dar salida a todos los bocadillos que requerían los clientes del mostrador. Buscar y seleccionar los ingredientes, asarlos, salsear, cortar e introducir en el pan, emplatar y servir en barra. Finalmente colocar nuevos panes congelados en el horno para su cocción.

Mientras todo esto acontecía, había un cliente en concreto que nos miraba fijamente con cara de pocos amigos, ...llevaba esperando su bocadillo al menos cuarenta minutos. De pronto su cara pálida y de enfado se torno roja y llena de ira al ver como los panes que iban destinados a su estómago y que se estaban cocinando en el horno los sacábamos como dos ramas de carbón negro.

¡Era tal nuestro desbordamiento que nos olvidamos por completo de sacar los panes del horno!».

Desventajas y conclusión.

Trigo, maíz y el resto de cereales susceptibles de definirse como productos de panadería y bollería requieren una máxima atención en el manipulado y horneado para su correcta cocción:

– Necesitan hornos industriales de gran consumo eléctrico (hasta 7.500W), además de la inversión que conlleva adquirirlos.

– Panadería y bollería industrial permanece fresca pocas horas.

– Como productos semielaborados su calidad es pobre y efímera. Poseen conservantes, estabilizantes, mejorantes, etc.

2ª Elección: Panadería artesana y fresca. Objetivos:

– Negociación con un panadero de contrastada calidad –a ser posible del barrio– sobre el tipo de pan que buscamos para ofrecerle una cantidad mínima diaria garantizada.

– Pan cuya masa ha sido trabajada de forma artesanal y a ser posible con levaduras de alta calidad incluyendo masa madre.

– Su interior debe presentar una miga espesa, compacta, elástica y con burbujas de un fermentado muy activo.

– La corteza debe ser fina y crujiente, pero nunca gruesa o excesivamente dura. De lo contrario niños y personas mayores no podrán comerlo.

– Dicho pan debe durar fresco al menos 1 día, (si es con masa madre puede durar fresco hasta 3 o 4 días).

– Guardar en saco de harina –del horno que nos provee el pan– y bien cerrado para conservar la humedad.

– Los sobrantes del día, congelar. Usar a falta de género fresco. Descongelar a temperatura ambiente y antes de servir calentar un poco en plancha.

– Sería interesante trabajar con dos tipos diferentes: la clásica barra para bocadillos y la hogaza para preparar tostas grandes de "pan *tumaca*" o acompañamiento en comidas, cenas y tapeo.

– La elección de pan fresco del día adquirido al proveedor y por tanto sin elaboración o esfuerzo por nuestra parte puede marcar la diferencia frente la competencia.

15.3 EL MOSTRADOR-REFRIGERADOR DE TAPAS.

Propuesta de diseño de una barra para restaurante/cafetería.

Lateral de acero

La barra es construida y equipada en base a las ideas proyectadas por los integrantes con capacidad de decisión en la empresa. Sin embargo, uno de los defectos, en nuestra opinión, más comunes y extendidos proviene de la elección y colocación de los enfriadores de tapas.

Dos son las propuestas centradas en la mejora sobre este equipamiento tan condicionante:

1. Elección del tipo del refrigerador de tapas a adquirir.

2. Diseño o medidas del mostrador o encimera de la barra.

1. Elección del tipo del refrigerador de tapas a adquirir.

– Los modelos presentes en el mercado, son en su mayoría, excesivamente voluminosos y aparatosos para las prestaciones que ofrecen, entendiendo como prestaciones, el número de bandejas de comida que pueden alojar.

– Una de las características por la que se presentan sobredimensionados es la solución técnica del motor/compresor para el refrigerado. Desgraciadamente los fabricantes los alojan en un costado del propio refrigerador de tapas, lo que conlleva una pérdida de utilidad, ocupando una zona inútil en la barra.

– Posee un zócalo inferior que incrementa su tamaño y volumen. Nosotros necesitamos un elemento funcional lo más liviano posible y no un verdadero "armatoste".

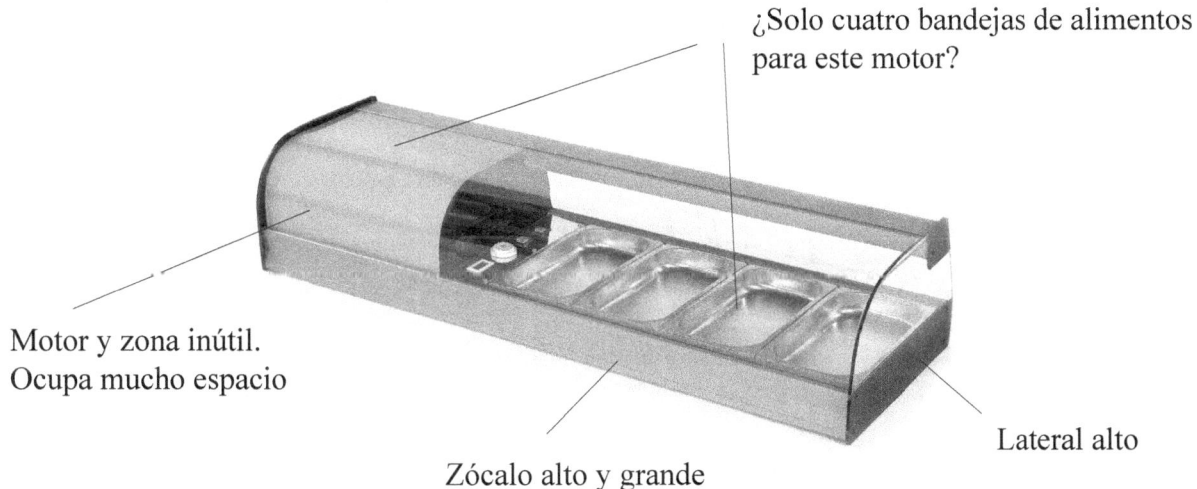

¿Solo cuatro bandejas de alimentos para este motor?

Motor y zona inútil.
Ocupa mucho espacio

Lateral alto

Zócalo alto y grande

Nuestra propuesta (fotografía inicial, pág. 196). Consiste en elaborar un diseño propio para un mostrador de tapas a medida. De estructura muy sencilla que ofrece múltiples ventajas:

– Elegancia y ligereza. Lo único importante es que se vean en todo su esplendor las tapas y alimentos.

– Total transparencia, la mayor parte del material es cristal.

– Las bandejas de las tapas están enrasadas con la encimera de la barra lo que aporta gran elegancia y distinción. No existe ningún alto zócalo.

– Zona superior totalmente plana y ancha para colocar de forma estable y duradera las tapas no refrigeradas o calientes.

– Armazón de acero muy robusto y estable al peso.
– Cristales traseros en corredera, deslizables para abrir el receptáculo y sacar la comida.

El producto es fácilmente realizable por las múltiples empresas dedicadas a la construcción, montaje e instalación de barras para hostelería. Tan sólo debemos indicarles nuestras exigencias y necesidades y ellos lo sabrán resolver técnicamente.

Presentamos un plano con sección típica de como debería ser un mostrador de tapas estándar. (Los laterales que no están dibujados, los podemos observar en la fotografía primera. Deberán ser de acero para poder armazonar tanto la zona superior e inferior de la sección típica del mostrador de tapas y que a su vez son de acero también. Este armazón de acero debe quedar bien rígido y robusto para soportar el peso de las tapas calientes que se colocan en la parte externa superior). El sistema se acopla directamente al propio mostrador de la barra, que puede estar realizado en múltiples materiales: acero, madera maciza, mármol, granito, `porcelánico y el novedoso cuarzo.

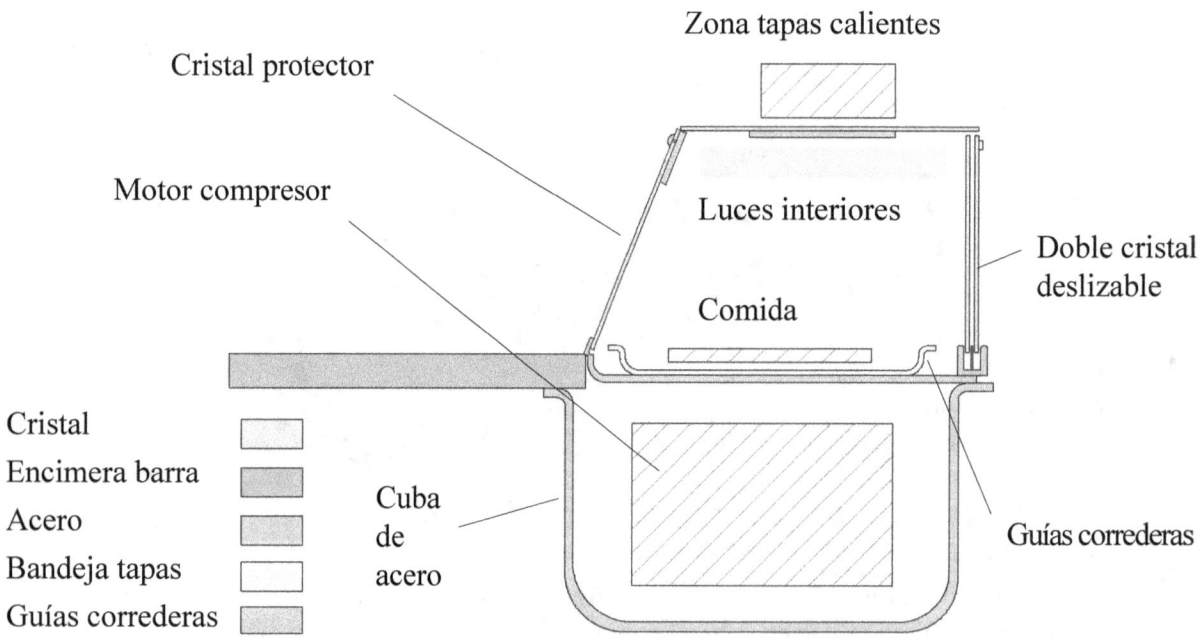

Este diseño tan sobrio y liviano probablemente será incluso más económico que adquirir un mostrador de tapas ya fabricado. Por otro lado, las bandejas de acero inoxidable para alimentos son habituales en cualquier empresa que comercialice componentes para hostelería.

2. Diseño del mostrador o encimera de la barra.

En la mayoría de los establecimientos que poseen una barra, la colocación del refrigerador de tapas resta espacio a la barra. Un aspecto técnico que vuelve a perjudicar a este elemento constructivo (la barra) tan primordial. Prácticamente es imposible ofrecer a los clientes un espacio adecuado para que disfruten de la toma de alimentos o bebidas.

Cuantas veces hemos acudido a la barra de un restaurante pensando... **«*¡qué ganas tenemos hoy de disfrutar de alguna tapa leyendo la prensa!*»**. Imposible, la zona es demasiado estrecha y acotada.

Veamos algunos ejemplos gráficos:

Es fácil observar en la fotografía de la izquierda, el espacio que deja el mostrador/refrigerador de tapas instalado en la parte posterior de la barra. Solo es capaz de alojar un café con su plato. No cabe prácticamente nada más. Realmente no tiene sentido este tipo de soluciones en el montaje de una barra de hostelería.

Si observamos nuestra propuesta con detalle, (fotografía inicial, pag. 196) el área es tan amplia y cómoda como para alojar un servicio de comida o la "prensa diaria".

A priori, y sobre plano, el diseño de cualquier barra debe tener este aspecto técnico en cuenta. La medida correcta tiene que ser aproximadamente la medida de un periódico + la profundidad del mostrador de tapas, total= 70 cm. Si, decimos periódico. Acaso no recordamos las innumerables veces que hemos querido leer el diario en esta zona y nos ha sido imposible; la hojas se resbalan continuamente teniendo que realizar malabarismos para poder pasar las páginas. No tiene sentido y es una incomodidad muy acusada que generamos al cliente.

Además de este inconveniente y como ya hemos mencionado con anterioridad, prácticamente no hay sitio para comer. Esto es fundamental. Muy significativo es el número de clientes que entran a cafeterías o restaurantes –sobre todo representantes, comerciales y trabajadores de fábricas cercanas– que entran a almorzar o comer pero que no desean estar solos en una mesa; éstos buscarán locales con una amplia barra donde puedan tomar el menú diario sentados cómodamente en el taburete y sin ser el centro de las miradas.

Acometeremos el diseño del espacio de la barra como una mesa más de la sala, con todas las comodidades y facilidades hacia el cliente. "Nuevos aires" en un proyecto bien resuelto nos diferenciará de forma ventajosa frente a la competencia.

En nuestra propuesta existen tres opciones posibles:

Primera: Retraer el refrigerador de tapas dejando el espacio saliente hacia la zona interior de la barra. Aunque parezca un problema, en realidad no lo es, ya que en esta zona de uso interior habrá otros elementos que también invadirán el paso de camareros: zona de tirador de cerveza, fregadero, refrigerados de botellas, etc.

Segunda: Ampliar la anchura de la encimera de la barra al finalizar el refrigerador de tapas. Ciertamente habrá un mayor gasto al tener que instalar una encimera bastante más ancha, ya que necesitamos rellenar los laterales que se extienden o "sobran" a ambos lados del mostrador de tapas. En cualquier caso es completamente necesario. Todo quedará mucho más integrado y el porcentaje de gasto o inversión correspondiente a esta pequeña reforma va a ser ínfimo para el buen resultado final.

Tercera: Colocar un refrigerador de tapas a todo lo largo de la barra (en el caso de que la barra no sea muy larga). Es ejemplo del modelo que exponemos en la fotografía primera (pág. 196). La presencia y acabado se sitúa como el mejor de las tres propuestas, según nuestra opinión. La medida más razonable debería estar entre los 2 y 3 metros de longitud máxima, teniendo siempre en cuenta que, posteriormente debemos de acopiar con alimentos cocinados o frescos.

Resumiendo: El diseño y las dimensiones de la barra son uno de los aspectos de más especial importancia en nuestro comercio. No escatimemos en su construcción. No importa que perdamos 30 centímetros de espacio. El error más común entre los hosteleros es que incluyen las medidas adecuadas en el ancho de la barra, pero luego colocan los citados mostradores "armatostes" de tapas e invalidan toda esa zona.

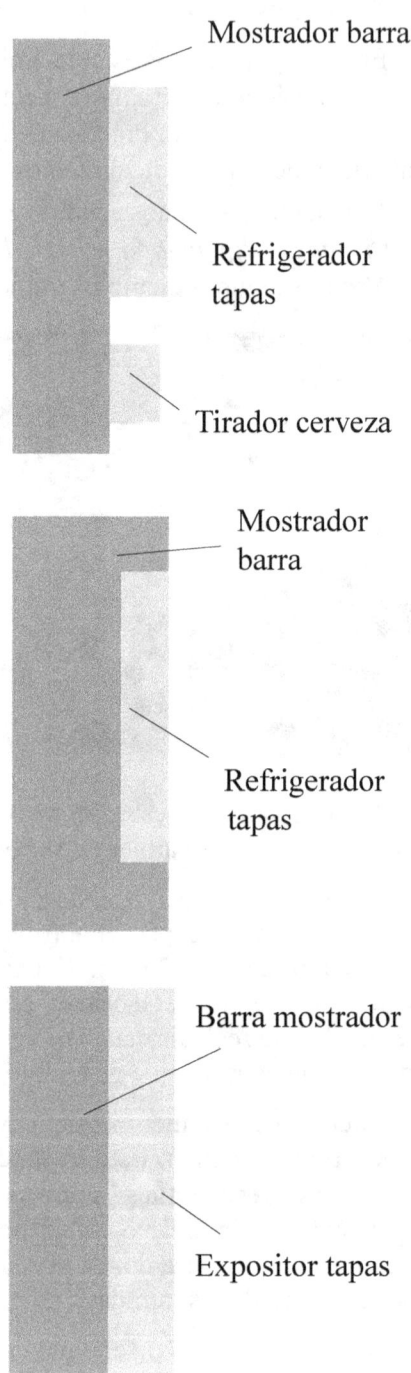

Mostrador barra

Refrigerador tapas

Tirador cerveza

Mostrador barra

Refrigerador tapas

Barra mostrador

Expositor tapas

15.4 TAMAÑO DEL LOCAL.

La proliferación de locales cuyos espacios y aforos de sala –referidos al número de metros cuadrados– excede por costumbre en su amplitud es una práctica habitual y frecuente.

Esta tendencia a elegir o mantener locales "grandes" quizás tenga su origen en los establecimientos que se implementaban en la mayoría de los países desde principios de los años 60 hasta la crisis mundial que comenzó entre los años 2008 y 2009.

Imagen del estado de un bar a las 10.30 horas (vacío). Es decir a la hora del almuerzo. Fotografía tomada en el mes de marzo de 2016.

Las salas o salones de gran tamaño, como decimos, provienen de un concepto de negocio donde los clientes abundaban (antaño), pero que en cualquier caso, comportaban y comportan un estrategia empresarial arriesgada por los altos costes derivados del mantenimiento y alquiler de dichos locales.

Pero.., además del insuficiente volumen de comensales para llenar todo el espacio, se añadirá otro grave problema. Este inconveniente ya lo hemos tratado en el Capítulo 13. El problema del restaurante vacío. La falta de clientes irradiará un aspecto desolado y frío (ver fotografía superior). Recordemos: el cliente asiduo a la "restauranteología" precisamente lo que busca es todo lo contrario, busca compañía y calidez. Un lugar donde además de comer y beber, se pueda charlar, reír y disfrutar en compañía de amigos y familia. Cabe resaltar, que la abundancia de clientes y el generoso gasto no retornarán de inmediato. Tal vez, incluso no vuelvan más. Tengamos en cuenta que, a cada año nuevo, el mercado esta más y más saturado de establecimientos hosteleros. Es obvio que los porcentajes de locales abiertos en los años 70 nada tienen que ver con los actuales. Existe ya, en estos momentos, un claro hartazgo de los clientes ante tanta oferta desmedida, más si cabe, desde la aparición de las redes sociales con sus portátiles, tabletas y *smartphones* donde las promociones y las opiniones sobre restaurantes son abrumadoras.

Recordemos como estrategia: "A mayor competencia, menos clientes y por tanto el local deberá ser de menor tamaño".

Imagen del estado de una cafetería a las 09.00 horas (vacío). Es decir a la hora del desayuno. Fotografía tomada en el mes de febrero de 2016.

Hemos incidido repetidamente en la mayoría de las propuestas e ideas expuestas, que el número de mesas que en teoría integran la sala no deberían sobrepasar la cifra de 6 o 7. Es decir unos 24/28 comensales como máximo. Dicho modelo de empresa será el garante, en nuestra opinión, de los menores riesgos y mejores rendimientos.

Imagen del estado de un restaurante a las 22.30 horas de un sábado (casi vacío). 2 mesas cuando el establecimiento posee alrededor de 15. Es decir a la hora del la cena. Fotografía tomada en el mes de febrero de 2016.

En realidad, los tres locales fotografiados eran significativamente más grandes aunque el objetivo de la cámara solo pudo abarcar lo que vemos.

Como resumen diremos:

1. Objetivo número uno a la hora de adquirir un local, firmar un contrato de alquiler o comprar un traspaso: elegir espacios donde el aforo de sala este proyectado para un máximo de entre 6 y 7 mesas (24 /28 personas).

2. A pesar de este discreto aforo, nuestro desafío va a consistir en "colocar el cartel de completo". Parece un reto fácil pero les aseguramos que no lo es. Puede que una noche lo tengamos lleno pero lo más probable será que al día siguiente no venga casi nadie. Objetivo: llenar la sala y barra, en el desayuno, almuerzo, comida, merienda y cena.

3. Una vez obtengamos una concurrencia estable y constante, poco a poco se alcanzará la perseguida rentabilidad. En un recorrido de entre 3 y 4 años los beneficios serán los suficientes para adquirir ese local –si estábamos en régimen de alquiler– o ¡ahora si!, aumentar el tamaño del restaurante comprando el local anexo o buscando por el mismo barrio otros de mayor tamaño, y evidentemente, manteniendo el nombre, las características del negocio y los mismos clientes.

15.5 DISEÑO DE VENTANAS, CRISTALERAS Y PUERTAS.

Muchas de las soluciones alternativas –sean técnicas como esta primera o soluciones de concepto y estrategia– que proponemos, nacen para corregir problemas existentes observados y detectados con frecuencia en los locales. Desde nuestro punto de vista perjudican a la empresa y por tanto a sus propietarios.

Nuestra única intención es orientar, ayudar y generar ideas que los resuelvan, analizándolos desde la perspectiva del diseño industrial enfocado a la hostelería. Algunos de estos inconvenientes se han experimentado en nuestro propio negocio, y por tanto y gracias a ellos hemos podido progresar y evolucionar. Es probable, por consiguiente, que la ausencia de los mismos hubiera impedido una mejor diseño del proyecto.

Un porcentaje a tener en cuenta de restaurantes (cuando hablamos de restaurantes, nos referimos a todas las modalidades existentes en hostelería), deciden tapar sus ventanas, cristaleras y puertas con adhesivos empavonados (adhesivos traslúcidos que impiden la visión del interior de los espacios). Su criterio, entendemos, es el de mantener cierta intimidad y reserva para sus clientes. Sus consumidores así, no serán «molestados por miradas ajenas de la gente que pasa por la calle».

Veamos algunas fotografías-ejemplos:

En la fotografía de la izquierda es interesante observar que los adhesivos se han colocado en las ventanas e incluso en la puerta de entrada. Estos complementos dificultan totalmente la visión de entrada en el local.

La imagen con motivos orientales nos enseña que el exceso de adhesivo empavonado llega a cubrir el cien por cien del ventanal. No sabemos que hay dentro, si es realmente un restaurante donde se sirven comidas o un "*night club*". Los propietarios sin saberlo están proyectando una imagen que dice: «no queremos miradas de extraños o desconocidos»; pero entre los transeúntes de la calle no hay nadie extraño o desconocido, todos son potenciales clientes.

Esta fotografía muestra, como las láminas de empavonado están pegadas a la altura de los ojos de los viandantes que pasan por la acera; su intención es clara: impedir al cien por cien la visión interior desde la acera o desde cualquier ángulo de la misma travesía. Los clientes no se pueden comunicar con la gente de la calle y esos mismos viandantes a su vez, tampoco se puede comunicar con los clientes.

La decisión de colocar empavonados traslúcidos en los restaurantes, bares o cafeterías es un importante inconveniente y perjudica la captación y entrada de clientes.

Enumeramos la larga lista de desventajas:

– **1.** Impide la visión interior de lo que ofrece el restaurante (tapas, menú, bodega, decoración, tipo de comida).
– **2.** Impide ver su ambiente: si esta lleno de gente y animado o por contra esta vacío.
– **3.** Al estar todo oculto nos intimida, sentimos reparo para entrar y observar "que hay".
– **4.** No sabemos realmente que es: si es efectivamente una barra como indica el nombre o un pub o un lugar privado o porque no, nos puede recordar hasta una casa de citas.¿Hay alguna actividad prohibida?, ¿está reservada solo a socios?. Todas estas incógnitas se las puede plantear quien tenga intención de cruzar el umbral.
– **5.** No invita a entrar, disfrutar y participar.

El planteamiento del propietario al tomar esta decisión equivocada es la de proporcionar una exclusividad al comensal. Pero, ¿que ocurre entonces con nuestra terraza, las mesas estas expuestas al paso de la gente y de las miradas?. ¿Tendremos entonces dos tipos diferentes de clientes?: los que desean intimidad y los que no les importa que les vean u observen. No tiene sentido. Este tipo de clientes si es que existen no deben ser nuestro objetivo. Nuestros consumidores deben ser sociables, abiertos, que transmitan a los demás las excelencias de nuestro negocio, que su "boca a boca" se vaya extendiendo para promocionar nuestro negocio.

Vamos a mostrar varias fotografías de todo lo contrario o de lo que debería ser:

A través de su gran cristalera es fácil observar en esta coqueta taberna, paseando desde la calle, hasta el tipo de tapas y vinos que se están mostrando tanto en la estantería como en la barra; incluso la decoración interior. Nos está invitando a curiosear, a entrar deseosos de observar los ricos y sabrosos pintxos que nos ofrecen.

Que mejor publicidad hacia los cientos de viandantes que pasan por el local todos los días. Una publicidad que, además, es gratuita.

Desde la amplia ventana de apertura en "guillotina" (manejo vertical) que cubre todo lo que es el ancho de la barra y zona de camareros, se nos muestra a los transeúntes, no solo todos los alimentos del interior situados en el mostrador-refrigerador de tapas sino los diferentes tipos de cartas.

Ambos, el diseño proyectado del establecimiento así como la estrategia decidida para atraer a los clientes se ha realizado con gran acierto.

Las puertas están totalmente abiertas de "par en par". Con buen tiempo será esta opción viable durante los meses de verano, primavera, incluso hasta entrado el otoño, es decir, al menos 7 meses. (Todo ello dependiendo de la localización del comedor, ya que en países situados a lo largo de la franja del trópico sería todo el año).

A todo esto hay que sumarle que las banquetas se han trasladado desde la barra a la calle para invitar aún más al cliente a consumir.

Fotografía tomada en una calle céntrica de cualquier ciudad. Clientes sentados en butacas disfrutando de su consumición y del ambiente de la calle. Las butacas de las mesas en sala se han colocado de forma ergonómica pegados a las grandes cristaleras que dan al exterior. Otra gran idea favoreciendo el contacto del "adentro" con el "afuera".

Último ejemplo, la imagen de la izquierda muestra todo lo contrario: los clientes del interior que se han sentado para tomar su consumición no ven absolutamente nada, no pueden disfrutar del ambiente de la calle. Tan solo divisan lo que esta pegado a lo largo de las ventanas de la sala, inclusive las puertas de la entrada, es decir, un vinilo borroso y traslúcido. Realmente aburrido, claustrofóbico y frustrante. Como sugerencia: si la imagen del exterior (la calle) es desagradable, podemos colgar sobre las ventanas, jardineras con plantas y flores.

Resumiendo: si nuestra instalación ya tiene los vinilos adhesivos sobre ventanales y puertas tomemos la decisión de eliminarlos. En el caso de que la apertura de nuestro negocio sea inminente y tengamos la idea de implantar este sistema, olvidémoslo.

¡Invitemos a los viandantes a entrar a nuestro establecimiento!, ¡abramos las puertas!, ¡interaccionemos con la gente que pasa por la calle!, ¡qué vean nuestros manjares, vinos, copas y cócteles!. **Diseñemos un verdadero "escaparate"**.

15.6 DECORACIÓN EN PAREDES Y SUELOS.

Propuesta de decoración con aplicación en azulejos y gres.
Zona exterior.

La fotografía superior nos muestra la parte externa de un restaurante chapado con gres de relieve; tanto las paredes como el zócalo inferior o también llamado rodapié alto.

En general y en porcentajes medios, los locales carecen de azulejos en el exterior o fachada. Veamos en las fotografías siguientes algunos locales sin azulejos:

Paredes enlucidas en yeso y acabadas con pintura

207

Ventajas sin chapado.
– Menor desembolso económico en trabajos de albañilería.
– Las posibles pintadas se pueden eliminar más fácilmente si hemos guardado pintura.

Inconvenientes sin chapado.
– Acabado muy efímero. Las manchas, suciedad y churretones por la lluvia aparecerán a los pocos meses.
– Aumento del gasto en mantenimiento. Al menos cada año tendremos que darle una nueva mano de pintura.
– Dificultad en ocultar manchas de orines (humanas y animales).
– Nula protección frente al vandalismo (rascones, golpes y pintadas destacarán con fuerza al tener una superficie limpia y lisa).
– Aspecto exterior de calidad media.

Ventajas con chapado.
– Acabado muy duradero (hasta 30 años o incluso más).
– Sin mantenimiento (tan solo, una vez al mes, podemos regar con manguera a presión caliente el zócalo inferior para eliminar restos de suciedad).
– Total protección frente a orines (si elegimos un zócalo oscuro y bastante rugoso, por mucho que lo orinen, nunca se verá o se notará).
– Total protección frente al vandalismo.
– Espectaculares acabados. Excelencia en la decoración y calidad.
– Mayor personalidad y "marca" a nuestro negocio hostelero.

Inconvenientes con chapado.
– Una mayor dificultad, en el caso de tener que eliminar alguna pintada.
– Mayor desembolso inicial en albañilería.

Zócalo exterior inferior.

Altura mínima desde el suelo: 40 o 50 cm.. Nos protegerá de los orines, golpes, rascones, etc.. Elegiremos colores oscuros y acabados con fuertes y rugosas texturas . Vamos a ver algunos ejemplos:

Pared exterior.

Los colores tienen que ser más claros. Los tonos beige o hueso serán los más adecuados para no recargar en exceso la imagen de las fachadas. Es preferible jugar e incidir más con las texturas. Presentamos algunas interesantes muestras:

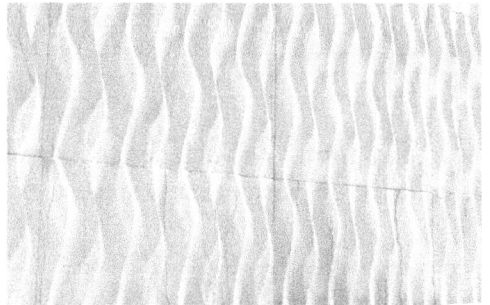 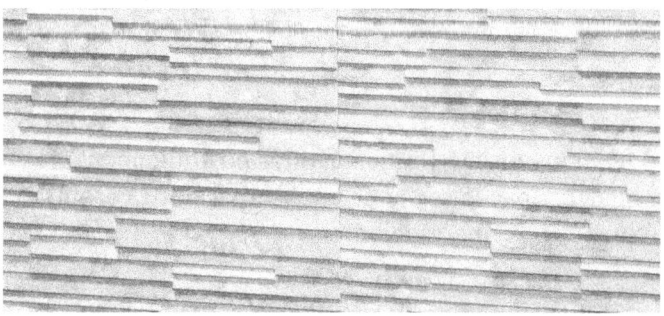

Interior del local. Suelos.

Nos decantamos por el gres o azulejos que asemejen el parquet de madera. Actualmente los fabricantes ofrecen unas imitaciones a madera espectaculares: envejecimiento de la tarima, vetas, las huellas de la humedad y los nudos.

Otras ideas muy interesantes e innovadoras las ofrecerán las imitaciones marinas. Hay auténticas maravillas aunque, eso si, habrá que pagar un mayor precio. Buscar empresas extranjeras de importación como las italianas.

Las ventajas del gres en los suelos son innumerables: muy resistentes y duraderos a los golpes y rayaduras. Fáciles de lavar y mantener. Menor inversión frente a un *parquet* auténtico de madera. Posibilidad de diferentes colores, texturas y brillos. Rápida colocación si se realiza por un chapador profesional.

 Diferentes presentaciones en gres con forma del clásico listón alargado.

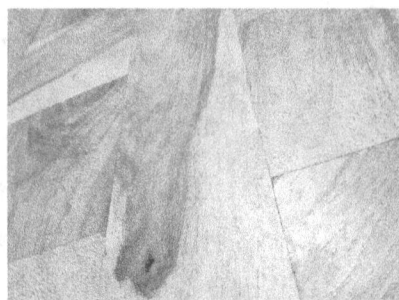 Los tamaños son desiguales para imprimir una mayor naturalidad.

 Imitaciones en madera de diferentes colores, aguadas y en formato cuadrado.

 Combinación de tonalidades creando interesantes geometrías.

Mencionado anteriormente, otras posibilidades fuera de la amplia gama de soluciones en imitación de maderas puede ser la de suelos marinos. Encontraremos acabados espectaculares, sobre todo en pavimentos de importación.

Suelo marino. Cada azulejo es diferente.

Zócalo interior.

Igual que el exterior, el zócalo interior es imperativo en nuestra decoración de la sala. Se debe situar a una altura diferente y su función va destinada a proteger de golpes y rozaduras producidos en el manejo y movimiento de sillas, mesas y pequeños muebles.

Puede ser continuo o intermitente. Elegiremos bellos azulejos de colores y acabados. El tamaño idóneo, a nuestro juicio, será el alargado y estrecho para el modelo en continuo y cuadrado para el intermitente.

15.7 PROPUESTA DE NEGOCIO EN PUEBLOS.

Dos son las premisas decisivas a la hora de elegir el emplazamiento de nuestro futuro negocio cocinero, cafetero o coctelero.

1. – Lugar. Los espacios son múltiples: playa, montaña, pueblo, ciudad, polígono industrial, carretera, etc.

2. – Emplazamiento. Se refiere directamente al lugar de construcción: en la acera de una calle o sobre un esquinero que da a dos calles o en el interior de una plaza sobre unos de sus chaflanes. Todo influye y condiciona.

Ambos supuestos, aunque se hayan decidido de forma adecuada, quedarán invalidados si el lugar elegido aparece "atiborrado" de otros locales en directa competencia. Dicha coyuntura se presenta cada vez con más frecuencia debido a la saturación que se padece en el gastrosector.

Locales en ciudades y zonas turísticas. Desventajas e inconvenientes:

– Las áreas urbanas de ciudades con poblaciones de hasta 1/2 millón de habitantes y urbes de gran tamaño –por regla general– poseen una alta densidad de establecimientos. Pensemos que, aproximadamente por cada 400 habitantes existe un restaurante/bar. Prácticamente no encontraremos posibilidades de éxito en barrios y calles que por lo general aparecen saciados de terrazas y carteles de menús. Nuestra barra va a perderse entre los cientos de lugares. ¿Por qué deberían elegir el nuestro?.

– Los precios de los alquileres, traspasos o compra, son en conjunto, elevados en las citadas ciudades.

– Los lugares en zonas de costa y playa exactamente lo mismo. La actual situación en la línea marítima manifiesta una congestión desde la que va a ser muy difícil competir. Además de ello, este tipo de lugares son marcadamente estacionales donde los otoños e inviernos presentan un aspecto que puede llegar a ser desolador por la falta de clientes. Finalmente la venta de locales alcanza precios desorbitados.

¿Entonces, que es lo que queda?, se preguntarán. Muy sencillo. Nuestra propuesta es una de las más innovadoras en estos momentos en el mercado de la hostelería:

Local en el casco viejo de pueblos.

Las ventajas son innumerables:

1. Cercanía a su vivienda habitual. Cualidad insustituible a la hora de nuestro desplazamiento diario. Asistencia inmediata si acuden en "masa" los clientes. Evitaremos un estrés y agotamiento innecesarios. (Acudiremos al trabajo incluso andando).

2. Nula competencia. Prácticamente nadie piensa en estos lugares.

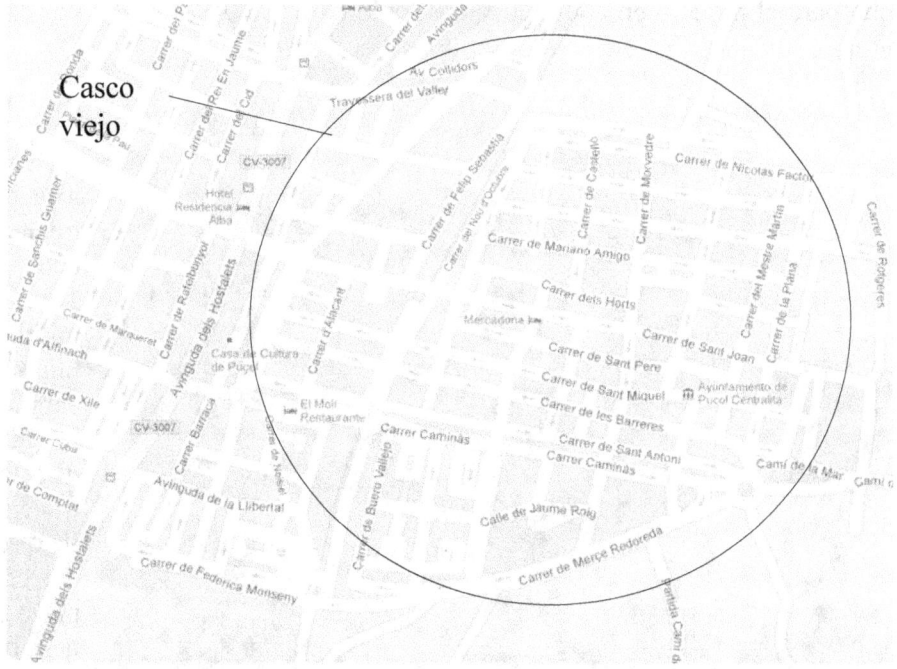

Es cierto que están surgiendo nuevas microempresas, no obstante, son más bien escasas. El resto de las existentes son (con todos los respetos hacia sus propietarios) los típicos "bares de pueblo" viejos y totalmente obsoletos.

Nuestro restaurante, tasca, bar o cafetería que ofrece tapas, comidas y bebidas, será conocido por todos: será el protagonista. ¿Ocurriría lo mismo en una gran ciudad?, desde luego que no. En aquella, pasaría completamente desapercibido e ignorado.

3. Abundancia de potenciales clientes. En el casco viejo de los pueblos, vive una numerosa población de poder adquisitivo "a tener en cuenta", ya que suelen ser familias antiguas, propietarias de grandes casas. En definitiva, una población bien situada.

Además de ello, dichas familias, en su mayoría son poseedoras de tierras productivas provenientes de la agricultura. Sus hijos y nietos también desean permanecer en el casco antiguo formando nuevas familias jóvenes. Por otro lado, los organismos públicos y los relacionados con la administración suelen asentarse en dicho barrio antiguo: ayuntamiento, policía local, guardia civil, registro civil, juzgados, notarías, etc.

Todos estos potenciales clientes están deseosos de que en su barrio viejo –donde viven y adoran– hubiese una taberna con aromáticas tapas para almorzar o un pequeño restaurante para degustar una buena carne o encargar una paella los domingos. Echan en falta este tipo de locales para irse a comer en sus jornadas de trabajo o para relajarse en los momentos de ocio y descanso. No desean acudir a otros locales ubicados en el cinturón y frontera moderna del pueblo sino que les gusta moverse y vivir dentro de su antiguo barrio.

4. La mayoría de los grandes festejos se celebran en el casco viejo. Pasacalles, desfiles religiosos, Semana Santa, noche de paellas, romerías, verbenas, mercado medieval, celebraciones gastronómicas, toros, etc... Por tanto el barrio evidencia su plena potencialidad de atracción de consumidores, ansiosos de entretenerse.

5. La oferta de locales es numerosa y económica, tanto en alquiler o para compra. (Si bien, es aconsejable buscar a los propietarios y proponerles la implantación de un negocio para hostelería; huir de las inmobiliarias, negociaremos mejores precios, nos ahorraremos comisiones y habrá total discreción).

6. Facilidad de crear y fidelizar una clientela asidua. En el barrio todos se conocen. Construiremos una gran familia de clientes y a la vez de amigos.

7. El ayuntamiento siempre está en el casco viejo. No solo captaríamos a todos los funcionarios sino que, dicha administración pública genera un gran movimiento de personas que cada día acuden a realizar gestiones de diversa índole.

Condiciones para el éxito:

– Deben ser pueblos de al menos 1.000 habitantes (en una menor cantidad nos será más difícil extraer una buena base de comensales) hasta por ejemplo 40.000. En ningún caso que se acerque al tamaño de una urbe.

– Tienen que estar alejados de ciudades al menos 20 kilómetros. De lo contrario, dejarán el pueblo para ir a la ciudad en sus ratos de ocio.

– Arquitecturas, a ser posible, de planta baja o todo lo más con planta baja y primera planta. Como siempre insistimos: aforos controlables para no más de 6/7 mesas en sala + los clientes de la barra + los clientes de la terraza exterior o interior.

Al observar las cuatro imágenes superiores, comprobamos las múltiples ventajas que poseen:

– Poca inversión en reformas debido a su simplicidad y sencillez.

– Facilidad a la hora de ejecutar cualquier tipo de instalación, como por ejemplo la tubería de evacuación de humos provenientes de la cocina; es evidente que no tendrá que atravesar todos los pisos situados justo encima de ella. Sin problemas de vecindario por ruidos, calor generado por la tubería de evacuación o maquinaria industrial. De la misma forma, sin molestia por causa de humos y olores.

– Ausencia de construcciones sobre el negocio. Realmente estas plantas bajas o casas de un primer piso son magníficas para destinarlas a negocios de hostelería. Las virtudes son incontables en comparación con cualquier edificio de una ciudad donde estén situados nuestros fogones o barra.

- Sería interesante sugerir al responsable del proyecto dejar una zona abierta sin techo para construir una jardín interior abierto como indicamos en la fotografía de la página siguiente.

Las dos fotografías superiores, están ya formadas por planta baja y primera planta.

Muy interesantes también si buscamos casas viejas puesto que sus precios realmente bajos nos darán la posibilidad de realizar pequeñas reformas.

– Priorizaremos las situadas en calles anchas por su fácil visión y localización.

– Patios interiores. Ofrecer al comensal un jardín con mesas es una opción de gran aceptación, sobre todo, en las agradables noches de primavera y verano.

15.8 ESCUELAS DE COCINA EN CASAS RURALES/RESTAURANTES.

La formación en gastronomía y cocina puede ser un complemento muy interesante a la hora de enriquecer las ofertas habituales que se listan en muchos establecimientos del ramo. Las clases se impartirán fuera del horario habitual de la comida, es decir, cuando la cocina "duerme" inactiva.

Las ideas innovadoras propuestas o la resolución de problemas existentes son válidas tanto en la puesta en marcha de nuevos negocios como en la mejora de los mismos.

Quisiéramos empezar a hablar sobre el lugar desde donde ha partido la idea de esta propuesta, un gran país perteneciente al archipiélago de las Islas Británicas:

215

Gastronomía en Irlanda.

Desde unos años atrás esta isla atlántica de costa agreste, tan salvaje, tan abrumadora..., ha trabajado con perseverancia en aras a definir y desarrollar estrategias que hiciesen evolucionar su cocina autóctona. Su labor se ha sustentado desde sus magníficos tesoros locales que entre otros muchos destacan: el salmón ahumado irlandés, el cordero de Burren, las ostras de Galway, el beicon negro de Fermanagh o el queso Drumkee. Destaca en cinegética, como la caza de la perdiz en Carlow o la pesca costera de poderosas lubinas. Excelentes verduras de sus campos o su inmensa pastelería capitaneada por el archifamoso "pan integral de soda en horno de leña".

Destacan también en su larga tradición milenaria sobre la recogida de alimentos silvestres; ...adentrándose en el interior de sus húmedos bosques y a lo largo de sus costas rocosas se pueden localizar una gran variedad de setas, verduras silvestres, pequeños frutos como moras y fresas o la diversidad en especies de algas marinas, moluscos y crustáceos.

Su hostelería ha evolucionado con rapidez hasta el extremo de desarrollar diversos sectores como las magníficas **"Escuelas de Cocina"** con resultados más que interesantes y destinadas a sus futuros cocineros, estudiosos en gastronomía y turistas con inquietudes culinarias.

No nos vamos a extender más sobre la gastronomía irlandesa, pero, vale la pena repasar como están gestionando el alto nivel de organización y contenidos que poseen sus centros de formación en casas rurales. Así que les dejamos alguna información de aquel país.

– **Escuela de Cocina Ballymaloe.** Toda una institución en Irlanda. Es casa rural, restaurante, escuela de cocina, huerto ecológico, invernadero, tienda con elaboraciones de sus productos naturales, etc.

– **Escuela de Cocina Ballyknocken.** La cocinera y escritora Catherine Fulvio es no sólo la artífice de esto negocio sino que ha tenido una gran influencia en el desarrollo de la gastronomía en su país.

– **Escuela de Cocina en Belleisle.** Casa rural, restaurante, castillo y laguna.

La propuesta de incluir escuelas de cocina en casas rurales no es ninguna novedad; pero en cualquier caso, esta actividad es más bien escasa. Repetimos, como oferta en casas rurales, ya que escuelas de cocina las hay por doquier en cualquier país.

La falta de ocupación estable es una sintomatología muy clara acerca de la problemática que presentan estos modelos hosteleros. Como media, no se llega a un grado de ocupación del 30% para la totalidad del año. Los responsables consultados indican que lo ideal para alcanzar la rentabilidad sería una ocupación del 50%. Por ello, la mayoría, se ha complementado buscándose otros trabajos parciales alternativos. Recordemos una casa rural tiene que ser nuestro negocio pero también nuestra forma de vida.

Gracias a las escuelas de cocina podemos:
– Aumentar la ocupación para llegar al 50% o incluso más.
– Combatiremos la estacionalidad o turismo sólo de verano.
– Atraeremos clientes de nuestra tierra y sobre todo al turista extranjero.
– Ofreceremos algo que la competencia como los hoteles no posee.

Sugerencias de actividades en las escuelas de cocina:
– Hacer de nuestras elaboraciones diarias para los clientes (desayuno, comida y cena), clases de cocina de algunos de los platos que las compongan.
– Realización de pan y bollería caseros. Utilización y elaboración de "masa madre".
– Cocina vegetariana. Aprender creatividad con los productos vegetales a falta de los animales.
– Elaboración de quesos y yogures caseros.
– Clases de fabricación de mantequillas.
– Alimentos fermentados (encurtidos, salamis, cervezas, sidras, *chucruts*).
– Barbacoas. Todo tipo de asados, carnes y verduras.
– Charcutería y embutido (realización de salchichas, chorizos y morcillas caseros).
– Inicio al despiece en carnicería sobre el animal elegido; cordero, cerdo, ternera o aves.
– Paellas y arroces a leña. (Como aprender a encender una buena hoguera para cocinar).
– Cocina para niños y jóvenes noveles.
– Cocina de Navidad (carnes rellenas para hornos, dulces para las cenas de Nochebuena y Reyes).
– Cocina tradicional correspondiente al recetario local.
– Fileteado de pescado.

Un ejemplo de casa rural en Cataluña con escuela de cocina:
Lo Pallei del Coc s/n. Surp (Rialp) Pallars Sobirà, Lérida.
– Cocina de novela de la Vall d'Àssua. Cocina tradicional del Pallars Sobirà. Cocina moderna en el Pirineo. *Corder de xisquet*. Cocina para principiantes. Cocina vegetariana.

Consejos para un negocio de éxito:

– Los propietarios deberían vivir allí. De esta forma la atención hacia los clientes es inmediata.

– Las habitaciones al poseer baño, *wifi* y TV ofrecerán al cliente su total independencia.

– Cocina puesta en común para propietarios y clientes.

– Casa rural no sólo para turistas sino con vistas a ganarnos el interés de empresarios, viajantes, comerciales, representantes y hombres de negocios.

– Buena web con contenidos y redes sociales.

– Horno de leña o brasas.

– Zona paelleros y barbacoa al aire libre.

– Huerto de frutales.

– Huerto ecológico. Horticultura ecológica. Preparación de nuestro huerto. Métodos de siembra. Cultivo en invernadero. Cultivos por estaciones. Técnicas de recolección.

– Pollos alimentados de forma natural y criados en libertad.

– Actividades de naturaleza y al aire libre. Caballos, excursiones, pesca, tiro con arco, etc.

15.9 MERCADILLOS GASTRONÓMICOS.

Continuando con las propuestas o alternativas de negocio en nuestro gremio, de nuevo nos hemos inspirado en la innovadora Irlanda y también en otra nación de cultura similar, Gales.

La organización, **Mercados de Pueblo Irlandeses:**
aglutina a una serie de agricultores ecológicos, cocineros y artesanos gastronómicos como los charcuteros, conserveros, bodegueros, etc. Éstos, venden sus productos naturales o cocinados y ofrecen diversos servicios a sus clientes, (cocina para llevar, fiestas, celebraciones, cocina nocturna, comida callejera...).

Festival de Abergavenny sobre "Comida y Gastronomía" en Gales, Reino Unido. Clases magistrales de chefs, como el curado del salmón, cerveza artesana, experiencias con el chocolate, mercadillo nocturno; actividades en las florestas cercanas como la búsqueda de comida silvestre: verduras, setas, frutos del bosque o hierbas aromáticas.

Nuestra empresa.

Su objetivo fundamental sería crear un pequeño equipo de personas (sustentados en una web donde sus integrantes puedan desarrollarla) que dirija y vertebre todas las iniciativas e indague donde se sitúan sus potenciales clientes. De entrada puede darse de alta como autónomo uno de los integrantes del grupo con el fin de ahorrar costes.

Cada integrante o socio de este mercado tan lúdico e informal; de excelente oferta y variedad, tendría su propio espacio, publicitando su oferta y exponiendo sus productos en la citada web.

Para dar servicio a otros clientes en celebraciones, entrega de comidas (cáterin) o adquisición de mercancía, la furgoneta o una pequeña camioneta se haría imprescindible.

Nosotros por nuestra parte, simplemente enviando una notificación a la organización una vez dado de alta como autónomo y cumpliendo la normativa vigente –según corresponda la actividad– de seguridad alimentaria, higiene, manipulación de alimentos o instalaciones eléctricas/gas, podremos empezar a trabajar integrándonos en estos "mercadillos" que, aunque con frecuencia son ambulantes y suelen desarrollar su actividad en variados lugares de poblaciones y barrios de ciudades en diferentes días de la semana, nuestra recomendación es la de convertirlos en fijos y estables.

Los costes e inconvenientes de que estos "mercadillos ambulantes" son más elevados y generan muchos inconvenientes y grandes sacrificios a sus propietarios (montar y desmontar a diario todos los tenderete es realmente agotador). Nuestro objetivo es presionar a los ayuntamientos para que las instalaciones sean definitivamente fijas. Dentro de cada término municipal hay territorio público suficiente. (Hablamos de ello en El Trenecito del Pueblo).

Los mejores emplazamientos serán los espacios naturales con cursos de agua, zonas ajardinadas con fuentes, solares y plazas interiores. A nuestro modo de entender, el ayuntamiento correspondiente debe cederlos gratuitamente. Las entidades locales disponen frecuentemente de terrenos y espacios en desuso que se podrían reconvertir para desarrollar Los **Mercadillos Gastronómicos**. Su cristalización como actividad empresarial redundará positivamente puesto que son generadoras de puestos de trabajo, atracción de vecindario de otros pueblos cercanos y evidentemente de turismo. El ayuntamiento aumentará su recaudación por impuestos directos e indirectos.

Si a todo ello unimos que cada pueblo de la comarca que disponga de su "**Mercadillo Gastronómico**" pueda intercambiar productos, procesos de elaboración alimentaria, artesanía y actividades lúdicas entre todas las localidades, seremos capaces de generar una más que notable actividad económica y cultural, gracias a "estos aires nuevos" en pueblos y barrios de poblaciones. Finalmente desarrollar rutas de mercadillos gastronómicos integrados por pueblos de la comarca, convertirán esta iniciativa en un foco muy atractivo para inversores, turismo y obviamente, generadores de puestos de trabajo.

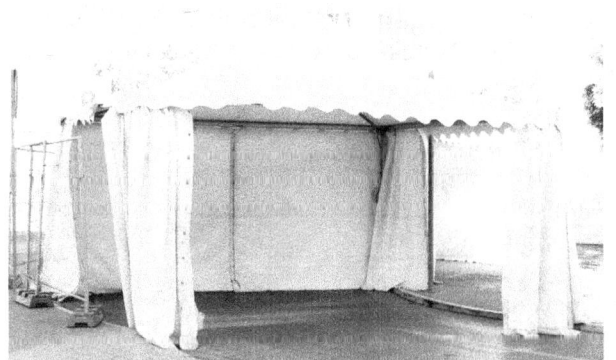

La inversión es mínima en cuanto al habitáculo se refiere. Así como nuestro negocio hostelero clásico (restaurante, bar, cafetería) requiere de importantes desembolsos, en este caso tan sólo necesitaremos de una pequeña carpa (para los negocios de agricultura ecológica o artesanía culinaria) y tenderete para la cocina callejera.

Con respecto a la financiación, ésta la obtendremos por subvenciones al autoempleo y apoyos para el pequeño empresario o autónomo (ver legislación en cada país). La mejor fórmula para cristalizar estos "**Mercadillos Gastronómicos**" es la cooperativa. Por lo general, es fácil encontrar un respaldo económico ventajoso destinado precisamente a esta fórmula participativa y comunitaria.

Las ofertas y servicios serían los siguientes:

1. Mercado de frutas, frutos secos y verduras. **2.** Mercado de alimentos envasados, conservas, charcutería, quesería y cualquier otro tipo de derivados alimentarios. **3.** Mercado de bebidas artesanas. **4.** Panadería y bollería. **5.** Venta directa en el mercado de todo tipo especialidades en cocinas de diversos países:

– Puestos de paellas.
– Café, té y pastas.
– Puestos de burritos mexicanos.
– Cocina de autor.
– Puestos de *shushi.*
– Tenderetes de cocina marinera.
– Cocina china o thailandesa.
– Barbacoas y pizzas.
– *Noodles.*
– *Kebabs.*
– Tapas españolas.
– Freiduría.

Nuestro propio "**Mercadillo Gastronómico**" nos suministraría todos los elementos necesarios para ofrecer otros servicios como: la comida para llevar o el cáterin; allá donde lo requieran los clientes y destinado a multitud de eventos y celebraciones:
– Aniversarios.
– Reuniones familiares.
– Fiestas de graduación.
– Cumpleaños.
– Bodas y comuniones.
– Comidas de negocios.
– Recepciones de actos de negocios.
– Fiestas de Navidad.
– Fiestas locales de pueblos y celebraciones religiosas.

Dicho claramente: con buena materia prima e instalaciones para realizar las comidas, eliminaremos multitud de intermediarios economizando de esta forma los costes de elaboración en nuestra oferta de "comida para llevar o cáterin".

15.10 EL DISEÑADOR DE COMIDA.

Enlazando con la propuesta 15.8. Escuelas de Cocina en Casas Rurales donde describíamos las grandes posibilidades de obtención de clientes desde la oferta de cursos de cocina en nuestros propios fogones, quisiéramos ahora ampliarlos con un curso de especialización.

Puesto que el programa puede ser realmente amplio, valdría la pena dedicarle una parte de nuestra actividad culinaria docente:
– Curso Master en Diseño de Comida.

El altísimo nivel del diseño italiano es conocido de sobra por todos los colectivos que proyectan sus iniciativas hacia la creatividad y la innovación. Una de las mejores escuelas del mundo en estas actividades es la Escuela Politécnica de Diseño de Milán.

En ella se imparte –además de las carreras habituales como la de diseño industrial– un curso sobre Diseño de Comida.

Si bien, es justo definir como "locomotora creativa" esta Escuela Politécnica de Milán, el verdadero precursor del diseño de comida fue el catalán Martí Guixé desde, nada menos que 1997, es decir, que lleva realizando propuestas sobre esta curiosa y original actividad unos 18 años. Su formación proviene de sus estudios de diseño industrial e interiores en Barcelona y Milán.

No solo diseña la comida, sino también sus envoltorios, empaquetados y todo lo que tiene que ver con su comercialización y venta.

...Volviendo al curso, éste dura un año y en él se imparten aproximadamente 1.500 horas por alumno para convertir al estudiante en un diseñador de comida. ¿No les parece revolucionario y hasta alucinante?. Hay diseñador industrial, diseñador de interiores, diseñador de moda, diseñador gráfico, pero... ¿diseñador de comida?. Ciertamente es una auténtica nueva revolución que, aunque naciese en el siglo XX está más bien poco desarrollada.

Lo mejor de todo, por atrevido e innovador, como dice la web de *food designing*: «*el diseñador de comida es alguien que trabaja con la comida pero que no tiene ni idea de cocina*».

Sus módulos se estructuran de la siguiente forma:

– **1.** El sistema de alimentación y su estructura interna.
– **2.** Ciencia y tecnología de los alimentos.
– **3.** El mundo del vino y la cultura de la comida.
– **4.** Comercialización para la venta de los alimentos y comunicación.
– **5.** La experiencia de la comida (ejemplo en nuestra cocina casera).
– **6.** Diseño de la comida.
– **7.** Proyecto comida.
– **8.** Los lugares donde esta la comida.
– **9.** Diseño del envoltorio.
– **10.** Diseño de servicio de alimentos.
– **11.** Diseño de comida hacia el turismo.

Como sugerencia: tomar ideas de esta escuela o desarrollar actividades desde sus experiencias y programar un curso más limitado para nuestros clientes/aficionados a la creatividad, presentaciones y emplatados en la cocina.

15.11 LA PLANCHA EN HOSTELERÍA.

Al igual que en el Capítulo 6.2. Freiduría, analizábamos a su herramienta principal, la freidora, en este caso, vamos a incorporar los platos –que podrían integrar la carta– realizados con la plancha.

Los planos y secciones que describen el Proyecto Freiduría serán válidos también para esta iniciativa empresarial. La carta estará basada exclusivamente en productos trabajados con la plancha. Este será nuestro planteamiento hacia los clientes, centrándonos solo en dicho equipamiento industrial.

No necesitamos un espacio de excelsa gastronomía, sino todo lo contrario: al no tener que incorporar la construcción de una cocina industrial, el grado de inversión será mucho menor. Antaño se daba con frecuencia en tabernas, tascas, bares y cafeterías. Desgraciadamente en la actualidad se ha ido abandonando por los hosteleros, siendo sustituida por otras fórmulas, que en nuestra humilde opinión, son poco rentables y efímeras: la nueva alta cocina y todo su sector mediático tan influenciado por premios, estrellas y una excesiva promoción en medios de comunicación. Los restaurantes que proponemos serán los **"Nuevos Restaurantes Contemporáneos"**. Fomentemos estos modelos de negocio sencillos, económicos pero con comida suculenta, apetitosa, accesible para el gran público y no solo para los de alto poder adquisitivo.

...Volviendo a nuestra propuesta, el término "plancha" contiene una verdadera especialidad debido a los acabados en aromas y sabores tostados que generan la cocción y plancheado saludables desde una superficie como el acero o el cromo.

Dentro del gremio, un cocinero planchista es uno de los puestos más solicitados. Existen en esa profesión extraordinarios especialistas que son capaces de dar de comer –trabajando con una buena plancha– a numerosos comensales. Su capacidad de sacar "faena adelante" y "planchear" a la vez un solomillo, unas verduras y en el otro extremo unas gambas, unos chipirones o unos huevos fritos es impresionante. Es admirable verlos trabajar con una energía y destreza apabullantes. La excelencia se da en el manejo de las planchas para la cocina japonesa tipo *teppanyaki*. Un verdadero espectáculo del cocinero planchista delante de los comensales. Voltean los alimentos y recipientes en el aire creando artísticos e imposibles malabarismos.

Tipos de Planchas.

El baño de cromo ofrece la excelencia en calidades técnicas. Provisto de una capa que puede ir desde las 50 micras hasta las 600. Es la plancha con mejores resultados en alimentos que contienen gran humedad como los pescados y mariscos e incluso ciertas carnes. La capa de cromo evita por completo que los alimentos se peguen. Además nunca se oxida. Por contra tiene un mayor coste y no permite el rascado de la superficie. Tan sólo podremos utilizar un rascador de teflón (plástico) o la técnica de limpieza con "cubitos de hielo".

En el caso de tener que decantarnos por un tipo de material en concreto, nosotros preferimos las planchas clásicas de hierro o acero por su larga durabilidad. Altamente resistentes al rascado con espátula o rasqueta de acero; en realidad realizando un correcto mantenimiento nos pueden durar al menos una quincena de años.

Con dicho componente (el acero) se recomiendan planchas cuyas encimeras tengan un mínimo de 15 mm. de espesor; es lo que se denomina como "plancha potenciada". Este grosor aporta una estabilidad inmejorable frente a temperaturas altas. Gracias a su particular diseño es fácil mantener una temperatura –con mínimo encendido del gas– alta y durante la jornada completa de trabajo sin peligro de que la plancha se revire o se resquebraje.

Todo lo contrario ocurre en las planchas de cromo. Es necesario bajar la temperatura o adquirirlas con temporizadores que permitan una disminución de la graduación cuando el calor sobrepase unos determinados niveles. La alta temperatura constante puede dañar la delicada capa de cromo duro. Por ese motivo la mayoría de estas instalaciones posee un termostato con el fin de regular el sobrecalentamiento y proteger el cromo. Desgraciadamente este termostato es un inconveniente para el cocinero planchista ya que no puede potenciar al máximo la temperatura –necesario en ciertos asados– puesto que el termostato se lo impide.

La rasqueta.

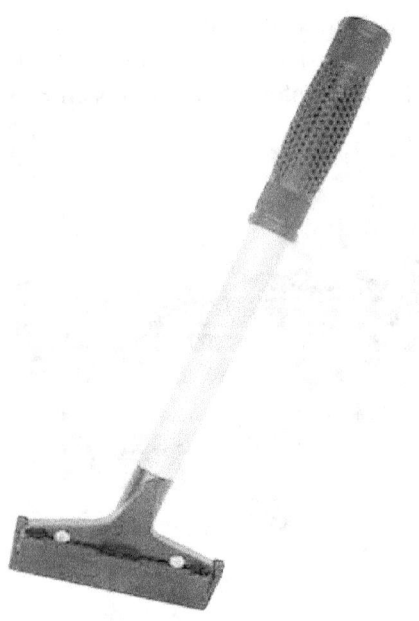

La rasqueta es un utensilio fundamental en cualquier instalación que disponga de una plancha. Los modelos pueden ser de acero o de teflón.

Es evidente que la rasqueta de acero es mucho más eficaz y no dejará ningún tipo de restos en la superficie de la plancha por muy adheridos que estén.

El correcto manejo de la rasqueta se inicia al finalizar nuestro proceso de fritura o cocinado. «Nunca dejaremos de limpiar la superficie en cada sesión». De lo contrario se nos acumulará los restos de frituras y arruinará la siguiente elaboración.

Una vez finalizado el "plancheado", rascaremos con fuerza contra la superficie de hierro arrastrando los restos hacia los canalones recoge grasas; pasaremos un trapo de rizo seco y listo.

La espátula.

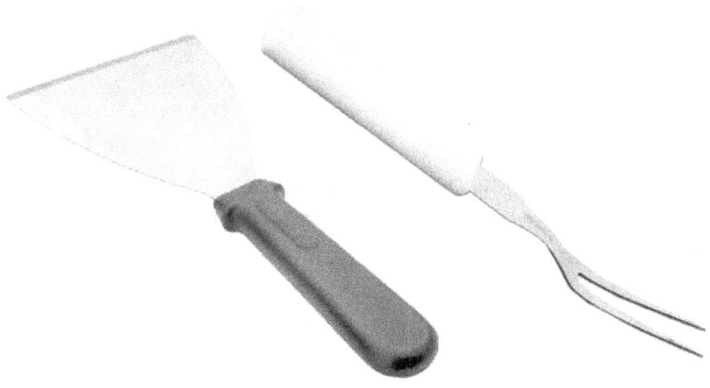

Dos de las herramientas imprescindibles y claves en el manejo de una plancha son la espátula y el "tenedor trinchador de punta corta". Saber cortar los alimentos "in situ", es decir, trabajar y voltear los productos en la propia plancha será el secreto para ofrecer acabados sublimes de presencia, aroma y sabor. ¡No hay nada más exquisito que una buena sepia, un calamar fresco o unas cigalas bien plancheadas!.

La paleta.

Así como la espátula nos sirve para cortar, marcar y voltear los alimentos, la paleta va a ser irreemplazable para agruparlos y reunirlos a la hora de servir en los platos.

De gran eficacia, el útil, maneja, agrupa y recoge hasta el alimento más peleón. Desde un huevo frito a unas gambas. El modelo que observamos en la imagen de la izquierda posee un elemento innovador añadido consistente en un canto lateral que hace de tope y límite evitando de esta forma que los alimentos resbalen de la paleta.

Mantenimiento de las planchas.

–Hemos hablado de la eliminación de los residuos con las rasquetas. El segundo sistema de mantenimiento de la limpieza se centra en la técnica del hielo. Simplemente verteremos con la plancha muy caliente suficientes cubitos de hielo por toda su área: esto generará un choque térmico sobre la superficie de la máquina logrando que se despeguen la mayoría de restos. Técnica que confirma las razones por las que aconsejamos planchas con encimeras gruesas ya que evitarán el resquebrajamiento de la superficie debido a este choque térmico.

– A continuación aplicar un desengrasante natural como el limón o el vinagre (no en las de cromo).

– Finalmente extender, con un trapo, una fina capa de aceite para evitar posibles óxidos.

CARTA: alimentos para "planchear".

En nuestro estudio de la Carta analizaremos todos las posibilidades que ofrece esta herramienta, que desde luego son de una interminable variedad. Vamos a realizar una breve descripción de cocina local. Proponer la Carta de cada país.

Marisco:
– Navajas,– Almejas, – Coquinas, – Mejillones (si, mejillones; con un buen chorro de oliva virgen, unos granos de pimienta y laurel, planchearemos cubriendo con tapa de olla hasta que estén cocidos), – Gambas, – Cigalas, – Langostinos, – Langosta, – Bogavante, – Pulpo (lo compraremos previamente cocido), – Calamar, – Puntillas, – Sepia, – Galeras, – Pulpitos, – Huevas de sepia, – Camarones. .

Pescados:
– Todos los que se puedan filetear. Además: – Sardinas, – Boquerones, – Lenguados, – Rodaballos, – Gallos, – Raya, – Salmón, – Pescadilla, – Atún.

Carnes:
– Todas las que se dispongan fileteadas o embuchadas: – Solomillo, – Entrecot, – Lomo de cerdo, – Solomillo de cerdo, – Lacón, – Brochetas, – Pechuga de pollo, – Cordero, – Embutido de cerdo, – Costilla, – Aleta o Matambre, – Entraña, – Chuletón, etc.

Todas las verduras. Las grandes como la coliflor o brecol, cortar y trocear con la espátula. Aliñar con AOVE y cubrir con tapa curva de olla para que el vapor cueza la hortaliza a fuego lento.

Tortillas y huevos fritos.

Bocadillos y Sándwiches. La práctica totalidad de los ingredientes que componen nuestra oferta de entrepanes o emparedados.

En cuanto a la ubicación e instalación de la plancha, ésta debería estar situada a la vista de los comensales para que puedan disfrutar de "nuestro modo de hacer" con ingredientes y aderezos. El lugar idóneo será detrás de la barra.

Finalmente cabe recordar que la plancha tiene que funcionar en un tándem perfecto con la campana extractora para evitar en la medida de lo posible el escape de olores y humos. Condiciones recomendadas: doble sistema de drenaje de grasas, sistema anti incendio y facilidad en el desmontaje de los filtros. Existen empresas que ofrecen la sustitución de nuestros filtros sucios por unos nuevos y por un precio irrisorio. Realmente es una gran ventaja: vienen a tu local se llevan tus mallas y dejan unas completamente nuevas, (ellos se encargan de su limpieza mediante un chorro de agua y jabón de gran potencia como el que utilizan en los autolavados de automóviles).

15.12 DESAYUNOS Y MERIENDAS.

La mayoría de los negocios que han apostado por esta fórmula se han creado diseñando un espacio de cafetería-panadería donde se comercializa todo tipo de bollería, la fórmula del café o té y obviamente los derivados del pan.

En realidad la idea surgió –hace ya bastantes años– desde las panaderías/pastelerías que vieron la posibilidad exitosa de: «*¿por qué no incluir servicios de café si disponemos de bollería?*». El resultado fue inmediato: una gran acogida por parte de los consumidores.

Vamos a explicar un poco las razones. Como cada mañana los cientos de miles de clientes habituales de restaurantes, cafeterías, bares o tabernas de nuestras ciudades y pueblos, acudían a degustar su habitual café o té, y a lo sumo disponían (no más del 50% de los establecimientos) –sobre el mostrador– de una pequeña selección de bollería empaquetada: la consabida ensaimada, cajas de donuts o magdalenas y nada más. Por el contrario, las panaderías-cafeterías han sabido potenciar los desayunos y meriendas (su especialidad), ofreciendo multitud de creaciones en tipos de cafés o té, y una variada e irresistible oferta de bollería.

La falta de este tipo de productos en las barras es argumentada por sus propietarios al explicar que «*hemos llegado a ofrecer bollería fresca pero no se consume, no se vende y hay que tirarla a la basura cada día*». Justamente en esta expresión reside la clave o razón del fracaso: no se venden o consumen porque no hemos conseguido atraer a los clientes que lo hacen. Los clientes asiduos y aficionados al café y té con bollería acuden a los especialistas.

Como ya hemos razonado en el Capítulo 5.4 Máximo Horario Laboral, una de las fórmulas para rentabilizar al máximo nuestro negocio hostelero es aprovechar toda la franja horaria del día. Si dedicamos nuestros esfuerzos al almuerzo, comida o cena, ¿por qué no también al desayuno y merienda?. Los clientes que gustan de estos dos tipos de costumbres de ocio en bebida y comida los estamos perdiendo. Por tanto, vamos a potenciar al máximo estas tradiciones que se dan afortunadamente en las tempraneras mañanas y en las tardes. Recordemos que existen legiones de seguidores más aficionados al dulce que al salado en relación a los refrigerios que ingieren éstos entre horas.

Desarrollo de los zumos (plátano, jengibre y manzana. Lima, pepino, piña y apio). También licuados, batidos y helados. Tartas artesanales, deliciosas y de presencia espectacular, adquiridas a los especialistas. El mundo del té y chocolate. Intentemos ser pequeños especialistas en cada costumbre culinaria: desayunos de café y bollería, almuerzos, comidas, meriendas (el té/chocolate de la tarde), cenas y coctelería.

Todos los dulces mencionados (fundamentalmente las tartas caseras como se observa en la fotografía de la pág. 227) nos servirán a la vez como parte destacada en la oferta de postres de nuestra carta, para complementar las comidas y cenas. El presente y futuro en hostelería reside en la amoldabilidad.

15.13 EL ALMUERZO.

Esmorzaret en valenciano, almuerzo en castellano, *esmorzar* en catalán, *hammarretako* en euskera, *casse-croûte* o *apéro* en francés, *brunch* en inglés, *brotzeit* en alemán, *spuntino* o *pranzo* en italiano y botanas en México, son las denominaciones referidas a la costumbre culinaria adquirida en numerosos lugares del mundo, que definen, en general, el hábito de tomar alimento y bebida unas horas antes de la comida principal: comida que se toma entre las 12.30 h. y las 15.00 h.

Otras denominaciones también muy populares podrían ser: vermut o vermú, picoteo, piscolabis, refrigerio, aperitivo, tentempié, *snack* o *cocktail*. Si bien, en éstas últimas la cantidad de alimento ingerida es menor que en el almuerzo.

Queremos resaltar que con frecuencia en algunos lugares y en ciertos medios de comunicación se refiere a la comida principal del día como almuerzo. Notable error, ya que el almuerzo es el alimento que se toma entre el desayuno y la comida. Aprendamos a definir las cosas por su nombre y no mezclar términos ya que lo único que se consigue es subestimar costumbres y tradiciones culturales, además de añadir confusión.

Como ejemplo comparativo: los anglosajones nunca confunden *brunch* con *lunch*. *Breakfast*, desde las 6.30 h. hasta 9.00 h. *Brunch*, de 09.00 hasta 11.00 h. *Lunch*, de 12.00 h. hasta 14.00 h..

En la imagen inferior es interesante analizar el horario propuesto para tomar "**El Almuerzo**". Después del desayuno –ingerido a primera hora de la mañana– hasta la hora de la comida, discurre un largo período de ayuno que, en la mayoría de las sociedades occidentales se contrarresta con los diversos tipos de los "tentempiés" descritos anteriormente.

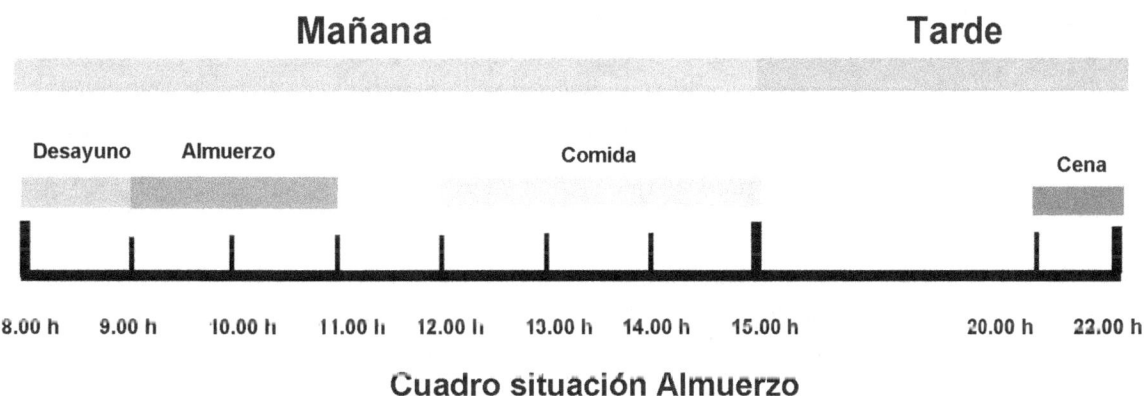

Cuadro situación Almuerzo

Observamos en la imagen la definición de toda la franja horaria comprendida entre las 8.00 de la mañana (hora del desayuno) hasta las 15.00 h. (hora de la comida) y que hemos definido como Mañana.

229

La franja horaria "ideal" para tomar el almuerzo (detalle imagen inferior), iría desde las 9.00 h. o 9.30 h., ya después del desayuno, hasta las 11/11.30 h.; distancia suficiente hasta la hora de la comida puesto que ésta suele empezar en la mayoría de los países alrededor de las 13.00 h., para ir finalizando hasta extremos como en España, a las 15.00 h.

En total serían 2 horas de espacio de tiempo para ingerir algún tipo de alimento hasta "poner el mantel" a la hora de la comida.

Almuerzo

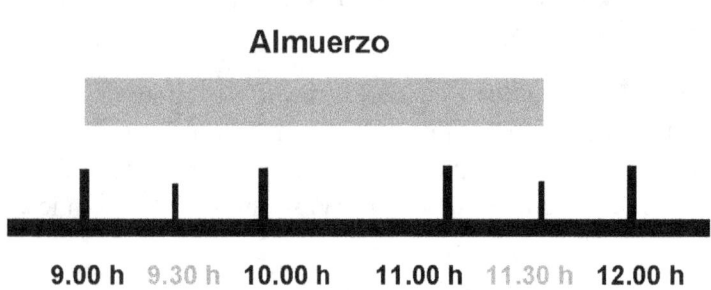

| 9.00 h | 9.30 h | 10.00 h | 11.00 h | 11.30 h | 12.00 h |

En el gráfico anexo podemos observar la barra roja que discurre sobre el amplio margen de tiempo útil destinado al periodo que llamaremos "**El Almuerzo**".

Esta es la franja horaria propuesta: de 9/9.30 h. hasta 11/11.30 h. Veamos cuales son los momentos elegidos en algunos de nuestros países más cercanos por su tipo de cultura y tradiciones culinarias.

España. Es la reina del "picoteo" entre horas. Va a ser la referencia para desarrollar nuestra Propuesta 15.13. Bocadillos, pepitos, cazuelitas, tapas, *picaetas*, pintxos, montaditos, canapés y platillos; todo un universo gastronómico. De los hábitos que se dan en sus regiones o comunidades autónomas a la hora de tomar el almuerzo, creemos que el más desarrollado, por su amplia riqueza cultural, por su larga tradición y por su enorme variedad culinaria, es el perteneciente al **País Valenciano**. Al final de la propuesta realizaremos un amplio estudio de este "auténtico fenómeno" encumbrado como el nº 1.

Ahora vamos a repasar algunas prácticas que se dan en el resto de comunidades autónomas:

Euskadi: máxima expresión de lo que llamamos tapa. Enclave gastronómico de primer orden. Una de sus capitales, San Sebastián se ha convertido en el centro turístico mundial por su infinita variedad de pintxos y su alta gastronomía aplicada a esta cocina en miniatura. En realidad es un pequeño tentempié que se toma de un bocado o dos y que, en la mayoría de las ocasiones va acompañado de una bebida como el txacolí (vino blanco de aguja) o cerveza. Muy popular en bares, tabernas, tascas y restaurantes de todo el País Vasco. Pintxos típicos vascos:

–Mejillones tigre, –Taco de bacalao al pil-pil, –Ajoarriero, –Huevo con perretxikos, –Callos de chipirón con salsa vizcaína, –Pimiento relleno de carne, –Tortilla de Idiazabal y nueces, –Txipirón en su tinta, –Txangurro con ensaladilla, –Revuelto de ajos frescos con gambas, –Mil hojas de foie.

Además del tapeo es costumbre a su vez, como en el País Valenciano, realizar un almuerzo entre las 10.00 h. y las 11.00 h. Lo llaman *hammarretako*.

"Ir de tapas", "ir de tapeo", "ir de poteo", ir de chiqueteo" o "ir de picoteo" –todas antes de comer o cenar– son las expresiones populares que definen una de las tradiciones culinarias más arraigadas en España.

Santander, Asturias y Galicia en el Norte Atlántico, destacan por las tapas a base de mariscos y pescados. Acompañadas de sus aromáticos caldos D.O., como la sidra, el albariño o el ribeiro, destacan: –Tapa de Cabrales con manzana, –Mini cachopo dulce, –Salmón curado al queso de Bedón, –Anchoa de Santoña, –Pulpo a feira, –Tapa de empanada.

Andalucía, Extremadura y Murcia. Dicen que la propia tapa nació en la Isla de León, Cádiz. La variedad de "tentempiés"en los tres territorios es descomunal: –Raba frita, –Cazón en adobo, –Pipirrana, –Pijota, –Jamón de Jabugo, –Montadito de lomo, –Morcón, –Morcilla, –Tapa de rabo de toro, –Calamares, –Palomita, –Tapa de ibéricos, Tapa de tocino, Michirones, Croquetas. Para beber, vino de Pitarra, vino de Jerez, vino de Ribera del Guadiana, manzanilla, Montilla-Motriles, Pedro Ximénez y moscatel de Chipiona.

Castilla La Mancha y Castilla León. Destacas las tapas elaboradas con setas, carnes de cordero y cerdo. –Carrillada ibérica, –Migas pastoriles, –Tapa de lechazo asado, –Morrete de cerdo, –Pastel de morcilla, –Gachas, –Atascaburras, –Torreznos, –Zarajos, –Mollejas de cordero. Vinos de montes de Toledo, Ribera del Duero, Valdepeñas y Jumilla. Todos con D.O.

La Rioja y Navarra. Logroño es muy conocido por su recetario a base de espárragos, alcachofas, puerros, ajetes, coliflor o pimientos. Igualmente en Pamplona como capital de Navarra, posee una variedad de delicias montadas sobre una rebanada de pan realmente interesantes: –Tortillas de patatas, –Alcachofas rebozadas, –Champiñón en salsa de ajo, –Anchoa y pimiento verde, –Sanjuanito, –Txistorra, –Banderillas, –Bacalao con carabinero, –Espárrago y langostino, –Anchoa y Txangurro, –Txaca con gambas, –Anchoa rellena. Para maridar estos soberbios manjares que decir de los afamados vinos de D.O. Rioja y vinos D.O. Navarra como Valdizarbe, Tierra Estella o Baja Montaña.

Aragón. Se combina de forma magistral las buenas verduras de las riberas de su río Ebro y setas como el robellón o el *boletus edulis*, con carnes de cordero, cerdo y sobre todo caza. –Jamón D.O. Teruel, –Longaniza de Graus con huevo de codorniz, –Ternasco de Aragón, –Confit de pato Mudéjar, –Longaniza de Pascua. Beberemos vinos de D.O. Cariñena, Somontano, Calatayud.

Cataluña y Baleares. Cocinas marcadas profundamente por el Mediterráneo y por la cadena montañosa pirenaica, forman parte de la laureada "Dieta Mediterránea". En Cataluña es conocido y practicado *L´Esmorzar*, aunque no con la intensidad del País Valencìano. En aquel rincón del norte de España el verdadero protagonista es el *pa amb tumaca* (rodaja de pan de pueblo tostada, tomate maduro restregado, AOVE y sal). Sobre él añaden cualquier ingrediente. Muy buenos el pan con tomate y jamón o el pan con tomate y longanizas. En la hora del almuerzo ofrecen bocadillos ori-

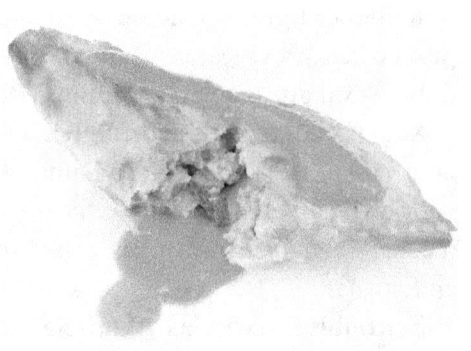

ginales y realmente apetitosos: *entrepà amb tumaca, pernil i pebrots verds* (bocadillo con tomate untado, jamón y pimientos verdes), *entrepà de ous ferrats, butifarra i robellons* (bocadillo de huevos fritos, longaniza catalana y rebollones). *Entrepà de butifarra esparracada, xampinyons i salsa de calçots* (bocadillo de longaniza catalana desmigada, champiñones y salsa de *calçots), entrepà de truita de butifarra negra amb cansalada viada y patata* (bocadillo de tortilla de *butifarra* negra, patatas y panceta). Para terminar, bocadillo de lomo, escalibada y queso de cabra.

Tapeo: –Tapa de buñuelo de bacalao, –Escalibada, –Samfania, –Tapa de butifarra blanca y negra, –Anchoa de L´Escala, –Albóndiga y sepia, –Tapa de callitos con garbanzos, –Tapa de sobrasada, –Huevo Soller, –Xolís, –Coca espinagada. Para paliar la sed entre tapa y tapa, nada como beber en porrón un *Brut nature*, cava catalán seco y muy aromático. Otros vinos con D.O., Penedés, Ampurdán, Priorato, Alella. En Baleares, vino de malvasía, frigola y licor de rosas.

Canarias. Su gastronomía es de carácter ecléctico ya que en cada isla podemos encontrar gran variedad de recetas: –Papa arrugá con mojo picón, –Tapa de cochinillo en adobo, –Cabrito baifo, –Tollos, –Carajaca, –Serna en adobo, –Cazón amarillo, –Queso de cabra. Para aligerar la comida beberemos moscatel, humboldt tinto, listán negro, breña alta y toscas de Puntallana.

México. El almuerzo es tan diverso e inmenso como el propio país. Creemos que la cocina mexicana es la más variada y rica del Planeta. Es una de las pocas cocinas "Patrimonio de la Humanidad". Su horario es idéntico al de muchas regiones españolas como el País Valenciano, Euskadi o alguna que otra zona que lo disfruta sobre todo en las jornadas de trabajo para "reponer fuerzas" en la larga mañana hasta la hora de la comida.

Gustan los mexicanos de tomar las llamadas botanas en cantinas, bares, tascas y ahora en restaurantes o centros botaneros. En realidad son, "un picoteo entre comidas" como los aperitivos, bocadillos o tapas.

La variedad es apabullante: chips con variadas salsas, tortas mexicanas, tostaditas con frijoles refritos y queso, fajitas, sopesitos con frijoles, burritos, tacos, nopalitos y verduras en vinagre, empanadas, quesadillas, tlayudas oaxaqueñas, panchos, nachos, tamales yucatecos, chicharrón con guacamole, banderillas, chiles jalapeños rellenos, botana de hojaldre mexicana, botana ranchera, humus con chiplote, gorditas rellenas, gringas, sopes, chicharón, frijoles fritos, totopos, guacamole, tacos dorados, tortas ahogadas, panuchos y cacahuates.

Argentina. Lo típico son las picaditas tomadas mientras se hace la comida, entre horas en la barra de bares y restaurantes o en asados de carnes. Aceitunas, morcilla fría, papitas fritas, salamin, quesitos, chizitos, palitos, choricitos, mondonguito y rabas. Todo ello junto a bebidas de gran tradición coctelera como el Fernet cola, Gancia con limón, el Martini, Cinzano, Campari, Amargo Obrero, Orfeo, Chinarazo y Hesperidina.

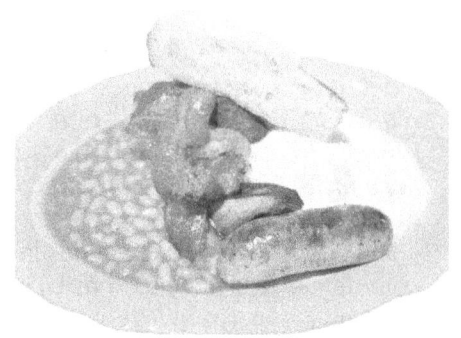

Italia. Allí es costumbre tomar el aperitivo o almuerzo por la tarde antes de la cena. Se prepara un pequeño buffet de comida. Igual que en el resto de países, el almuerzo, además de paliar el hambre es la excusa perfecta para socializarse, charlar, estar con los demás y descargar el estrés. Lo más común dentro de este buffet son los fiambres, quesos, algo de antipasto, un poco de *risotto, vitello tonnato,* sándwiches, pimientos gratinados, aceitunas y verduras asadas junto con una cesta de buen pan. Muy ricas y variadas son las bebidas, ¿quién no ha oído citar a los *vermouth* italianos?: Aperol, Martini, Campari, Punt e Mes, Spritz, Negroni, Americano, cerveza y buenos vinos.

Alemania. El Imbiss o Brotzeit se toma como en España, es decir, entre el desayuno y la comida. Predominan las deliciosas salchichas: *currywurst, bratwurst, weisswurst.* Albóndigas (*frikadellen*). Es costumbre arraigada tomar buenos quesos, fiambres, brezel, ahumados y las afamadas salchichas de la "cocina callejera" en tenderetes o cocinetas. La bebida reina es la cerveza de la que se paladean todas las variedades: la Pilsen, la Helles, la Bockbier más subida de alcohol, la ahumada Rauchbier, la Dunkel y la Altbier, ya muy maduras.

Inglaterra. USA. Australia. Los datos históricos lo evidencian: el *brunch*, nacido en Inglaterra se extendió rápidamente y con mucho éxito tanto en Estados Unidos como en Australia y Canadá.

La innovación y creatividad avanza paulatinamente en el caso del *brunch*. Prácticamente era una repetición del desayuno, aunque desde las 9.00 h. hasta las 11.00 h. Es tradición servirlo estilo buffet y sobre todo los fines de semana. Nació quizás de una necesidad surgida en las mañanas somnolientas del fin de semana para reponer fuerzas; toda aquella gente que despertaba tarde y a menudo hambrienta después de sus fiestas en el «*friday/saturday night fever*».

Salchicha, huevo frito, judías blancas, patata cocida y plancheada, panceta, champiñones y rodaja de tomate. En ocasiones sustituyen la mayoría de estos ingredientes por comida marinera: ostras, mejillones, tartaletas de marisco, colas de gambas, cigalas o media langosta. Para acompañar, tortitas, yogures, cereales, frutas, zumos naturales, café, té, champán y vinos blancos.

«Ir a almorzar o ir de tapeo, no es solo probar apetitosos pequeños bocados, sino que es una manera de vivir cada día; es un maravilloso vehículo para interactuar con otras personas. En realidad "ir a almorzar", es disfrutar de la vida, es salir de casa, encontrarse con los amigos y juntos, alrededor de una barra o una mesa, entre trago y trago, entre bocado y bocado, anécdotas e historias son contadas entre risas y vocerío».

Por ello nosotros proponemos la convivencia de ambas costumbres y tradiciones puesto que son complementarias. De 9.30 h. a 11.30 h., almuerzo y el resto del día, a cualquier hora, tapeo para el vermut o aperitivo. Como ejemplo de ello esta costumbre de tomar el aperitivo fuera de horas, se da con frecuencia en el País Valenciano, es el llamado "**tardeo**": hora de la merienda, es decir, entre las 18.00 h. y las 20.00 h. Se hacen "quedadas" para tomar toda clase de tapas, cazuelitas y bebidas como vino o cerveza para "ir abriendo boca" antes de la cena.

Evitemos el error de nombrar al almuerzo como *brunch*. Primero porque es un anglicismo imperdonable y segundo porque, adoptar una tradición anglosajona en otros países de gran variedad gastronomía nos parece una aberración. Pensemos que es ridículo adoptar tradiciones culinarias extranjeras, cuando en tu mismo país existe una mucho mejor y más variada. Esta actitud solo demuestra un claro sentimiento de inferioridad hacia la cultura americana o británica. Incluso ya se le llama "*brunchear*", patético. Defendamos la cultura ibérica, mediterránea y latina. Les aseguramos que no hay nada con más inspiración y riqueza gastronómica; más variada, exquisita y deliciosa que un almuerzo valenciano (España).

La propuesta hostelera se va a centrar en potenciar **El Almuerzo**. Tomemos como referencia: "los almuerzos de todos los países" y desarrollemos uno propio. Cubriremos una franja horaria que, en general, no resulta rentable debido a la ausencia de clientes.

No importa, que de entrada no esté establecido como un hábito en nuestra región o país, recordemos: «toda tradición ha tenido su despegue o fecha de inicio». Por tanto, nosotros podemos ser los promotores y precursores de esta nueva costumbre culinaria: **El Almuerzo**.

Almuerzo Valenciano (*L`Esmorzaret*). Liturgia valenciana antigua, su comida abundante realizada a primeras horas de la mañana se hacía necesaria para reponer fuerzas después de las labores sobre palangreros y trasmalleros en la mar y sobre arados y azadas en el campo; labores que solían durar, en muchos casos, hasta bien entrada la mañana, incluso el día.

Es cierto que actualmente debido a las exigencias laborales de empresas, negocios y fábricas y a la ausencia de grandes desgastes energéticos, la copiosidad ha ido disminuyendo para sustentarse en un suculento bocadillo, un ligero acompañamiento, la bebida y el café. (Todo por unos 4 o 5 euros). Un tipo de almuerzo perfectamente compatible con la jornada de trabajo. Puede durar tan solo 1/2 hora, si camareros y cocina sirven con prontitud.

Lo que marca la diferencia –además de la extraordinaria variedad cocinada en sus fogones– es el carácter abierto, participativo y social de esta tradición gastronómica. *L`esmorzaret* es la excusa perfecta para reunirse con amigos y compañeros de trabajo. Es el momento para liberar todo el estrés acumulado; la perfecta válvula de escape. Almorzar en el País Valenciano significa ¡un acto realmente festivo!, ¿quién no se apunta?.

Clientes almorzando en nuestro restaurante

Sin embargo, la verdadera dimensión del Almuerzo Valenciano se expresa durante los fines de semana sin las rigideces horarias de la jornada laboral. Ahí, en esos momentos, es fácil que se congreguen varias decenas de personas y la fiesta se pueda prolongar hasta el mediodía. Collas, asociaciones, agrupaciones, festeros, casales y blogueros, se reúnen para almorzar y disfrutar de, probablemente, el mejor momento del día para ellos.

No debemos olvidar tampoco a los mejores clientes del almuerzo: nuestros mayores. Sin prisa, y asiduos puntuales e infalibles durante todos los días de la semana, son los mejores consumidores; nunca escatiman en gastos y con frecuencia se saltan el menú del almuerzo y beben buenos vinos de crianza y licores de reserva. En general gustan de alternar: unos días bocadillos y otros, guisos o tapas tradicionales.

CONSEJO

Potenciar el almuerzo para los mayores y jubilados (mujeres y hombres). Ventajas:
–Clientes con buen poder adquisitivo.
–Disponibilidad total de tiempo libre. Posibilidad de almuerzo los siete días de la semana.
–Mayor consumo. Suelen gastar hasta 7 Euros por persona.
–Grandes reuniones amistosas, hasta 12 o 15 comensales.

Mesa preparada en bares y restaurantes con sus raciones gratuitas de cacaos y aceitunas. (Lo llamamos, ligero acompañamiento).

Entrantes. Lo que ocurre todos los días desde las 9.00 h. hasta las 11.00 h., en las provincias de Castellón, Valencia y Alicante, (España) es realmente asombroso. Antes de acudir los comensales, las mesas se llenan de aperitivos que ofrece el establecimiento de forma gratuita. Unas veces, olivas y cacao del *collaret* (cacahuetes con la cáscara); otras, encurtidos y *tramussos* (altramuces).

«El cliente espera la llegada del camarero, se entretiene picoteando cacahuetes y aceitunas; mientras, los diferentes integrantes de la mesa discuten sobre que tipo de entradas van a solicitar. Es muy común, por no decir imprescindible, demandar un buen tomate valenciano o una ensalada valenciana. Ambos son de los entremeses más sabrosos y refrescantes de cuantos pueda haber».

Los tomates en aquellas tierras resultan profundamente densos y aromáticos. Eso si, imprescindible es que se recolecte el fruto rojo una vez ha madurado en la mata. Los hay sublimes en los bancales regados por pequeños ríos, como en la población de Tuéjar, en la provincia de Valencia. También en Lliria, Puzol, Alboraia, El Perello, Chelva, etc.

¡Que tomates!

Ensalada valenciana. La base consta de: lechuga, tomate valenciano, olivas y cebolleta muy fina. Desde estos 4 ingredientes, las variantes son habituales. Nosotros gustamos de la siguiente propuesta:
–Ventresca de atún, –olivas negras, –espárragos blancos, –huevo duro y –zanahoria rallada. Otros integrantes suelen ser las anchoas en salazón, pepinillos en vinagre, cebolla roja o bonito. Aliñar con buen aceite de oliva virgen extra, sal y pimienta recién molida. Una verdadera exquisitez.

Pero aquí no acaba la cosa. Los valencianos a la hora del almuerzo se transforman en verdaderos "*gourmets*", deleitándose en entrantes como las cocas y los salazones.

Cocas.

–Torta o **bollo de *cansalá*, embutido** o **sardina de bota** (salada). Muy común en pueblos de interior del *País Valencià*. La *cansalá* no es más que una simple panceta o beicon. Debe poseer un poco de tocino entreverado y carnes magras de cerdo. La masa se realiza con harina de trigo, agua templada, aceite de oliva y levadura fresca. Mezclamos los ingredientes con la levadura disuelta en el agua templada. Extender en la propia bandeja del horno –colocando papel para horno debajo– y dejar levar hasta el doble de su tamaño. Verter un chorrito de aceite de oliva por la torta. Incrustar la panceta en la masa (también longaniza, chorizo, morcilla, rodajas de tomate). Horneamos a 180° hasta que este dorada y cocida. Sublime.

– **Cocas de *dacsa* o *calfó*.** (de maíz a lumbre de fuego). Es una torta pequeña y fina que se elabora en la provincia de Alicante, España. Es muy popular en Las Marinas y la comarca de La Safor.

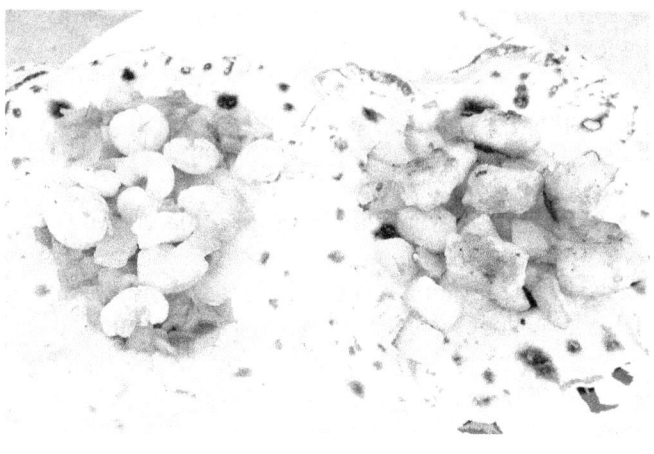

Tomaremos harina de maíz y la mezclaremos con agua caliente hasta tener una masa. Realizar pequeñas bolas y extender con el rodillo. Tostar en sartén hasta que estén bien doradas. Coca de huevo duro rayado y anchoas, coca de gambitas, cebolla frita y pimiento verde; coca de pimiento rojo, bacalao y anchoas o coca de patatas y longanizas.

– **Cocas de tomate**. Ingredientes: pimiento rojo/verde, cebolla, tomate, oliva negra y piñones. (Imagen vertical de la página 238). Habitual de la mayoría de las panaderías del País Valenciano es un magnífico entrante en el almuerzo.

En un bol de cristal añadiremos un chorro de cerveza, aceite de oliva, sal y harina de trigo. Mezclar bien y reposar hasta que leve tapando con un paño húmedo. Extender sobre una bandeja de horno y depositar todo el relleno que previamente tenemos ya cocinado. Añadir las olivas negras sin hueso y los piñones. Se pueden enriquecer incluyendo atún desmigado. Introducir en el horno previamente calentado a 180º y dejar que cueza una media hora. Alternativamente se puede realizar con hojaldre en vez de masa de harina de trigo.

– **Cocas de Xàbia.**   – **Coca hojaldrada de titaina**.

Masa de harina de trigo. Coca de cebolla y tomate. Coca de verduras con salazones (ventresca de atún o anchoas).

Ingredientes: hojaldre, ventresca de atún o en salazón, pimiento rojo-verde pelado en tiras, ajo picado, tomate troceado y piñones.

Salazones. Habitual en todas las costas españolas este magnífico entrante consistente en la curación de diversos pescados a base de sal, cuyo secado aporta maduración y sabor inigualables. Los hay por doquier en las zonas de Alicante, Valencia y Castellón:

- **Sardinas de casco** o **de bota**. Sardina entera salada en salmuera con cabeza y tripas. Se comercializan ordenadas en cajas de madera redonda. Muy habitual en los almuerzos mañaneros acompañados de huevos fritos..

- *Capellanets*. Bacaladilla seca. Se abren para airearlas y se salan ligeramente en las propias barcas. Comer con tomate o en ensaladas.

- *El bull*. Estómago seco y salado del atún. Lavar la carne eliminando la sal. Freir o brasear y colocar en bandeja con AOVE.

- *Anxovas*. Anchoas en salazón. Desalar bajo un chorrito de agua eliminando las espinas, estómago y cabeza. Secar bien y bañar en AOVE con pimienta recién molida.

- *Tonyina de sorra*. Ventresca de atún en salazón. La parte más grasa y jugosa. Un manjar suculento. Utilizada en la titaina, pistos o ensaladas.

- *Garrofeta*. Huevas de maruca en salazón. Otras bolsas de ovarios son las de bonito, atún, corvina y melva.

- **Mojama**. Son lomos de atún rojo secado con sal al oreo. Es similar a un lomo embuchado. Cortar la barra en lonchas muy finas y dejarlas suavizar de sal en AOVE.

- **Bacalao curado** en salazón. Introducir en agua fría y dejar 24/48 horas en el frigorífico cambiándole el agua 3 veces. Ingrediente del *esgarrat* o *esgarraet* (pimiento rojo en tiras, berenjena en tiras, ajo fileteado y bacalao salado en tiras).

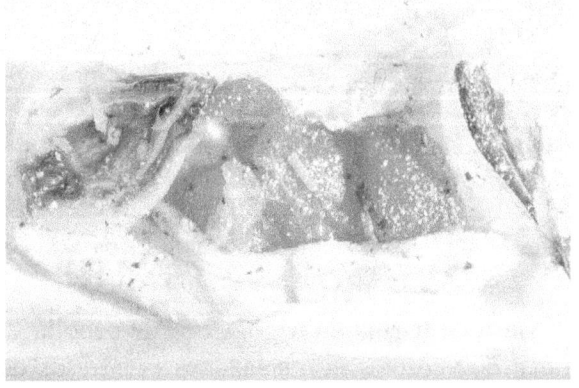

- *Polp sec*. Pulpo seco. Se asa a la brasa o en plancha. Servir con AOVE. Muy sabroso también en unión a verduras y berenjena.

- *Musola*. Es una especie de pequeño tiburón del Mediterráneo. Se seca en salazón. Igual que otras conservas se tuesta al calor y acompaña al tomate.

Cazuelas. Como colofón a esta verdadera algarabía culinaria, las barras se presentan realmente espectaculares. Fuera del mostrador frío de tapas se exponen multitud de cazuelas y bandejas repletas de especialidades suculentas y listas para servir. (Realizarlas en sartén y pasarlas posteriormente a cazuelas para servir. Como siempre, elaboraciones rápidas y sencillas).

Cazuela de sepia con cebolla

Cazuela de bacalao con garbanzos

Cazuela de *all i pebre (anguilas)*

Cazuela de callos con garbanzos

Cazuela de conejo al ajillo

Cazuela de patatas a lo pobre

Las barras. Exuberantes de manjares de la *terreta* son una verdadera provocación para los sentidos a esas horas de la mañana en las que "el rugir de tripas" comienza a ser insoportable. Salivar es poco.

Entre las cazuelas se intercalan bandejas metálicas alargadas de embutidos (de orza, panceta, longanizas, chorizos y morcillas artesanas), buñuelos de bacalao, pimientos verdes fritos, tortillas variadas, magro con tomate, huevos fritos, bacalao rebozado, lomo con habas, croquetas, chuletas a la brasa, calamares rebozados, morro....Finalmente y resguardadas por el mostrador se exhiben recipientes fríos listos para cocinar o servir de, anchoas caseras, boquerones, chipirones, albóndigas, sepia, gambas, pulpo, caneillas; en definitiva, una inacabable profusión de manjares para saciar nuestros estómagos.

Normas de presentación de los alimentos en la barra (ver imagen inferior):

– Alimentos cocinados y fritos listos para ser consumidos de inmediato, en el exterior.
– Alimentos crudos o más sensibles al calor, colocar dentro en el refrigerados de tapas.

Barra de Bar "Mutua Taxis". Ciudad de Valencia, España

Barra de Bar "Vent de Nit". Pueblo de Alboraia, Valencia. España

El pan. Acompañamiento y envoltorio básico en nuestras propuestas culinarias de la mañana, puede llegar a condicionar el éxito de nuestra oferta hostelera: **El Almuerzo**. Ya hemos explicado y desgranado en este mismo Capítulo 15.2. El Pan, la importancia primordial de estudiar y presentar a este ingrediente con toda la atención que se merece. Insustituible tanto para acompañar cazuelas, raciones, tapas, así como para los bocadillos y salsas. Nuestra carta de emparedados será inigualable con panes artesanos incluso realizados con base de masa madre.

Es obvio que cada región o país posee diferentes tipos de pan. En la zona valenciana son comunes los siguientes panes:

– La *pataqueta*, un pan artesano de corteza fina y forma de cruasán, es decir, con dos especies de "cuernos". – Los *mantequetes:* panecillos espolvoreadas de harina que resultan muy fáciles de comer ya que no sobrepasan pesos de unos 80 gramos. – El rollo, pan circular con un gran agujero en el centro. – La barra, el pan perfecto para el tamaño de los bocadillos. – Los pepitos: un minipan del tamaño de medio bocadillo y blanda corteza.

Bocadillos. La variedad y riqueza de bocadillos en tierras valencianas es igual o mayor que los platos de tapa y cazuela. No solo hacemos mención a la lista tan apabullante de tipos de entrepanes existentes en cartas de bares y restaurantes, sino que, la sorprendente imaginación de los valencianos ha dado sus frutos inventando bocadillos tan soberbios y apetitosos como el "chivito", el "pepito de ternera", el "pepito de pisto y atún", el "blanco y negro", la "brascada", el "almusafes", "habitas con longanizas", "sepia con mayonesa", "tortilla de patatas con ajoaceite" y "atún con olivas". Empare-dados encumbrados entre los mejores del mundo.

Bocadillo de atún.
Ingredientes: ventresca de atún o bonito en conserva, olivas sin hueso (pueden ser rellenas), cebollita o escalonia tierna cortada muy fina y pasada por agua caliente para quitarle el picor; finalmente pimientos rojos de piquillo enlatados cortados en tiras finas.

Bocadillo de longanizas.
Ingredientes: habitas tiernas fritas con cebollita picada y al vino blanco. Longanizas de cerdo artesanas al "estilo pueblo" bien fritas o a la brasa para desgrasar; finalmente patatas fritas escurridas en papel absorbente.

Pepitos de pisto.
Ingredientes: pan pequeño llamado pepito, pisto (freir pimiento rojo-verde picado, cebolla picada y tomate triturado). Atún en conserva desmigado y eliminado el aceite. Mezclar con el pisto. Cortar la punta del pepito y extraer toda la miga del interior. Añadir el pisto. Mojar el pan en leche hasta que quede empapado. Bañar en huevo batido y freir. Depositar en papel absorbente. ¡Fabulosos!.

Ofrecer la Carta de nuestro propio país con sus especialidades populares, ésta es solo nuestra humilde propuesta.

PROPUESTA DE CARTA

- *Bocadillo Almusafes*

  (sobrasada plancha, cebolla caramelizada y queso fundido)

- *Bocadillo Chivito*

  (lomo de cerdo, baicon plancha, tomate, lechuga, huevo frito, queso)

- *Bocadillo Brascada*

  (ternera plancha, jamón serrano y cebolla caramelizada)

- *Bocadillo Atún con Olivas*

  (bonito en conserva y olivas rellenas, rodajas cebolla y pimiento piquillo)

- *Bocadillo de Sepia con mayonesa*
  (trozos de sepia plancha con mayo)

- *Bocadillo Blanco y Negro*

  (longaniza y morcilla de cerdo fritas)

- *Bocadillo Tortilla de Patatas*

  (huevos y patatas fritas. A elegir cebolla caramelizada)

- *Bocadillo Noruego Salmón*

  (salmón ahumado, huevo duro rallado y pepinillo en vinagre en rodajas finas)

- *Pepito de Ternera*

  (solomillo de ternera fino y pan tostado con mantequilla)

- *Pepito de Pisto*

  (pisto de pimiento rojo/verde, cebolla, tomate y atún desmigado)

- *Bocadillo de Habitas/longanizas*

  (longanizas artesanas de cerdo, habitas y patatas fritas)

- *Bocadillo Alcañiz*

  (Untado de tomate, mahonesa, picadillo de huevo frito y chorizo)

- *Bocadillo Calamares*

  (calamares en anilla rebozados)

- *Bocadillo Jamón Serrano tumaca*

  (jamón serrano y tomate restregado)

- *Bocadillo Pechuga Pollo*

  (pechuga de pollo, queso roquefort y baicon)

- *Bocadillo Lomo Adobado*

  (lomo adobado en tiras, col frita con ajos tiernos y huevos fritos)

Como resumen final diremos que al apostar por esta opción, **El Almuerzo**, complementaremos de manera significativa nuestra oferta gastronómica y nuestro atractivo frente a la competencia creando más posibilidades de disfrute culinario, ocio sociable y de relax.

VENTAJAS

1. La facturación en caja mejorará gracias al incremento diario de entre 4 y 8 "servicios de mesa": un servicio de mesa es el trabajo que realiza un camarero al atender a una mesa completa (mínimo de 2 a 4 personas).

2. El almuerzo por las mañanas, es un gran dinamizador del establecimiento ya que además del incremento en los servicios de mesa citados, genera un gran movimiento de personas, tanto si está localizado en pueblos, barrios de ciudades o en polígonos industriales.

3. Todos los alimentos cocinados se pueden aprovechar posteriormente y a lo largo del día para, tapas, bocadillos, comidas o cenas, incluyendo las del propio personal que trabaja en el establecimiento o incluso como parte del menú del mediodía. Nada se va a tirar.

4. Ofreceremos a los clientes "un momento" para relacionarse con otras personas, para conocer mejor a los amigos o a los compañeros de trabajo.

5. Pondremos "en valor" nuestra cocina local (como el ejemplo aquí presentado de la cocina valenciana). **Ofreceremos los entrantes y platos más populares de nuestra región y país.**

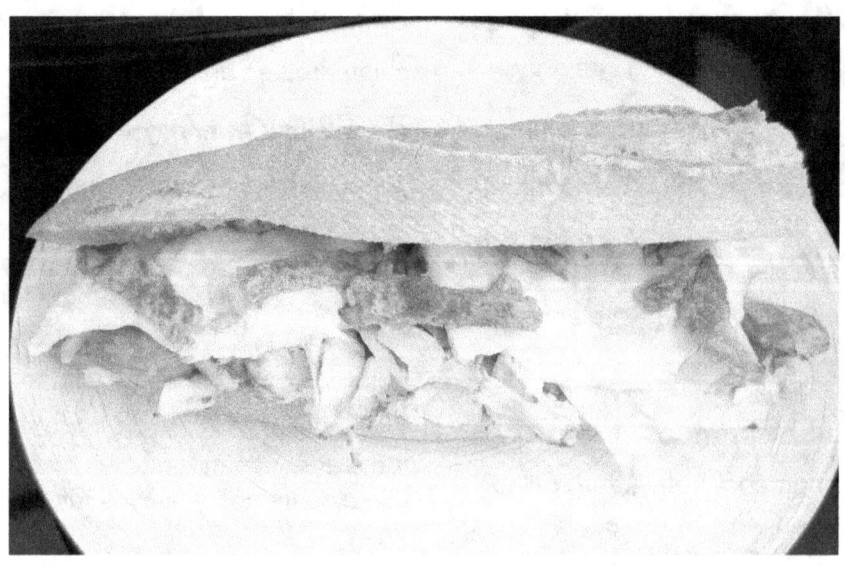

15.14 LA TIENDA DE LOS POSTRES.

El último modelo de empresa propuesto (**La Tienda de los Postres**) sería conveniente insertarlo como una modalidad perteneciente al sector de la hostelería puesto que, la misma formará parte de su cartera de clientes, si bien, contiene características bien diferenciadas con respecto a los locales de restauración ya que su producto se comercializa en forma de tienda al público con expositor sobre escaparates.

Exponemos entonces, nuestra innovadora propuesta de negocio:

"La Tienda de los Postres". Es cierto que este modelo empresarial está presente en algunos países orientales o anglosajones, pero en general, es más bien ocasional. Por ello, estamos convencidos de que puede ofrecer grandes oportunidades de emprendimiento donde los riesgos sobre una cierta competencia son más bien escasos.

Vamos a definir y clasificar las posibilidades comerciales en forma de venta de productos y servicios al cliente directo o a empresa. Características del negocio:

– Tienda de venta de alimentos expuestos al público, mediante escaparates, vitrinas refrigeradoras y estanterías (pastelería, heladería y oferta de postres para restaurantes o cafeterías. Esta última sería el producto a destacar y potenciar).

– Algunos ejemplos de familias de productos en los expositores:

* Familia de los helados: Sorbetes, granizados, polos, paletas heladas, helado de yogur, cremosos, dulce de leche, postre de helado, copas de helado con frutas, crepes de helado.

* Familia de las tartas: Tarta a los tres chocolates, tarta sacher, tarta de queso con arándanos, brownies, tartas de limón y merengue, tarta de manzana.

* Familia de los pasteles: naranja confitada, belgas, bombonería, pastelitos de trufa, tartaletas, esfera de chocolate blanco,turrones, panellets de piñones, merengues.

* Familia de la bollería: cruasanes, caracolas, madalenas, napolitanas, ensaimadas, bretzel de chocolate, danesas, maxi redondo, galletas, lacitos, palmeras, bizcocho, tortas. Bollería salada: empanadillas, hojaldres, mini pizzas, cretas, napolitanas rellenas de queso y jamón, cocas, etc.

* Familia de los postres: cremoso de vainilla y naranja, confitura de yogur con piña, cuajada de galleta, degustación de quesos, copa de rosas y cerezas, natillas con coco y manzana, crepes de chocolate,sandía rellena, crema catalana, leche frita, tiramisú, cono de avellanas con bizcocho negro, royal de higos.

Tipos de comercialización a clientes y empresas:

– Venta de todos los productos en la tienda.

– Venta envasada para cáterin, celebraciones, proveedores y empresas.

– Venta directa para restaurantes, cafeterías, bares y autoservicio.

Ventajas:

– Los citados establecimientos hosteleros (restaurantes y cafeterías) pueden tomar la decisión de no elaborar postres, con los consiguientes ahorros en cocina, logísticos y de inversión.

– Presentaremos nuestros productos a todos los restaurantes de la zona; éstos podrán ofrecer a sus comensales una carta diferente de postres cada día.

– Dichos restaurantes ofrecerán productos provenientes de un gran especialista.

www.ingramcontent.com/pod-product-compliance
Lightning Source LLC
Chambersburg PA
CBHW081555220526
45468CB00010B/2667